零 | 起 | 步 | 读 | 懂

投资理财学

Touzi Licaixue

李瑾 编著

中国華僑出版社
北 京

图书在版编目（CIP）数据

零起步读懂投资理财学 / 李瑾编著 .—北京：中国华侨出版社，2017.4

ISBN 978-7-5113-6777-8

Ⅰ . ①零… Ⅱ . ①李… Ⅲ . ①投资—基本知识 Ⅳ . ① F830.59

中国版本图书馆 CIP 数据核字（2017）第 082349 号

零起步读懂投资理财学

编　　著 / 李　瑾
责任编辑 / 晓　棠
责任校对 / 高晓华
经　　销 / 新华书店
开　　本 / 670 毫米 ×960 毫米　1/16　印张 /18　字数 /306 千字
印　　刷 / 三河市华润印刷有限公司
版　　次 / 2018 年 1 月第 1 版　2018 年 1 月第 1 次印刷
书　　号 / ISBN 978-7-5113-6777-8
定　　价 / 38.00 元

中国华侨出版社　北京市朝阳区静安里 26 号通成达大厦 3 层　邮编：100028
法律顾问：陈鹰律师事务所
编辑部：（010）64443056　　64443979
发行部：（010）64443051　　传真：（010）64439708
网　址：www.oveaschin.com
E-mail：oveaschin@sina.com

前言

幸福生活离不开投资理财学

人们常说:“你不理财，财不理你；你若理财，财就理你。”所以，钱是挣出来的，也是理出来的。如果不会投资理财，那么挣再多的钱也留不住。

从前有一个富翁，他有很多金子，他将其中大部分金子做成了一张金床，将剩余的都放在床下。每天都在金子上睡觉，这让他感到非常幸福和快乐。但是，他时常担心金子会被小偷偷走，便又将金子藏到了树林中的大石头下。即便这样，他还是不放心，每天都要到埋金子的地方查看。

几天后，他发现自己的金子全部被小偷偷走了，便伤心欲绝地找智者帮忙。智者让他以后再埋藏黄金时将压在上面的大石头漆成黄金一样的颜色，然后写上“一万两黄金”几个大字。最后智者说:“这样你再也不用担心金子被偷走了。”

你觉得智者的做法可笑吗?不，智者是在告诉富翁:“如果黄金没有发挥它的价值，那么它和一块漆成金黄色的石头也没什么区别。”

在生活中，有很多像富翁一样的人，他们手中有闲钱，却让它们在银行中睡大觉，根本就没有发挥资金的真正价值。让赚的钱留在自己的口袋，积累更多的财富，我们应该尽快养成投资理财的习惯，不仅要注重储蓄存款，更要注重其他投资行为。

一般来说，个人投资理财应当遵守“1234”的原则，就是将闲置的资金分为四份，其中10%购买保险，20%存入银行，30%用于日常生活开销，40%用于投资股票、基金、债券等理财产品。只有根据个人实际经济情况，合理地搭配各种投资产品的比例，才能让个人的财富越积越多。

不过，大多数人还有一个投资理财的误区，他们认为，穷人赚钱主要用于消费，而富人赚钱则大多用来投资。其实，投资理财并不是富人的专利，任何人都可以。只要学习和掌握其方法、技巧，懂得投资理财的相关知识，我们便可以获得相应的投资收入。有关研究显示，美国75%的富人是白手起家，而投资和理财就是他们致富的主要途径。

《零起步读懂投资理财学》不仅向读者呈现了投资理财的理念，还介绍了储蓄、债券、基金、炒股、黄金、期货、外汇、收藏和房产投资等理财方式的基本特点与投资技巧，为读者打造了一部最有价值的财富宝典。本书知识性、实用性兼备，通俗易懂，相信每个人都可以从中找到适合自己的理财方式。

目 录
Contents

—— 第一篇 投资理财基础篇 ——

投资理财学必须要懂的基础知识

—— 第二篇 投资理财稳健篇 ——

让财富稳健增长

第八章　黄金投资：财富保值增值的好选择

第九章　房产投资：让“黄土”变黄金

第十章　保险投资：既能增值又有保障的双利投资

——第三篇　投资理财风险篇——

高风险才会有高收益

第十一章　股票投资：玩转股市大行情

第十二章　基金投资：找只好“基”，让专家为你打理

第十三章　期货投资：低成本赢取高利润

第一篇　投资理财基础篇

Diyipian

投资理财学必须要懂的基础知识

懂得投资理财的知识，早早养成投资理财的习惯，

才能让赚的钱留在自己的口袋里，

为自己的人生积累更多的财富。

第一章

投资理财靠脑子，理财观念要正确

不懂得理财，再多的钱也禁不住无计划的挥霍。
而懂得理财的人，永远不会让自己身处困窘的局面，
而是会用钱来“生钱”。

◎ 不懂理财只会让钱包缩水

对于理财这件事你怎么看？相信有不少人都认为只有那些有“闲钱”的人才会去操心这件事，毕竟解决温饱才是第一要务，工资不高，拼命赚钱都嫌时间不够，哪还有精力和“闲钱”去理财呢？

如果你也有这种想法，那就大错特错了，没有理财的想法和行动，那你忙来忙去也只能是个“穷忙族”。

什么是“穷忙族”呢？简单地说，就是入不敷出的工薪阶层。从某些层面来说，“穷忙族”比“月光族”还要窘迫。月光族我们大可理解为收支基本持平，而穷忙族则是忙来忙去一场空。你身边一定有这样的人，明明收入不低，却仍旧没有“闲钱”，他们始终在贫困线上挣扎。

其实“忙碌”已经成为了很多现代人的标签，也是他们的真实生活写照。好像每个人都在奔跑着，享受生活成了一种奢求，但不管怎么忙，仍旧没有什么积蓄。拼搏多年，和刚步入社会的状态没有什么不同，除了年龄和工作经验的增长，钱包还是一样空空如也，甚至比以前更窘迫。

更加可怕的是对比，我们如此忙碌却如此拮据，但身边总有人过着清闲舒坦的日子，而且这些人的经济状况比我们好很多。这种时候又有几个人能够淡然面对这种境况呢？相信很多人都会因此而迷茫，难道我们的勤奋和努力毫无用处吗？还是说世界终究是不公平的呢？

鲁宁和叶城在同一家公司上班，但职位却不一样，叶城是项目经理、公司合伙人，而鲁宁只是基层的一名员工。

看着叶城每天上班谈笑风生，打几个电话，开几个小会就赚个盆满钵满，鲁宁感到非常不平衡，他每天忙得天昏地暗，做了许许多多的事情，到头来工资不过是叶城的一个零头。这又怎么能够让他感到平衡呢？

实际上叶城和鲁宁是大学同学，上大学的时候叶城的成绩甚至没有鲁宁好，所以现状更让鲁宁觉得无法接受。

大学同学一次聚会中，鲁宁喝多了，跟同学抱怨起了这件事。

同学听后，问道："你们进公司的时候情况不是一样的吗，你没有想过他怎么会那么快升职？"

"还不是他自己业余时间搞投资挣了钱，入股了公司，我看他是走了狗屎运了。"鲁宁愤愤不平。

"你怎么没这么做呢？"同学又问道。

"我当时正处于实习期，想着学习公司的一切，哪有时间去干闲事啊！"

"唉，我看你恰恰是闲事干太多了，才走到今天啊！"同学无奈地说道。鲁宁听后也陷入了沉思。

看了鲁宁的故事，你是不是有一种代入感？确实，有时候我们觉得自己忙忙碌碌，但到头来才发现自己把大部分精力都消费错了方向，这也使我们成了"穷忙族"。

只知道挣钱却没有想过怎么积累财富是得不偿失的。在钱包越来越瘪的情况下，我们不该盲目加大自己的工作量，而应该停下忙碌的脚步去思考一下为什么会出现这样的情况。我们是否把太多的时间和精力花在了错误的方向上。

有钱、没钱，理财都是第一要务，没有钱更应该去理财。为什么这样说呢？如果你有 10 万元的话，因为理财错误而造成财产损失，进而可能危及基本的生活保障。而那些富有的人可能就不会因为一些财产损失而影响到原有的生活。

从这点上来看，树立理财观念是非常重要的，也是我们经营人生的重要一环。很多时候最重要的是钱花在哪里，不懂得理财，再多的钱也禁不住无计划的挥霍，而懂得理财的人，永远不会让自己身处困窘的局面，而是会用钱来“生钱”。

人生在世，难免会遇到各种各样的困难，我们都知道有钱傍身永远不愁，防止自己陷入窘境的好方法就是未雨绸缪，先学会理财，让自己的钱包鼓起来！

◎ 高薪水比不上会理财

大部分人都是工薪阶层，这些人每天为了生计勤勤恳恳，但生活大都是紧巴巴的，想要改变现状就得更加努力工作来提高薪水，这似乎成了生存的唯一目标。

我们不妨做一道题，在没有原始资金的情况下，我们什么时候能够拥有 100 万呢？想要存这么一笔钱显然不是件容易的事情。如果你的年薪是 10 万元的话，就算不吃不喝不消费，全部存起来也得十年才能拥有 100 万，而不花一分一毫显然是不现实的。看到这样的结果是不是感到有些绝望呢？

其实，我们也有另一条路可以走，存款储蓄自然是需要的，但我们也应该注重投资，毕竟算计手里的钱不如想办法挣钱，这才是理财之道。就像全球著名投资商巴菲特说的那样：“人生就像滚雪球，最重要的是发现很湿的雪和很长的坡。”任何事情都有方法，我们需要按照规则去做，但不代表需要墨守成规。

我们应该努力工作，认真储蓄，然后在有了一定可以支配的钱财之后抓住投资的机会，而不是将未来寄希望于升职加薪。升职加薪固然重要，但那并非我们获得财富的唯一途径。

更何况，不懂理财的人加了多少薪水也只是盲目挥霍，根本不能做到财富积累。虽然我们都清楚，增加收入和减少支出是增加存款的基本方法，但很少有人真正做到，绝大部分人都无法管理收入和支出，更多的是冲动消费。对于这些人而言，理财是麻烦事。其实这只是因为没有掌握理财的技巧，如果我们懂理财，一切就会变得简单。

对于理财，我们应该首先有正确的认识，那就是我们在钱上有多少关心，就有多少回报，聚沙成塔，再小的回报积累起来也是一笔可观的收入，这笔收入如果进行储蓄和投资，而非挥霍的话，我们就会获得更多的钱。永远不要把财富交给运气，一夜暴富其实只是一个神话。

当然，中了彩票的人不是没有，只是我们寄希望于渺茫的概率，还不如勤勤恳恳地工作，想些更加靠谱的办法。事实上，一个普通的工薪阶层想要理财的话并不一定要过得非常窘迫，甚至于不用过紧巴巴的日子。

想要获得财富，一种方式我们可以通过为别人工作，也就是打工来创造，另一种方式就是投资。投资获得的回报显然比打工获得的回报高，但风险也更高，所以，在很多工薪阶层人的眼中这种方法是不靠谱的。他们认为，只有通过勤恳工作获得相应的报酬才是最好的方法。

可是我们所知的那些富人们，全部是凭借投资获得巨大财富的，比如沃伦·巴菲特，全球著名投资商，跻身世界顶级富豪之列，而这些全部是他凭借投资得来的。可见，投资是获得财富的一个重要途径，因为我们指望着固定的薪水获得的财富是非常有限的。

要想真正拥有财富，我们的眼光就不能狭隘地只看眼前的工资，而是要想到投资。既然投资是获得财富的途径，为什么大部分人仍旧望而却步呢？或许有的人会说，投资和打工的技术含量不一样，我们没有相应的特质和条件，还是打工比较保险。如果这样想的话，那我们就与财富无缘了。

投资其实是每个人都可以做，或者说是必须做的事情。决定我们财富水平的关键不在于我们为自己工作还是为别人工作，重要的是，我们是否进行过有效的投资。杰克·韦尔奇是美国通用电气前总裁，他的外号是“打工皇帝”，因为他的年薪过千万美元，显然已经是我们眼中的成功人士了，但是和凭借投资跻身世界顶级富豪之列的巴菲特相比，杰克的财富不值一提。

巴菲特说过，我们一生所能积累的财富不在于我们赚多少，而在于我们如何投资理财。事实上这个观点很多有钱人都是非常认可的，李嘉诚作为亚洲首富也说过类似的话。他认为，在 20 岁之前人们应该努力凭借自己的双手挣钱，过了 20 岁就要挣钱的同时存钱，到了 30 岁，就该凭借投资去理财了。

这也就是说，在 30 岁以前我们可以凭借自己的智慧和勤劳赚取财富，但是过了 30 岁，我们就要学会用钱去生钱。当然，理财不在年龄，早一点开始我们就有可能早一点积累更多的财富。虽然投资伴随着风险，但我们应该明白，机遇永远是和风险并存的，有机会总比没机会强。

别再可怜巴巴地等着涨工资，学会理财，学会投资，我们才能走上真正的财富之路。

◎ 等有钱了再说，这就错了

对于很多月光族而言，理财是一件遥不可及的事，因为对于他们来说，无财可理。拿到工资之后，支付了住宿和生活开销之外就只剩一点零花钱了，没有闲钱可以支配，又怎么能理财呢？理财这件事，还是等有闲钱再说吧。

事实上，等有了闲钱，只是我们躲避理财的一种借口，是一种没有理财意识的表现。钱在手里不能有计划地进行分配，成为月光族也就不稀奇了。说到底，人们手里没有钱并非是因为收入低，而是因为缺乏理财概念。

从这点来看，越是钱少我们就越该理财。之所以这样说，是因为金钱和我们的生活太过密切相关了，我们持有的钱不多，就更需要仔细清点，计算收支，合理分配，这样才能从根本上解决“月光”问题，让我们的生活能够更加舒服些。

反之，如果我们觉得钱少而不愿理财，那么到了真正需要用钱的时候，我们可能会陷入更加窘迫的境地。

赵刚大学时代就是学业上的佼佼者，毕业之后更是凭借着自己的能力谋得了一份好工作，在别的同学还在住合租屋、挤公车、吃泡面的时候，他就已经自己租了一间公寓，天天打车上下班了。

挣的钱多了，花的钱更多，从进入社会开始，赵刚就被各种灯红酒绿的生活迷了眼睛，不过他并不觉得这有什么问题，因为他相信自己的未来只会更加光明，所以能够享受的时候他从不委屈自己，因此，他也从来不存钱。

后来他结婚了，结婚收到的份子钱支付了婚宴之后还剩下一部分，他的妻子建议存起来，但赵刚毫不犹豫地用这笔钱来了一次蜜月旅行。谁想到过后没多久，赵刚的妻子就得了重病，而且这种病很危险，全国也只有几个医生能做这样的手术。不得已，赵刚只得四处借钱筹款，好不容易才凑足了钱。

手术之后，虽然妻子的性命是保住了，但是妻子的疗养费用也不是一笔小数目，加上需要还清之前所借的钱，赵刚不得不拼命工作，因为他一点儿存款都没有。长时间的工作加上焦虑，最终赵刚也积劳成疾。因为工作状态不佳，他的职业生涯也受到了影响，就这样，他褪下了曾经的光环，成为了一个穷困潦倒的人。

明天说近不近，但说远也不远。为了应对未来的事情，未雨绸缪总是没错的。如果我们像赵刚那样，一点积蓄都没有，那么当有突发事件的时候，很可能会措手不及，甚至于让一个小灾难演变成人生的转折点。

没有长远打算，我们就会陷入窘境。有钱人需要理财，这是毋庸置疑的，但没有钱更应该为自己的明天做准备。因为有钱人遇到困难时能够支配的钱要比一般的工薪阶层多得多，所以我们更应该规划好自己的每一分钱，做长远的打算。

如果我们只是想等成为有钱人以后再去思考理财的事，那么在成为有钱人之前一旦遇到任何灾难，很可能就使我们无力翻身了。我们应该相信，有钱人之所以成为有钱人不是偶然的，他们的钱也是靠积累才有的。所以钱多钱少不重要，怎么去使用才重要。

那么，作为一只钱不多的理财菜鸟，我们在一开始接触理财的时候需要注意哪些事项呢?

首先，我们要明白投资应该有重点，有些人认为“广积粮”才是好方法，所谓鸡蛋不能放在一个篮子里，投资自然也应该分散进行。但是我们要认清现实，那就是我们可以支配的钱并不多，要有侧重点地进行投资。

其次，我们要学会判断大形势，没有人闭着眼就能赚钱的，就像工作一样，需要用心去分析。观望是有必要的，但不能只是观望而没有行动。另外，我们还需知道投资有风险，理财求稳无可厚非，但我们还要看利益，过分保守地一味存钱是很难让钱生钱的。

再次，我们理财要有长远的眼光，不能盲目跟风，不能急于求成随大溜儿。想要理财，那我们就需要明确自己是财富的主人，而不能被财富所驱使。

总之，我们需要明确的是：理财不能等，有钱需要理财，没钱更需要理财。

◎ 不可不防的投资陷阱

很多人都清楚，投资的成败与否决定着人生的走向。在投资之路上有无数种可能，运气好说不定能够咸鱼翻身，投资失败则很可能会带来血本无归的结果。

2008年，纳斯达克的前主席伯纳德·麦道夫成为了金融界的过街老鼠，这个曾被称作美国最安全的“国库券”的人因为涉嫌制造投资骗局被捕，而他这个骗局涉及的款项竟然高达500亿美金！

这个骗局影响的并不仅仅是美国，还有世界主要银行和对冲基金，就连英国皇家苏格兰银行和汇丰控股等跨国企业在这个骗局里也栽了跟头。他设计的陷阱让很多富豪、名流和金融机构深陷其中，不过最倒霉的还是那些个人投资者，抱着稳赚不赔的想法却换得个血本无归的结果，这种落差感想也知道有多么绝望。

在这个骗局中，很多人为了赚钱不惜把所有的身家投入其中，甚至包括养老的积蓄。那么，伯纳德的骗局究竟有多高明呢？事实上，他只是采用了“庞氏骗局”的办法，通过发展新客户来支付老客户的利息，因为一直有投资进账，所以投资人能够收到利息，这样一来，很多人都不会发现他的阴谋了。

不过，只要大批客户收回资金，这个骗局就难以继续了，因此，在金融危机爆发之后，这个骗局也浮出了水面。

一个并不算高明的骗局，却让许许多多金融大鳄深陷其中，这也给我们敲响了一个警钟，那就是投资除了必须承担的风险之外，还有无所不在的陷阱，对于这些，我们必须无比谨慎。

如果你觉得这种骗局离自己很遥远那就错了。2007年的“祝氏招商加盟集团”骗局就发生在我们身边。这个骗局让我国2万多名投资者上当受骗，涉及的资金总额有30亿元之多！

这个祝氏招商集团虽然看上去实力雄厚，旗下全国招商的服装品牌有十几个，但总部规模却很小。更加让人难以想象的是，这个骗局的漏洞有很多，比如其中一个品牌的省级独家代理商竟然有300个以上！但就是这样的漏洞还是能够让这个骗局多次蒙混过关。

一个个被揭穿的骗局，让很多想要投资的人望而却步，实际上，我们应该反思的问题确实不少，很多并不高明的骗局却屡屡得手，也让我们意识到了投资者们防骗意识和防骗能力的缺失。

那么投资陷阱到底有多少种呢？常见的有以下几种。

1. 以联合养殖、种植及合作造林名义进行“联营人股返利”、租养、代养、托管和代管等非法吸收公众存款、集资诈骗犯罪活动。

2. 以投资展位、铺位及公寓式酒店经营权为名进行“购后返租”“产权式商铺”等非法吸收公众存款、集资诈骗犯罪活动。

3. 以专卖、代理、加盟连锁及流动促销等作诱饵发展下线的传销活动，以及利用互联网为中介进行的“网络传销”活动。

4. 以“证券投资咨询公司”“产权经纪公司”的名义推销所谓即将在境内外证券市场上市的股票。

5. 利用互联网从事非法境外外汇保证金交易的行为。

我们应该如何甄别投资陷阱呢？简单来说，投资陷阱都有一些共同点，比如宣扬“零风险高收益”或者“低风险高收益”，总之，听起来是一本万利，天上掉馅饼的话，那么这就是投资陷阱。

风险和收益是并存的，如果没有风险，那很可能就是最大的风险。除此之外，我们也必须明确一点，投资不可能一夜暴富，如果真的有了这样的愿景或者马上有了收益，那么基本就可以断定这是投资陷阱了。当然，很多人上当还有一个原因，那就是这些骗局往往会构建“神坛”和“神人”，就像一种邪教那样给人洗脑，灌输他们是“有实力”的企业，披上合法的外衣。此外，如果说是创新项目或是海外项目，那也极有可能是投资陷阱。

在投资的路上，我们需要学习的有很多，不能脑门子一热就把辛苦赚来的血汗钱投入其中，在投资前需要多询问和多考察。不要让贪婪、冲动和无知控制自己，更不能存有侥幸心理。我们要知道投资是长线交易，我们是钱的主人，而不能够被钱所支配。

另一方面，在投资之前，我们要反复问自己，自己所要投资的产品是谁的，这个人的信誉如何；对方拿着自己的钱如何赚钱，资金是否有人监督；自己买的产品究竟是什么，收益是否有保证；收益和投入是否合理，有没有过高的回报；如果中途想要反悔的话，是否能够套现等等。

总之，投资是一件大事，需要谨慎，绝不能像购物那样冲动消费，更不能操之过急。想要赚钱的心本无可厚非，但若因为急于求成而落入投资陷阱，那就得不偿失了。

◎ 投资靠的是脑子，而不是运气

投资对于有些人而言和买彩票差不多，对于那些获得投资收益的人总会报以一句“赶上了好时候”或是“撞大运了”，似乎投资收益与否全部关乎运气。人们之所以会这么想，有很大一部分原因在于投资的收益与风险并存。

那么，投资理财不靠运气靠什么呢？

如果说靠智商的话，那么发现万有引力的大科学家牛顿肯定不会在投资上栽跟头，但事实上却并非如此，这个大科学家炒股的时候在他认为股票升到最高点的时候抛售，但是他发现之后那只股仍然在上涨，于是他又重新买入，结果股票又跌了。如果说投资靠学历的话，那么曾获诺贝尔奖的著名经济学家弗里德曼凭着奖金去投资肯定能够成为亿万富翁，但结果并非如此。

投资究竟应该凭借什么呢？

有的人可能会说现在是信息时代，掌握了信息就掌握了一切。现实中确实有很大部分人是凭借听到的消息投资的，但这些人当中也有不少人赔了本，因为消息虽然重要，但辨别消息的真假更加重要。更何况，作为一个普通人，很难掌握一手消息，即便是真实的信息，到了自己这里可能也晚了。

这样一来，投资理财不就等同于靠运气了吗？如果这样想，那我们可能就无法发财了。投资毕竟不是买彩票，投资获得回报比买彩票的概率要高多了，而且是否能够获得高收益，凭借的是数据分析，绝不是直觉。

作为一个普通人，我们可能很难精通投资的门道，这个时候要怎么办呢？对于投资人而言，没有人想要看到投资失败的局面，这种时候，我们就应该去学习，去了解，才能将风险降到最低。

如果我们实在没有信心，还可以请理财专家来为自己指路。实际上这也是很多人最常规的选择。因为现在投资产品更新很快，市场行情也是瞬息万变，这要求投资者不仅要懂专业知识，还需要充足的时间和精力，将投资作为理财而一般非工作的人们很难做到这一点，所以大部分人都选择将资金交给专业的人去打理。

这样的做法并非不可取，因为与我们这些投资菜鸟相比，专家们拥有更多的投资渠道、更加专业的知识以及可靠的消息。而且，我们作为个人的投资行为基本只能在二级市场进行，想要进入一级市场是不可能的，这种时候委托机构进行投资，会有更多可以选择的空间，从这些方面来说，接受理财专家和机构的意见要比自己盲目地进行投资靠谱得多。

不过依靠理财专家也并非唯一的途径，毕竟专家也有智愚之分，每个人的视角不同、想法不同，自然产生的结果也就不同。越是这种时候，我们就越该清醒地思考分析，专家的哪些讲解对于我们比较有用，哪些需要我们学习，哪些又需要我们自己做主，明确了这些，我们才不会盲目进入投资市场。

投资是一种科学理财方式，只要是科学，和运气就没有关系，而是需要思考分析。投资，赚钱是第一要务，我们在进入投资市场前，一定要确保自己冷静理智，不要因为头脑发热而做出愚蠢的事。

从前，有一个想要获得巨额财富的国王，他觉得只有金钱才能让自己产生幸福感，于是他祈求神明赐予自己创造金钱的能力。神听取了他的请求，便赐给了他一枚金手指——所触碰的一切都变成黄金。

这样一来，国王无论碰到什么东西，都会变成金闪闪的黄金。那国王会快乐吗？他一开始确实很快乐，但这种快乐就如昙花一现，因为接踵而来的麻烦远比快乐多。因为他碰到的一切都会变成黄金，所以他无法吃饭，无法拥抱自己爱的人。因为他一触碰美味的食物就全变成了无法下咽的黄金，他想要拥抱自己的女儿而使自己的女儿变成了一座黄金雕像……

最终，国王请求神明收回这种能力，他的生活重新归于平静，他感到了无比的幸福。

这个寓言用在投资上也是一样，投资是科学理财，索取一定会有限度，如果我们被欲望支配，就会变得贪得无厌。所以说，投资中冷静的思考是必需的。

理财并没有我们想象中那样困难，只是贪婪让很多人失去了思考的能力，大脑一死机，各种陷阱和风险就都找上门了。就像之前所讲的那样，很多人掉入投资陷阱起初就是因为各种不可能的收益让人们失去了冷静思考的能力，从而掉入了陷阱。

巴菲特曾经说过，投资界偶尔会爆发恐惧和贪婪这两种传染性极强的灾难。由于他们引起的市场精神错乱，无论是持续时间还是程度同样难以预料。因此，我们永远无法预测任何一种灾难的降临或离开，我们的目标应该适当。

◎ 新手投资，安全是最重要的

投资说难不难，但说简单也绝不简单，否则人人都能赚大钱了。作为一个想要开始理财投资的人，要怎么开始呢？作为投资新手，一开始我们一定不能把底线降得太低，因为我们缺乏专业知识和经验，所以应该选择比较保守的投资，也就是说，安全是新手投资的第一要务。

新手投资，一定要找到一个安全边际，只是这个边际并不太好掌握。超过了这个界限，就是一种疯狂的冒险了。英国证券投资之父本杰明·格雷厄姆认为安全边际不仅对于投资新手很重要，还是进入投资领域最重要的前提。

本杰明认为，投资最佳的起点就是即便没有上涨，但也不会亏损，也就是说最好的投资就是即便没有挣钱，也不会赔钱，就是我们通常所说的保本。当然，这只是最理想的状态，安全边际并不能保证我们完全没有损失，毕竟风险是肯定存在的，但是找到了安全边际，获利的概率就比损失的概率大。

以股票投资为例，如果我们忽视安全边际，以过高的价格购买了一家优秀公司的股票，这只本身就价值不低的股票升值空间就非常有限，还有可能购买时其已经涨到了最高点，从而造成亏损。

盈利才是投资的目的，为了达到这个目的，我们必须采取稳妥的投资方式，也就是找到安全边际。

举个实际的例子：如果猪肉的价格是 30 元 / 公斤，那么购买价格的安全边际是什么呢？这就需要我们对猪肉的实际价值进行分析，也就是折算成本。猪肉的产出需要考虑猪的饲养以及宰杀和年数，这样算下来可能猪肉的价值是 20 元 / 公斤。这个时候，将其实际价值进行打折，就是安全边际了，比如你购买的价格是 18 元 / 公斤，那么你的安全边际就是 10%。

这并不难理解，价格总会高于价值，如果我们购买的时候价格在价值之下，这种投资就是较为安全的。不过我们要明确一点，安全边际实际上就是相对于价值的一个折扣，也就是说安全边际没有固定值。

不管这个价值折扣是多少，我们都需要进行估算，人非圣贤，孰能无过？就算是金融界的大鳄都不能保证永远不会栽跟头，更何况投资新手了？找好安全边际，就算犯了分析错误，至少不会错得太离谱，好歹也还有补救的空间。

找好安全边际除了能够让我们赔得少之外，还可能让我们赚得更多。因为我们购买的价格低，这样一来，其升值空间就会变得非常巨大，也就是说，越早开始越好，到了涨势疯狂的时候，离下跌也就不远了，这个时候再投入的话无异于脱离了安全范围。

从另一个方面来说，就算找到了安全边际，我们也不能保证稳赚不赔，因为投资还需要看其成长性。简单来说，这就相当于对一个项目进行分析考察，看它的前景是怎样的。举个例子，一个生产传呼机的企业安全边际最高，但现如今就连寻呼台都找不到，这个时候安全边际就没有意义了。也就是说，安全边际需要在成长性的前提下才能成立。

这些概念都很简单，但是却不容易把握，因为我们很难进行判断，找不到合适的切入点，又或者迟迟等不到安全边际。在这种时候我们需要耐心等待，绝不能因为失去了耐心认定安全边际不存在而贸然投入其中。

当然，这绝不是三言两语就能够交代清楚的，更多的是需要我们去实践。但我们一定要清楚，投资就如行军打仗，攻击要在防守的前提下进行。投资没了本钱也就没有了翻身之日，我们一定要选择最为安全的投资方式试水，在尽可能不亏损的情况下获得人生的第一桶金。

◎ 个人收入不同，理财的侧重点也不同

有一天，红灯的时候一个人在马路边仰头看天，久久都没能低下头来。他身边的人注意到了这个人的异常行为，也抬头看天，就像流感一样，渐渐地，所有等红灯的人都在抬头看天，想要看看天空中究竟有些什么，即便只有白云。这样，到了绿灯亮起的时候都没有人低下头来。

终于有个人忍不住问那个第一个抬头的人："天上到底有什么啊？我看了半天也没看出来。你究竟在看些什么？"

那个第一个抬头看天的人仍旧没有低头，说道："我什么也没看，只是鼻子流血了。"

一个笑话而已，但也反映出了人们的从众心理。确实，作为社会的一分子，人们总是习惯于随大溜儿。因为跟随主流不会让自己变得奇怪，大家都遵守的定律一定没有错。这在某些方面是适用的，但不代表我们时时刻刻都要照抄别人的模式。

理财就像健身一样，每个人的需求都不一样，有的人需要减肥，有的人需要增肌，自然要选择不同的运动。每个人的收入不同，理财的侧重点自然也有所不同。那些有很多闲钱的人可能会搞收藏，购买黄金等；而对于普通大众而言，收藏就是一种非常奢侈的理财方式了。

人需要有自己的主见，投资需要经过慎重的思考分析，绝不能盲目跟风。实际上，很多投资陷阱就是给那些盲目跟风的人准备的。我们收入不一样，对生活的追求不一样，选择的理财侧重点也就有所差别。理财要根据我们的需求来定制个人计划，绝对没有所有人都适用的搭配公式。

现如今，我国经济繁荣昌盛，各行各业的发展都非常迅速，理财产品更是层出不穷，除了传统的储蓄金融服务之外，还有许许多多的理财项目和产品。在众多繁杂的产品中，很多人花了眼，不知道该如何挑选，于是觉得跟着别人的脚步挑选是最便捷而保险的项目。事实上，所有的投资都有风险，区别只在于风险的大小和与之相对的收益多少不一样罢了，我们所要做的就是根据自己的财务情况进行选择。

在这其中，我们必须摒弃“别人可以赚钱，我也一定可以赚钱”的想法，因为适合别人的不一定是适合自己的。打个比方，一个好的项目就像一棵长满果实的大树，所有的猴子都想要吃果子，于是纷纷爬树。但有的猴子发现得早，有的猴子发现得晚；有些猴子爬得快，有些猴子爬得慢。这样一来，先爬到树顶的猴子吃得肚子圆鼓鼓，而后面的猴子只能看着上面猴子的屁股，饿着肚子看着上面猴子得意地笑。后面的猴子要想继续爬，需要更多的体力，还得想办法挤上去，而上面的猴子为了独占果实，说不定还要在后面猴子快要爬到的时候将其踹下树去。

大家都想赚钱，但有时你只是树底的一个猴子，我们更应该分析自己爬上去的概率有多高，要付出多少，付出与投入是否成正比。如果我们只是盲目跟随，那很可能爬到最后只剩下几个烂果子，而树底说不定能找到熟透掉下来的果子。

理财是走向财富的必经之路，但理财这条路有很多分叉口，我们要找到适合自己的路，才是最重要的。没有人规定只有炒股才能赚大钱，或者必须辞职创业才能获得财富。我们要清楚自己的水平，然后再制订相应的理财计划，就像量身定制的衣服一样，最适合自己的，往往是最好的。

在19世纪的时候，美国加州掀起了淘金热，大批人带着梦想前往加州，其中有一个16岁的孩子，他也是淘金者其中的一员。但是淘金的人太多了，金子不是那么容易得到，而且金矿处在环境恶劣的沙漠当中，生活条件非常差。

这个孩子开始想，为什么要这么辛苦呢？淘金不过是为了钱，如果我有其他赚钱的方法，一样可以致富。发现当地水资源稀缺之后，这个孩子开始在当地卖起了水，淘金者都从他这里购买，就这样，他最终凭借着卖水获得了巨额的财富，而那些淘金者大多数则空手而归。

投资是为了钱生钱，理财是为了对自己的收入有规划和管理，在这么一个目标之下，我们的选择其实有很多种，这时候，我们要学会给自己量身定制合适的理财计划，而不是盲目跟风，这样我们才能成为金钱的主人，而非被金钱所驱使。

◎ 理财越早越好

毕业初期，同学之间起点都差不多，但是几年之后，差距就会渐渐显现，有些人买了房，有存款，而有些人仍旧是蜗居的月光族。这种差异和社会环境无关，很大程度上是理财意识的差距。

现实告诉我们要从实际出发思考问题，不管什么时候，我们该做的都是为自己的明天打算，未雨绸缪总是对的。有些人可能发现了，上大学时大家的生活费都差不多，但是毕业后自己还向父母伸手要生活费的时候，有些人已经有一笔不小的存款了。在别人为积累原始资本的时候自己已经用原始资本投资，这种差距是决定性的。

所以说，投资要趁早，越早越好。在国外，很多家长在孩子很小的时候就开始培养他们的理财意识了，比如股神巴菲特，他就是从很小的时候就开始打工赚钱，到了 10 岁的时候就开始投资股票了。万事走在前面，才能抓住先机，不急不慢，看别人一拥而上的时候再行动，那就只能剩下残羹冷炙了。

理财重在行动，绝对不能等。我们不能总想着自己还年轻，理财的事以后再说，这样等来等去我们就错过了许许多多的机会。

小刘是外企的白领，收入不低，家庭条件也不错，可是毕业几年了，他还是住在父母家，车子也是父母给买的，他一点存款都没有。虽然父母希望他存一些钱，但小刘总觉得没有这个必要，他觉得自己还年轻，用不着考虑那些事情。

后来小刘在工作中遇到了小王，两个人一见钟情，很快就决定结婚了。结婚的钱全是小两口父母支付的，房子也是父母给买的。婚后小刘的父母以为有了家庭情况会有所改变，但小两口都是月光族，他们觉得没有什么后顾之忧不需要存钱。因为他们觉得自己还年轻，没有存钱的必要。

直到小王怀孕，两个人才意识到理财有多重要。孩子降生之后小两口开始努力赚奶粉钱，恨不得周末还要加班。再看看周围的同事们，不光工作之余不加班，放假期间还有闲钱出国度假。这时候小刘才知道后悔。

有的时候最糟糕的情况不是没有机会，而是机会来时我们还没有准备好。理财这件事真的是赶早不赶晚，对于那些很小就有理财意识、积累原始资本的人而言，没有理财行为的人落后了不止一小截。

从另一方面说，理财不仅仅是狭义的投资、储蓄，还包括对日常生活开销的合理分配，也就是做好收入预算。什么样的预算才是好的呢？首先，它不会约束你的行动，其次，它不会让你毫无目的地花钱，有了预算，才能让我们更好地花钱，这是理财的一个重要方面。

有些时候，人们入不敷出不是因为工资挣得少，而是不懂得理财，对自己的开销没有规划，所以才会造成这样的窘况。如果我们对自己的金钱有合理的支配，那么除了生活更加轻松之外，还能让我们省下不必要的花销用作投资。

其实，做一份理财计划并没有想象中那么困难，概括起来，我们需要做好以下几点。

首先，对于我们的每笔开支都需要进行记录，只有对支出有个彻底的了解，才能掌握自己的消费弊端，进而改进自己的计划。如果我们不知道从哪些方面减少开支，那么就不可能做到节约，即便节省了也很难在正确的地方省下钱来。我们应该列出固定的开销，如房租、水电费、生活费和保险等等，除此之外，还有一些必要的开支，像应酬需要支出的钱，还有交通费和医药费等等。当然，数目是不固定的，需要根据自己的个人情况进行制定。

制定预算只是第一步，最重要的是我们能够按照自己的预算去执行，否则再多的理财计划也无法实施。

其次，我们要留一部分存款，根据理财专家的建议，即便如今物价上涨，但如果我们能够节省 1/10 的收入，那么几年之后我们的生活也能宽裕很多，除了存款，也可以用作投资。除了不能够动用的存款之外，我们还应该准备一笔应急的资金，这样当有紧急情况发生的时候，我们不至于手足无措。

最后，我们需要了解保险的重要性，保险越早买越划算。

当然，理财概括起来不止这几方面，但不管理财计划是什么，都要记住，理财赶早不赶晚。

◎ 不要把鸡蛋放在一个篮子里

都说好钢用在刀刃上，这在理财上同样适用，但是很多人曲解了这句话的意思。其实，好钢要用在刀刃上，不代表只用在刀刃上。钱，是我们生活中方方面面都必不可少的，在不同的方面它也发挥着不同的作用。

因为钱的重要，理财更显得重要。因此很多人在理财的时候都希望找到一个最稳妥的方式。理财要有侧重点，但不代表理财只有一个点。就像鸡蛋不能都放在一个篮子里一样，我们在理财投资的时候也需要注重规划，而不是把所有的身家都投入到一种理财产品中去，这样无异于增大了风险。

在前面我们已经了解到了理财最重要的一点是安全，高风险显然和安全是对立的，如果以安全为前提，我们就要尽可能降低风险，最好的方法就是将可以支配的钱分配到不同的管理方式上，这样一来，风险自然降低了。

对于大部分人而言，理财不仅仅是使手中掌管的钱不减少，最重要的是使闲置的钱升值，而投资方式更是多种多样，我们要选择适合自己的理财工具，这样最为妥当。接下来就介绍几种理财工具，我们可以根据实际情况进行选择。

第一种是储蓄，这是最传统也是最稳妥的方法，因为储蓄一定是保本的，不会出现亏损，而且对于懒人来说也非常合适，这种理财方式不需要担心风险，也不需要时时注意动向，但缺点就是储蓄所得的利息非常低，而且有时可能遭遇货币贬值，辛辛苦苦存下来的钱闲置几年后还不如当初值钱了。但不管怎么说，理财必不可少的就是储蓄，因为这是所有理财方式当中最安全的一种。我们需要有计划地进行储蓄，比如每个月要拿出多少定额，这样一来就可以聚沙成塔。

第二种是基金，基金是很多偏好稳健投资的工薪阶层的选择，尤其是开放式基金，这种投资风险相对而言较小，收益要比储蓄高，尤其是银行的理财产品和投资连结保险。

第三种是股票，在众多的投资理财工具中，炒股可以说是高收益的一种投资方式了，不过股票需要较强的专业技能，还要对市场有敏锐的感知度，也要花费一些精力和时间。虽然比较麻烦，但是这确实是在短时间内能够获得高利润的一种方式。

如果手里的钱比较充裕，我们也可以考虑投资不动产，现在越来越多的人不再把房子仅仅看作是住所了，因为楼价的攀升，大家也将其作为了投资的工具。这种投资需要的资金比较多，而且属于长线投资。

除了这几种常见的理财投资方式，还有炒汇、投资黄金和收藏等很多种方式。由此看来，想要赚钱并非难事，只在于我们愿不愿意稍微花些时间进行选择。但不管怎样我们都要记住，投资要分成几部分，不要孤注一掷，也不要天女散花，在自己能力范围内选择几项适合自己的理财方式，在不给自己的生活造成影响的前提下理财就是最安全可靠的。

◎ 你不理财，财自然不会理你

钱或许是最单纯而又最复杂的东西了，说它单纯，因为它只是一种货币符号，说它复杂，是因为我们很难为其定性。它能够让人们感到幸福，也能让人们感到不幸，尤其对于工薪阶层而言，这种体会更加深刻。比如每天为了钱发愁，无法在理想的地段买房，无法送孩子进入理想的学校等等。

现实让人绝望吗？也许是这样，但也可能是绝处逢生。或许眼前我们的经济情况不够乐观，但是如果我们有理财的意识，相信自己的话，苦日子终究会过去。

对于工薪阶层而言，资产基本可以分成金融资产和人力资产，而且这二者之间是可以互相转化的。举例来说，一年加薪 5000 元，这并非虚幻，只要我们更加努力地工作，是完全可以达成的，这就是人力资产向金融资产的转化。

吴士宏号称中国IT行业的“打工皇帝”，她曾经只是一个校医院的护士，而且没有任何背景，也未曾接受过高等教育。但是她不甘心，就这样活过去，于是她开始自学英语，获得大专文凭之后她通过外企服务公司成为了IBM的一员，不过当时的她只是一个打扫卫生、端茶送水的小角色。

吴士宏并没有因为这些而气馁，相反，她决心更加努力，在这个良好的平台上谋求更高的发展，之后她不断为自己进行投资，终于成为了中国首屈一指的职业经理人。她成功之后先后出任了IBM中国区销售总经理、微软中国公司总经理、TCL信息产业集团公司总裁等等。

她用实际行动告诉我们，每个人都有可以开发的潜能，在我们有能力为自己投资的时候不断充实自己，那么，未来的事业发展和财富积累都会有一个夯实的基础。

投资其实包括很多方面，对于年轻人而言，多学一些东西也是对未来的一种投资，我们需要不断进步来让自己升值，获得更多的金融资本，而这些不一定就比投资金融产品来得少。

我们可以将理财当作是锦上添花的事情，做好自己的本职工作，提升自己的工作能力才是最为重要的。但不管是投资金融产品还是投资自己，我们都需要主动的进取精神。

理财的方式有很多，根据人们的需求和偏好可以进行不一样的选择，比如喜欢高风险、高收益的投资，或者是低收益但保本的投资。选择哪种我们可以听取别人的建议，但不一定要遵从别人的建议，因为钱是我们的，所要承受的风险、得到的收益也是我们的，所以在这件事上我们一定要积极主动。

信心是心智的催化剂，当信心与思想相结合时，就会在你的潜意识之中产生无穷的智慧。作为当代的年轻人，我们应该相信自己有创造财富的能力，而且不断地告诉自己能够做到，这样潜意识的暗示会渐渐转变成我们的能量。

无论何时，理财要谨慎，但不必束手束脚，在理财方面，不存在性别差异和性别优势。

艾拉·威廉是美国“最佳女企业家”，她的出身并没有什么特别——一个普通的黑人家庭，兄弟姐妹 11 个，虽然父亲养家很艰难，但他却不允许艾拉出门工作。因此，艾拉只能在家里帮母亲，她在母亲身上学到了很重要的东西，那就是自信，因为母亲常常这样告诉她：“只有你想不到的，没有你办不到的。”

对此，艾拉深信不疑，以至于她长大后将这句话当作信条，即便受到种族歧视、两次婚姻失败，困难到需要捡饮料瓶维持生计，她都不曾忘记母亲告诉她的话，她认为生活中的一切磨难都在为成功准备着。

经过了长时间的打拼，她有了自己的公司，不过当时她对自己经营的东西并不了解，而且也没有什么专业知识和文凭，但她认为自己凭借努力可以做到。后来的三年时间里，她证明了自己，给公司带来了第一份 800 万美元的合同，这也成为了她人生的转折点，自此之后，她的公司向着更大的规模发展了。

婚姻失败，没有事业，即便是这样的窘境她都没有轻易放弃，凭借着自己的不懈努力最终获得了成功，难道这不是现实版最暖心的心灵鸡汤吗？如果她认命了，不愿意去想办法赚钱，钱还会找上门吗？

我们身边不是没有财，而是我们没有发现它。我们要记住，钱这东西，你理它，它就会理你，你对它视而不见，它也会对你避而远之。

第二章

积累理财知识，提高赚钱能力

这个世界上没有天上掉馅饼的事情，投资和理财更是如此。
想要提高自己的赚钱能力，想要自己闲置的资金生出更多的钱来，
丰富自己的理财知识是人生的一段必经之路。

◎ 了解一些专业投资术语

谈到理财或金融，人们总是觉得有巨大的财富就在不远处，不过在当前的社会中，人们总是太看轻或者太看重这件事情，对于理财和金融没有一个正确的认识。有相当一部分人将理财和投资的事情交给他人代办，或者干脆放弃，只是因为缺乏必要的理财知识，看着大量的术语和分析，觉得自己不能胜任理财这件事情。其实这种想法是错误的，我们今天就来学习一些专业的投资术语，或许你会发现这些东西并不像你想象的那样难。

首先，我们必须要了解的知识就是复利。复利指的是本钱和之前一个利息周期内产生的利息共同产生了新的利息，或许这样听起来不够直观，不好理解，我们举个例子，可以更直观地理解复利这个概念。

不少人都看过一些犯罪电影，其中有一种经常能够逼迫受害者家破人亡的犯罪方式，那就是高利贷。电影中的犯罪分子经常会提出计算利息的方式，而最终结算的时候会发现这笔金额比受害者所预计的要高出许多，甚至短短几天就翻了几倍。被害人原本借了 1 万元，一个月归还要收 50%

的利息，也就是归还 15000 元。如果是两个月，那么第二个月就要再加上 15000 元的 50%，也就是 7500 元的利息。短短两个月的时间，要归还的数目就翻了一倍。这就是复利。我们投资也是如此，如果我们每年能有 20% 的收益，如果没有提取本金和利息的话，短短的三年半，你的本金就翻了一倍，10000 元变成了 20000 元。

想要利用复利获得可观的收益，那么这笔投资也是需要一些条件的。足够的本金、良好的投资选择、足够的耐心与精力是必不可少的。如果能够满足以上的几点，就可以做到用钱生钱。不过大部分人是很难满足这几项条件的，毕竟有钱的时候没时间，有时间的时候没钱。

其次，洗盘是股市以及其他类似投资中庄家常用的赚钱手段。洗盘这个词语在生活当中并不常见，哪怕是在股市当中，也不是什么正大光明的手段。这种做法主要是庄家为了谋取利益，逼迫低价购买股票的散户抛出手中的股票，拉平持股者手中股票的平均价位，让自己坐庄，谋取更多的利益。洗盘最根本的目的是为了平稳市场，避免浮动，抬高整个市场的股票持有成本。

想要拉升股价，就必须让每个人手中的持有股票的成本提高，为此庄家会不断地垫高股票的价格，赶走跟风的散户。在这一过程中，庄家还可以赚取一段差价，用来填平拉升股票价格时付出的成本，减小自己的压力。许多投资者都在庄家洗盘的动作中退却了，低价买进股票以后因为信心不足，导致低价出售持有的股票，随后又看着股价迅速拉升，只能感叹自己为什么意志如此不坚定。

庄家采取的洗盘手法也是多种多样，识别庄家的洗盘手法有助于坚定信念，赚取应有的收益。以下几种手法就是庄家常用的洗盘手法。

大幅度打压式洗盘。这种手法会先拉高股价，随后进行打压，让股价跌到一个较低的价位，吓退散户。

震荡式洗盘。这种手法会让股价不停地震荡，先是拉高股价，然后马上将其回档到之前位置，随后再次拉升。拉升的幅度和回档的幅度并不会很大，但是频率十分频繁。不少投资者都会因为心志不坚而被震荡出局。

横盘筑平台。这种手法是在拉升股价的过程中突然停止，停止时间相对较长。许多缺少耐心的散户会对股票丧失信心，认为其上升势头已经终止，将手中股票抛出。

以上是常见的洗盘手法，除此之外，还有几种手法与上述方法大同小异，如与震荡式类似的 T 下震荡，就是让股价在一个区间内震荡，而不是在拉升中震荡，这种手法除了考验投资者内心是否坚定外，还会让投资者摸不清庄家下一步究竟想要如何炒作。

不管是什么洗盘手法，只要熟悉熟知这些内幕，就能在洗盘当中稳坐钓鱼台。

最后，最能说明股票走势和价值的就是净值。股票净值就是股票的账面价值，是最能反映股票价值的条件之一。这种净值往往是由公司财务报表计算出来，是股东权益最客观的反应，是股票所对应的公司自有资金价值。股票净值总额是由公司的资本、法定公积金、资本公积金、特别公积金等内容决定的，主要是公司所有的资产加上公司的累积盈余减去公司的累积亏损，而投资者手中股票每股的净值就是公司的总净值除以公司发行股份的总权。

从股票净值的构成，我们可以看到股票净值就代表了股东手中究竟有用了多少资金和应该享有多少权益。股票净值与股票真值以及股票市值有着密不可分的关系，因为股票净值是对该公司过去年份经营和财务状况的真实反应，所以也被用来作为测算股票真值的主要依据。如果股票净值高，该公司的经营状况就一定不差，股东们也可以获得更多的权益，股票未来的获利能力也会增强，股票的真值也一定高，市值也会随之上升。

相对于所谓的股票真值、市值，股票的净值更加可靠，净值不是推测股市、市场走向的产物，而是对该公司现有财务状况的真实反应，用来表示股票净值的数据都是真实、具体、有可信性的。净值还能准确的反映公司多年经营的成果，只在年终结算或者公司增加资产的时候才会变动。

综上所述，股票净值是拥有最高真实性、准确性和稳定性的，不论是公司发行股票、确定股票价格，还是投资者进行投资分析，股票净值都是最重要的参数。

只了解一些专业投资术语，不一定能让你做好投资，但是想要做好投资，专业的投资术语是必须要懂的。在这个投资环境瞬息万变的时代，熟练地掌握投资术语才能让你在获得信息的第一时间做出反应，不白白错失眼前的机会。

◎ 掌握理财技巧，了解关于投资的税务常识

税收是国家用来对社会产品进行分配的重要形式，国家利用税收来实现社会公共需要的分配，是无常、强制、固定的，而投资者同样是国家的公民，也需要承担缴税的义务。所以，学习投资也要了解国家的税收制度和相关税务知识，熟知税务知识可以让投资者在合理、合法的范围内赢得更多的利益，更好的实现投资盈利。

中国的税务有几个大的分类，这些是最基本的税务知识。

1. 流转税

流转税主要是指资金、商品等在流转过程中收取的税金，包括增值税、消费税、营业税、关税和车辆购置税。

2. 所得税

所得税是指对企业或个人达到一定数额后收取的税金，包括企业所得税、外商投资企业和外国企业所得税和个人所得税。

3. 资源税

资源税主要是指对大量使用国家资源的行为收取的税金，包括资源税、城镇土地使用税和土地增值税等。

4. 财产税

财产税是指国家市场行为进行宏观调控，对某些产业进行征收的税金，主要是房产税和城市房产税等。

5. 行为税

行为税是指国家为了限制或者鼓励某些行为进行的征收的一类税收，包括印花税、车船税、城市维护建设税、烟叶税等。

6. 其他税

其他税主要包括农林特产税和耕地占用税等。

投资者所使用的投资方式多种多样，不管是证券投资还是实业投资，都要缴纳税金。其中证券投资涉及的税务并不多，目前需要缴纳的只有印花税，而实业投资则会涉及大量的税务，因此实业投资者也需要了解很多税务知识。

根据投资人的身份，可以将实业投资的形式分为以下几种：个体工商从事生产经营、从事承包承租业务、成立个人独占企业、组建合伙企业和设立私营企业。不论是哪种方式，投资者都要承担相应的税收，但合理的使用税务知识，就可以在合理的情况下做到少缴纳税金，其中所得税更是成为了决定是否投资的关键条件。

个体工商户的生产经营所得所产生的税收项目是按照5%~35%递进的，分为五个等级。应该缴纳的税金是企业年收入扣除经营成本和流转税，也就是我们通常说的企业利润，乘上企业收入所在的纳税梯次，扣除经营者个人缴纳的所得税。

私人经营和其他合伙企业，投资者所占有的权益和义务都是企业全部权益的一部分，企业缴纳的所得税也是按照个人投资者所出资的比例来承担，而股东个人也要按照个人所得缴纳个人所得税。

个人工商户的税收与个人企业或者合伙企业的税负基本相同，但是由于企业是法人单位，在政策方面、发票的申购方面有着个人工商户所没有的优势，也比较容易扩大自己的经营范围。但个人独资企业存在着增值税，所以企业的运营还是有着不小的风险的。投资者应该根据自己的实际情况制定投资计划，选择自己的投资方案，在操作中合理避税，合理、合法的说的最大的利益。

◎ 时间就是金钱——复利

之前我们认识了一些投资的专业术语，其中第一个谈到的就是复利。在这里，我们要更加详细的了解复利，在这个投资也带有储蓄功能的时代，复利是一个需要着重讲述的概念。

复利能够带给我们什么呢？相信每个人都知道，如果第一天能够赚进1元钱，从第二天开始每天都能赚前一天的一倍，那么短短的三个月，这个1元将会变成一个巨大的数目。这个就是复利最基本的知识。尽管世界上没有每天都能够将本钱翻上一倍的投资，但复利还是非常有价值的。

股神巴菲特就是一个将复利原理运用到极致的一位投资大师，在投资当中他最为看重的是信息，但认为最能赚钱的方式是复利。在巴菲特的发家的过程中，他不断地分析各公司的财务报表，寻找有潜在价值、有竞争能力的企业，然后收购其股票，并且长期持有。通过长期持有这种公司的股票。这些股票的实际价值远远大于本身的价值，其他投资者未能兑现股票的真正收益，而巴菲特则因为这种企业的成长性获得了巨大的利益，这也是复利原理所带来的回报。巴菲特从来都不是一个投机派的投资人，他不幻想一夜暴富，也不相信有人能够预测股市的走向，他所做的就是数十年如一日的保证自己手中股票不断增值。尽管他的股票收益平均下来每年只有20%，远远不及那些投机者100%甚至更高的收益，但巴菲特胜在数十年如一日的稳定，所以成为股神对他来说只是时间问题。

IBM公司的股票曾保持了几十年的稳定增长，如果有一个人用几千美元买了IBM的股票，以IBM每年15%左右的增长率来看，能获得多少收益呢？实际上这笔数额是极其可怕的，IBM 的股票从 1914~1977 年都在稳定增长，那么此人的获益将会是本金的一万倍，几千美元变成了几千万美元。进行长线投资会为你带来意想不到的财富，尽管看似增长率微不足道，但在时间的帮助下，获得巨大的利润并不是奇迹，而是必然发生的事情。

根据复利的理论，我们可以总结出一些知识，这些知识将帮助投资者通过复利原理获得稳定、可观的收益。

1. 投资要趁早

对于投资人们似乎有一个共识，既然是靠钱来赚钱，必然就是投资越多赚钱越多。其实并不是这样。如果一个年轻人从 20 岁时开始投资，每年投资 10000 元，每年收益 15%，等到他 42 岁的时候，他可以获得 137.63 万元。如果他从 31 岁开始投资，每年投资 20000 元呢？同样到达 42 岁的时候，他只能获得 68.7 万元，而他的投入远比 20 岁开始投资的时候要多。

根据复利原理，对于收益最主要的影响就是投资时间的长短和投资增长率的多少。投资增长率我们难以控制，能够控制的只有投资时间。而投资周期越长，获得的回报就越高，所以，投资越早越好。

2. 稳定投资的收益水平

复利需要较长的投资周期，但同样需要一定的增长率。如果增长率很低，在 10% 以下，尽管时间久了依然会有可观的收益，不过为什么不去找一个增长率更加稳定的投资项目呢？想要一夜暴富并不简单，但将增长率控制在每年 10%~20% 之间应该不是什么太困难的事情。不要以为长线投资就是在一棵树上吊死，长线投资看的是稳定的增长率，稳定和增长率都是重要的，不能因为稳定而忽视了增长率。

3. 有足够的耐心

长线投资中耐心是非常重要的，不能急躁，但是也不能撒手不管。我曾见过一些投资者，对自己认定的项目进行投资后，长达半年的时间都不查看，最终的结果自然是发现增长率不如自己想象的稳定，并且呈现跌宕起伏的态势，远远达不到想象中的收益。长线投资要有耐心，但也要给予必要的关注。

◎ 杠杆——回报放大，风险也放大

杠杆原理是简单的物理学，两个物体平衡的时候，离支点的距离和重量成反比。这个理论应用在了许多方面，杠杆、滑轮、齿轮等，为科学发展做出了巨大的贡献。在投资当中一样少不了杠杆原理，投资中的杠杆原理主要是指用较少的资金赚取较大的收益，听起来似乎有些天方夜谭，但实际上却是可行的。

如果我们手中有 100 元，我们可以做什么生意呢？不管是做什么，都仅仅限于本金是 100 元，低价购买商品，高价卖出。收益较好的情况下，我们可以赚到 50 元，50% 的收益很可观。如果我们向银行贷款 10000 元呢？到时候我们就可以赚到 5000 元，去掉给银行的利息，赚的也远远比 100 元的投资要多得多。但最终还是在你只有 100 元的情况下，借助银行的力量，可以赚到 10000 元本金的收益，这个就是投资中的杠杆原理，以小赚大。当然，这种情况只在于确定这笔投资稳赚不赔的情况下。

杠杆原理不仅被运用在投资当中，也被运用在我们的生活当中，而且根据本金以及“撬动”资金倍数的不同，杠杆常常用这个倍数来表达大小。我们只有 100 元，却贷款 10000 元去做生意，这就是一个 100 倍的杠杆。提前贷款消费也是如此，贷款购房，首付 10%，那撬动的就是 10 倍的杠杆。20% 的首付，撬动的就是 5 倍的杠杆。投资买房也属于持续投资的一种，如果首付是 10%，房价每年上涨 10%，那么，贷款买房这件事情收益已经达到了一倍。

不管运用任何原理，投资就是投资，有好的一面，自然也有坏的一面。杠杆原理可以放大的不仅是收益，同样还有损失。如果买房首付是 10%，而房价跌了 10%，那么损失也就是一倍了。

在股票牛市的时候和房价飞涨的时候，人们都会竭尽所能的运用杠杆原理，提高杠杆的倍数，以赚取更多的利益；而房价下跌的时候或者股票熊市的时候，就要尽快卖出手中的东西套现还债。

既然杠杆原理有好的一面也有坏的一面，我们要如何做到平衡呢？最重要的核心理念就是根据概率来制定杠杆倍数。赚钱的概率越大，就要大胆地使用大倍数的杠杆，如果赚钱的概率小，那么就尽量使用小倍数的杠杆甚至不使用杠杆。

除了核心理念之外，还有以下几点守则是在撬动杠杆之前就要想好的东西。

1. 投资收益是否能够平衡借贷成本

任何投资都是为了赚钱，但是撬动杠杆本身就要付出一定的资本，比如向银行贷款就要缴纳一定的利息。在借贷投资之前，千万要计算好自己的借贷成本，如果借贷成本高过了投资收益，那岂不是白忙一场，甚至将这笔借贷变成不良借贷。

2. 投资风险是否可控

不同的投资项目也有着不同的风险，那么投资之前就要计算好，自己是否能够将遇到的风险控制在一定范围内。如果事情朝着最坏的方向发展，自己是否有承担失败的能力。比如说向银行贷款，失败以后自己是否有足够的能力去偿还贷款。在银行业相对成熟的西方国家，很少有人会使用贷款投资证券。证券投资相比实业投资，尽管收益更大，但风险也要大得多。如果借贷投资的话，最好是选择房地产等收益较为稳定的投资项目。

利用杠杆原理，在收益稳定的情况下进行投资是快速获得收益的最佳方式，但是不管是怎样的投资，都要做好失败的准备。理性投资，理性借贷，让成功不受限于有限的资本。

◎ 注意边际效应，掌握投资的安全界限

边际效应是将你的投资掌控在一个安全范围内，从长期的角度来说，是极大可能性地避免损失的一种概念。究竟什么是安全边际呢？

安全边际从某种程度来说，就是我们常讲的性价比，也就是商品实际价值与价格的一个差值。这个概念在证券投资界有着至高无上的地位，是

由巴菲特的恩师本杰明·格雷厄姆提出来的。

格雷厄姆认为，购买一只股票，或者进行一项投资，一定要认准购买物本身的内在价值是高于价格的，这样才有盈利的空间。如果不能完全了解价值，那么至少要保证价值与价格在一个可接受的安全范围内波动，不能相差太远，这样即便不能够赚钱，但起码不会赔钱。

相对于安全边际来说，自然是价格越低于价值就越值得投资，也可以说是安全边际越大，获利的空间就越大。

任何投资牟利的方法无非就是低买高卖，任何一种投资都不能忽视安全边际。股票投资盈利是要用合适的价格购入合适的股票，这里的合适指的并不是公司如何优秀，而是安全边际够大。一家公司可能非常出色，并且出色到尽人皆知，想要购入该公司的股票只能用非常高的价格，这与实际价值相差不远，安全边际并不大，也没有什么盈利空间。

安全边际并不是一个固定的数值，不管是股票形势如何，不管该公司的经营状况如何，都不能说明安全边际的情况。

如果一家公司的股价是10元，这10元就是价格，而根据财务报表进行核算，该公司每股的价值是8，这就超过了安全边际。如果价值是20，那么这只股票的安全边际就高达100%。由这个例子我们可以得知，安全边际并不固定，是一个非常灵活的数值，而安全程度，就取决于安全边际的大小。

计算安全边际时，还要留有额外空间。人为的计算往往没有那么精确，何况任何事物都是在不断变化的。如果只留出少量的安全边际，万一有意外的事情影响了整个计划呢？不论是为了应对突发事件，还是给自己的计算留出误差的空间，安全边际一定要保留一点额外的空间。

计算安全边际时，要保持冷静的头脑和坚定的信念。股神巴菲特从来都是一个冷静而坚定的人，华尔街形势一片大好的时候，他很少出手购买股票，当大盘疯狂下跌时，他反而开始疯狂地购入。这并不是因为他的眼光有多独到，而是因为他坚定了安全边际的理念。

在大盘疯狂上涨的时候，许多公司股价远远超过了实际价值，尽管股价还在上涨，但那只是虚高，很快就会停止。而在大盘形势不佳的时候，人们对于购买股票变得畏首畏尾，恰恰这个时候许多股票价值高于股价的公司变得无人问津。巴菲特并非是逆市而行，而是始终遵守着安全边际，他看待投资的着眼点如此不同，这也是他能成为股神的原因。

安全边际理论看起来十分美好，但操作起来却非常困难。巴菲特一直遵守着安全边际的理论，为此他也要数十年如一日地查看各公司的财务报表。所以，我们在投资的时候还是要着眼那些有着良好潜力、充满成长性的企业，只有在这种情况下，安全边际才是真正的安全。

◎ 经济学中的二八定律

二八定律在经济学中是一个经典定律，并且有着悠久的历史。意大利经济学家发明的这个定律为我们阐述了在经济学当中，任何一组事物，重要的东西大约只占 20%，而数量为多数的 80% 则是次要的。尽管二八定律听起来有些荒诞，但实际上在经济领域中，二八定律不断地被验证是非常正确的。

二八定律还有许多延伸，比如在管理学的范畴中，一个企业 80% 的利润来自它 20% 的经营项目；在全世界范围内，20% 的人掌握着 80% 的财富；在经营企业方面，80% 的人在给 20% 的人打工。这些都是二八定律的延伸，而在投资方面，二八定律同样适用。比如在股票市场，只有 20% 的人在赚钱，而没有赚到钱的人占了 80%。

那么，二八定律能够给我们什么启示呢？

第一，它可以警示我们哪怕是再有把握的投资，也有 20% 的失败率，并且投资要以 20% 的损失作为一个界限。

不管是企业还是投资都是如此，在经营的过程中难免会碰上一些坎坷和失败，那么，这个损失在什么范围内是可以接受的呢？大自然给出的底线是 20%。如果企业的损失在 20% 以内，企业就可以改变运营方式、节约经费等办法，来挽救企业。一旦这个损失超过 20%，企业就必须要立刻采取急救措施，否则就会变得难以维持。

投资也是如此，有损失不要紧，但损失的范围要控制在 20% 以内，一旦超过 20%，这些损失就会变得很难挽回，并且损失的速度也会加快。

投资的稳定性和收益也可以用二八定律来表示，任何一种投资方式都带有风险，而与风险并存的则是回报。最为稳妥的投资就是银行的活期存款了，但是活期存款所带来的收益非常少。投资者进行投资，往往盯上的是高于市场 20% 的收益，但是高于市场 20% 的收益却伴随着比银行储蓄高 80% 的风险。

由此我们可以知道，任何高回报的背后都隐藏着更高的风险。尤其是一些打法律擦边球的理财产品，账面上的高收益，实际是一种信用风险的补偿，通过这种手段，违规理财产品转嫁了其违规成本，吸引了更多的投资者。

第二，它可以告诉我们投资要抓住重点，往往一个重点项目所带来的收益要远远高出其他零散投资的收益。

根据美国经济杂志上的报道，日本汽车一旦超过外国汽车占有比率的 20%，就会引人注目，甚至开始引起贸易上的摩擦。投资同样如此，一个投资项目，如果拥有超过 20% 的收益，关注的人就会开始增加，而该投资项目也会因为关注人群的增加持续地获得收益，上涨速度会持续加快。但是，如果有超过 80% 的人加入了这个投资项目，那就说明这个项目已经从一个有潜力的投资项目变成了一个普通的项目，也就不再有收益了。

因此，我们在投资的时候，要寻找自己的重点项目进行投资，不要跟风去做那 80%。只有做到那 20%，才能获得 80% 的收益。

二八定律也考验着个人的思考方式，对于生意人来说，顾客就是上帝。那么，80% 的顾客和 20% 的顾客你会选择哪些？相信大多数人都会选择 80%，殊不知，那 20% 才是真正掌握着 80% 财富的人。

一位日本商人在打开日本钻石市场时，就运用了二八定律。钻石是一种奢侈品，除了装饰之外并没有太大的意义。对于普通人来说，极少会花一大笔钱去购买钻石，而有钱购买钻石的富人恰恰在社会上又是少数。消费者数量的多寡决定着生意是否能够成功，在当时的日本没有人看好钻石生意。

直到 20 世纪 60 年代，这位日本商人开始在日本寻找市场，并且说服了一家百货公司，允许他在该公司一家偏远的店面销售钻石。尽管刚开始的时候销路并不好，但他依旧对二八定律充满了信心。果然，没过多久，他的生意火了起来，钻石生意在日本获得了巨大的成功。

◎ 股神巴菲特的理财法则：三要三不要

巴菲特在中国被称为“股神”，在美国则被称为先知。每年都有无数的人前往巴菲特的故乡朝圣，渴望能够获得巴菲特的指点。

巴菲特的成功与他出色的个人天赋息息相关，但是更加重要的是巴菲特有着非常坚定的意志。在数十年的投资生涯中，他可以每次都遵照着自己当时制定的计划进行投资，从来没有被任何一股时代潮流冲昏头脑。巴菲特对自己良好的投资习惯进行了总结，那就是巴菲特的理财法则：三要三不要。

我们先来看看巴菲特的三要。

1. 要投资那些始终把股东利益放在首位的企业

股东作为企业的投资人，对于企业的经营往往不甚了解。在经营当中，如果企业不将股东的利益放在首位，就极有可能出现企业经营者好大喜功，为了赚钱枉顾企业的口碑与名声，最终毁掉整个企业。所以，巴菲特给出的建议就是投资那些经营方式稳健、讲究诚信的企业。这些企业会努力的避免股价有较大的波动，确保投资人的投资能够有所增值。

2. 要投资资源垄断型企业

资源垄断型企业都是有着独特的行业优势，这些企业鲜少有竞争，企业体系十分成熟，收益也相对平稳。巴菲特个人对垄断型企业十分青睐，尤其是道路、桥梁、煤炭和电子等资源垄断型企业。尽管投资这些企业有时候也会有损失，例如巴菲特早年曾投资了一家航空公司，结果该公司的股票始终不温不火，甚至有时还在不停地下跌。对于其他人来说，这笔投资就算是失败的投资，但是巴菲特并没有放弃，他始终持有者航空公司的股份，最终这家公司还是获利了。

3. 选择自己熟悉的股票，选择有较好前景的企业

我们人生当中会面对许多选择，有些人做选择，往往是凭着一点点了

解和感觉就做了决定，而有些人则是经过多方考证，真正了解了以后才做出选择。那么，哪一种人比较容易获得成功呢？当然是第二种。巴菲特就是一个这样的人，他数十年如一日地翻阅众多公司的财务报表，这项工作不仅枯燥，而且十分辛苦。但是如果不这样做，又怎么能够在众多上市公司中找到前景较好、潜力较大的呢？巴菲特的成功大部分得益于此，对于那些自己不熟悉或者前途不甚明朗的企业，他是绝对不会投资的。

巴菲特的“三要”主要是在投资的习惯上，维持良好的投资习惯可以获得持续而稳定的进步。巴菲特的“三不要”，除了习惯外，更多的时候要控制好自己的心态。下面我们就来看看巴菲特的“三不要”。

1. 不要贪婪

不要贪婪，从字面意思上很好理解，但是真正能够做到这一点的人却不多。性恶论者表示，贪婪是人的本性，这并不是没有道理的。许多人在投资中屡战屡败，就是因为贪婪。股市的情况瞬息万变，短短几分钟之内就会发生巨大的变化，尽管许多投资者在进行投资时都为自己定下了目标，但在市场形势看起来一片大好的时候，却往往不愿意见好就收。总是觉得自己还可以赚更多的钱，总觉得还有更好的机会。结果在几分钟之内，自己就要吞下自己一手创造的苦果。

尽管西方世界中盛传巴菲特最为贪婪，但他在股市当中一直表现得非常冷静，与贪婪二字相去甚远。美国华尔街出现过两次疯狂，在这段时间里，所有的股票都在疯狂波动，每天都有人一夜暴富。而巴菲特在这种情况下就从不动心，哪怕股市连创新高，他也依然是获得自己的目标收益后就将股票抛出。因此，在华尔街疯狂过后，迎来萧条期，无数的公司倒闭、商人破产，巴菲特却始终稳坐钓鱼台。

2. 不要投机

任何时代股市当中都少不了投机客的身影，美国 60 年代华尔街陷入疯狂的时候，投机更是成为了时代的主题。所有的短期项目都受到疯狂的追捧，传统的按月获利已经变成了按周、按天，甚至按几个小时。但是投机所获得的收益并不能够长久，善于投机的投机客们需要在短期之内通过炒作将股价大幅拉高，在榨取完所有价值后，再将股票抛出。此时，该股票的价格就会一落千丈，陷入万劫不复的深渊。如果你不是最有资本的投机客，你很有可能就是那个被人打落深渊的垫脚石。

在巴菲特崛起的时候，曾有许多投机客一夜暴富，包括当时风头无两的弗雷德·卡尔。弗雷德·卡尔在当时可以说是投资的风向标、投机客的楷模。在当时，他一年创造的收益要远远超过巴菲特所能创造的收益。不管是媒体，还是公司的合伙人，都对他推崇备至。如今，我们再回头看，弗雷德·卡尔已经被淹没在了历史的大潮中，而巴菲特成为了人们口中的股神、先知。

3. 不要跟风

跟风这个概念出现并不久，但是这种现象却是由来已久，一些东西在被炒红炒热以后，马上就有大批的人、大批的零散资金涌入。原本的一块蛋糕，只有少量的人来分，就可以满足每一个人；如果分蛋糕的人越来越多呢？蛋糕就会不够分了，人们只能分到很少、甚至根本分不到蛋糕。

跟风不仅导致了获利的减少，甚至还造成了许多新式骗局的出现。如今，在民间就流传着这样一种骗局，或是打着国家的旗号，或是打着企业的旗号，向投资人收取一定的资金，定期分给投资人大量的红利，投资人不用追加投资，分红的时间也没有期限。理论上来说，就是一次投资可以无限的获得分红。就是这样一个明显的骗局，在民间骗取了大量的钱财。第一批受骗的人他们在这场骗局中不仅拿到了本金，还获得了不少的收益。后来的跟风者，因为骗子赚够了钱，他们迅速收网，而变得血本无归。

巴菲特本人就是个从不盲目跟风的人，他相信自己的判断，相信自己的投资，任何看起来有巨大利益，盲从者众多的投资，他从来都是敬而远之的。上世纪60年代，美国出现了电子股票，巴菲特对此就嗤之以鼻。2000年，网络概念股出现，巴菲特同样对其视而不见。结果，这两种人人趋之若鹜的股票最终都惨淡收场。

想要在投资理财方面获得成功，除了独到的眼光、足够的胆量、充足的耐心，还需要良好的习惯。习惯就是力量，习惯就是财富，如果没有良好的投资习惯，再多的财富也终将离我们远去。

第三章

制定投资规划，有目标才有保障

投资讲求的是收益，而收益往往伴随着风险。

机会永远是留给有准备的人的，制定投资计划就是最为稳妥的准备。

制定投资计划，就可以规避风险、增加收益，达到利益的最大化。

◎ 你有多少闲钱可以投资

理财就像生活一样，只要用心去打理，总会积少成多，变成一笔可观的财富。

除了我们之前谈过的复利，还有一种马太效应，也可以说明理财的重要性。马太效应是指任何个体、群体或地区，不管是在金钱、名誉或是地位等方面取得了成功，就会形成一种积累优势，很快就会有更大的成功与进步到来。理财同样是如此，你不理财，就会一点收益都没有，你肯理财，时间越久，能够积累的财富就越多，自然有更多的机会获得成功。

小张和小李两个人都是刚刚进入一家公司的新员工，对于刚刚毕业的他们来说，一个月 3000 元的薪水是非常紧张的。两个人都对自己的未来有着一定的规划，但是小张选择了理财，而小李选择了存钱。一个月 3000 的薪水，小张每个月剩下 500 元作为自己的理财基金，积攒了起来。而小李呢，因为是本地人，所以每个月能有 1000 左右的存款。一年以后，小张有了 6000 元的存款，而小李则已经存了 12000 元。

一年以后，小张正式动用了自己的理财基金，将6000元全部投入了一项年收益在20%左右的理财项目中，而小李还是坚持着自己的存款策略。很快，十年的时间过去了，两人也纷纷结婚生子，到达了而立之年。小李已经有了十几万的存款，正准备买一栋新房，突然收到了小张的乔迁之喜的请柬，原来小张也买了新房，并且和小李还是邻居。

小李十分的惊讶，他知道小张的经济状况远不如自己，也是和自己一起进入公司的，怎么就和自己一起凑够首付了呢？当他得知了小张每个月留下的500元不是存进银行，而是用来理财时，才开始懊悔，自己当时怎么就觉得这点小钱不能理财，偏偏要存进银行呢。

许多年轻人像小李一样，选择了将钱存进银行。存进银行对于理财来说明显不是最好的选择，积蓄的增多意味着有更多的机会和本钱进行投资，可以用钱来赚更多的钱。而存进银行只会得到少量的利息，并且如果储蓄时间过长的话，甚至可能因为通货膨胀、物价上涨等因素，造成存款价值的负增长。

聚沙成塔的道理谁都明白，理财同样是如此。不要觉得自己收入很少就不去、不屑甚至不肯去理财。理财与否本不在于财富的多少，而是在于合理的安排与良好的操作。财越少，越是该理。越是不富裕，越是该好好打理自己的财务。所以，永远不要觉得自己没什么财可以理，你可以拿来投资的闲钱远比你想象的更多、更有用。

◎ 30年后，你拿什么养活自己

2016年，我国正式开放了二孩政策，有些人对此表示欢呼雀跃，有些人则表示漠不关心，更有一些人去分析国家为什么会开放二孩政策。许多人猜测二孩的开放与我国人口结构老龄化有关，国家之前也推出了延迟退休的政策，这一切都预示着这一代的年轻人以及下一代的年轻人要承担更多的社会责任，支撑起中国这个社会老龄化非常严重的国家。那么，退休养老的问题重新被摆上了台面，现在的年轻人，几十年以后想要过上怎样的生活？又能够过上怎样的生活呢？

根据调查显示，大多数人退休后的愿望就是家庭团圆、身体健康、没有太大的经济压力。但是如今的退休人员经济压力大吗？调查结果显示，50~64 岁的老年人中，有 67% 的人存有一定资产，而 65 岁以上的老年人却只有 40% 左右的人存有资产。居然有 60% 以上的老人手中没有任何资产，他们的晚年将如何度过呢？难道只能依靠儿女养活？现在的年轻人是否又想要这样的未来呢？

大多数人都希望自己能够在 45~50 岁的时候就能退休，颐养天年。但是绝大多数的人到了 50 岁还是要为了家庭奔波劳碌，甚至许多人到了 50 岁还觉得自己距离退休十分遥远。不论是政府，还是企业，都只能提供相当有限的养老金，作为普通的老百姓，我们要怎么安排自己的退休生活？靠天靠地不如靠自己，最为稳妥的方式还是趁着自己还年轻，多多积累资源，以保证自己有一个轻松的晚年生活。

为了保证有一个幸福的晚年生活，越早进行养老规划就越完善、越周全。年轻人的养老规划应该包括三个部分：社会福利、个人保险以及个人积累。

在养老规划的三个部分中，以社会福利最为复杂，尤其是年轻人工作环境还没有稳定，经常遇到换公司、换工作、甚至更换工作城市的情况。如果你觉得你将来有跳槽的可能，就需要了解一些关于社会养老保险的知识。

首先，不管是更换新工作，还是辞职待业，抑或是去其他城市生活，养老保险都是可以继续缴纳的。换了新公司，可以在新的公司继续缴纳。在家待业，可以自行前往当地社保部门缴纳。换了新城市，可以前往之前的工作单位所在地办理社保迁移，不论你之前在哪里，缴纳了多久，迁移后都是可以与新地方缴纳的养老保险年数进行累加的。

其次，养老保险的计算方式并不仅仅是缴纳数目，还要加上当地社会统筹的基础养老金。但是社会统筹部分的养老金并不是每个人都能领取的，需要累积缴纳 15 年才可以领取，否则每个月只能领取个人账户中的个人储蓄额。领取养老金时，国家会根据城镇人口平均寿命进行计算，将养老金总额分成将要发放的月数，按月进行发放。个人账户中的养老金可因被保险人死亡而作为遗产被继承。如果算上通货膨胀等因素，还是要多活些年才能赚回自己缴纳的养老金。

最后，作为社会福利的养老保险并不能保证有个幸福的晚年生活，多数人退休以后生活水平发生了明显下降。所以，还是需要其他的养老措施作为辅助的，比如理财项目和商业养老保险。

或许年轻人没有这种感觉，实际上，到了 30 岁养老问题就已经迫在眉睫了。如果达到城镇人口平均寿命的话，专家说 100 万可能并不够。为了避免自己晚景凄凉，还是应该早做规划。

◎ 理财要趁早，但也不要盲目投资

现在都市人的生活节奏远胜于从前，因此也出现了大量虽然赚钱不少，但是却没有时间打理的人。钱在那里放着可不会自己增加，而且算上通货膨胀等因素，可以说放在那里的钱还在缩水。我们之前提出了理财要趁早的观念，不少人也切实贯彻了这一观念，但实际上因为缺少时间，许多人的理财方式是盲目的，甚至可以说是危险的。为此，我们在这里提醒那些盲目理财的人，再怎么没时间，也要坚持两项理财规则。

1. 高收益不是那么简单的

很多忙碌的投资者们对于投资根本没有计划，对投资的方向也缺少足够的了解，往往瞄准了一个方向以后，就全部地投入其中。这样的投资往往伴随着巨大的风险，将所有鸡蛋放进一个篮子里，万一篮子落地，那么所有的鸡蛋都将不复存在。正确的做法是理性分析投资目标，并且将投资目标分段处理。这样既有高风险、高回报的投资，也有风险较小的投资，投资风险被分散，投资回报就可以提高。

2. 分散投资同样不可盲目分散

许多投资者在缺少了解投资项目的时间时，会采取乱枪打鸟的措施，将手头的资金分别投入到多个项目中去。这样确实规避了投资风险，但是也减少了投资收益，甚至见过有人在数年后才想起来自己曾经买过几只股票。

怎样的投资才不叫盲目投资呢？首先要想清楚几个问题。

1. 你的投资目标是什么

很多人并不了解究竟什么是理财，指望着可以靠投资一夜暴富的，那并不是投资，而是投机。投资的目标就是用自己不会动用的资产去生出更多的钱，投资鲜少有一夜暴富的例子，因此回报率在 10%~20% 已经是一笔回报很可观的投资了。想要让你的资产增加，就要有足够的耐心与恒心，缺少积累是不可能获得财富的。

2. 你的自我执行能力有多少

理财需要强大的自我控制能力，如果是家庭理财，更需要一个能拿定主意的人。只有你能够控制自己，能够完全控制家庭资产的流向，才能完全掌握这笔投资。曾见过一家证券公司，招聘操盘手时特意标注了退役军人优先。我问该公司究竟为什么提出这样的条件，对方告诉我说，对于操盘手来说，自我执行能力非常重要，如果到了止损点还舍不得止损，就会损失更多。到了抛售的点位还不赶紧抛售，就可能连原本赚到的钱都要被吞回去。

3. 你的心理素质是否过硬

在投资这件事情中，风险是不可避免、甚至经常出现的。那些出现概率极低的风险，有时候同样会带来巨大的损失。在理财之前，你需要判断自己的心理素质是否过硬，是否会因为暂时的损失而心神不宁，是否会因为一些无法挽回的亏损茶饭不思。如果做不到的话，就应该采取最传统的理财方式——储蓄，这样对你才是最好的。

4. 你制定的目标是否实际

制定理财目标是非常重要的，没有目标的话，就是盲目理财了。但是，目标制定得不切实际，往往是更加可怕的。任何人都无法预测市场的走向，这是巴菲特在股市中沉浮多年总结出的经验。制定过高目标的人往往过于自信，并且有些好高骛远。他们经常会选择那些风险很高、常人不敢碰触的理财项目。再善于捕捉机会的人，也会出现纰漏，自信过高往往会一着不慎，满盘皆输。

投资是一件好事，但千万要记住，投资是风险与回报并存的。任何理财项目都不能保证没有风险，只有制定计划，有目的地进行投资，才能真正做到投资理财，让钱生钱，让资金滚动起来。

◎ 教育投资，做好孩子的成长预算

再穷不能穷教育，再苦不能苦孩子。这两句话表达了人们对于下一代的关心，但也从侧面说明了抚养孩子将会让一个家庭支出一笔巨大的资金。为了更好地抚养下一代，为了减轻家庭的经济负担，做父母的必须做好心理准备和财务管理，将未来的每一步都认真地计划好。对于孩子从出生前到长大成人，可以将孩子的成长预算分为保险和理财两个部分。保险的作用是用来减免出现意外时家庭所承担的风险，而理财方面则是针对孩子所在不同年龄段，手中可动用的资金数量，来选择合理的理财项目。

在孩子降生之前，体贴的父母就应该做好各项保险准备。首先是孩子母亲的生产险和健康险。这样的话，如果出生的孩子有先天性疾病，家庭也有一笔资金以用来应对将来可能出现的种种情况。而且在孩子降生以前，父母双方最好都购买一份人寿保险。一个新生儿的降临会增加家庭许多的预算支出，万一任何一方不幸离世，这笔费用可以用来平衡失去家庭成员而失去的预算。

在孩子降生以后，不要犹豫，马上将孩子纳入家庭保险计划。这个计划中应该包括孩子的意外医疗保险，和针对孩子的意外身故进行保险。孩子的天性十分活泼，对世界上的一切事物都充满了好奇。有时候家长一个疏忽，孩子就受伤了。据统计报告，每年有 20%~40% 的儿童因为意外伤害前去医院就医，严重的甚至会造成残疾。因此，在孩子的成长中，不可避免地会遭遇许多意外。如果孩子出事了，不仅家长心疼，孩子的医疗费用也会让家庭产生巨大的经济压力。因此，孩子的意外保险是必不可少的。

等到孩子上学了，教育金的储备就成为了重中之重。上学是每个孩子人生中的必经阶段，这一部分教育基金最好是选择按期分红的保险，就当是一笔利息较高的储蓄也并非不可。

孩子的重大疾病险也可以视家庭状况有选择性地购买，重大疾病险费用较高，对于儿童来说，出现非先天性重大疾病的概率并不高。所以，这笔保险属于锦上添花，并不属于雪中送炭，家长可以自行斟酌。如果孩子有家族遗传病史，而且并没有发病，就应该将重大疾病保险的优先级提高到最重要的位置，甚至要高过意外险。

说完了保险，我们再来谈谈为了兼顾家庭和理财，我们要怎样选择投资项目。不少家庭为了让自己的孩子有更好的教育环境和生活条件，尽量选用好的东西，这就大大地增加了生活成本。一对公务员夫妇曾经计算过，如果按照高标准来养育一个孩子，从孩子出生到大学毕业，需要花费约 50 万人民币。如果将来还要出国留学，更是一笔十分惊人的支出。如果只使用固定收入，将会很难积累这笔经费，于是投资成为了势在必行的选择。

相对于孩子不同的年龄，应该选择不同的投资项目，同时也要根据父母的年龄、收入和家庭支出情况等，来决定投资能够承担多大的风险。如果孩子还小，用钱的地方还不多，就大可以选择一些长线投资，或者选择一些风险较高的投资。如果孩子到了增加教育支出的时候，理财计划就应该进行调整，投资的产品倾向于短期、收益稳定的那种。

除此之外，有了孩子以后，消费习惯也应该进行相应的改变。有了孩子，说明一个完整的家庭已经组成，那么，心态也应该随之改变。在理财的时候，应该更加仔细，对于税收政策和各种优惠政策都应该熟记于心。冲动式消费的习惯需要改变，并且还要准备好意外的开销，以及因为工作不便，孩子去幼儿园或者请保姆的开销。

经济是人们生活的基础，只有提前做好一切准备，才能毫无后顾之忧地享受天伦之乐。理财不仅是为了自己，更是为了孩子，为了整个家庭。

◎ 理财不在钱多钱少，科学方案不可少

投资理财，是对闲置资金的合理利用，用钱来生钱。听起来简单，但实际操作起来确是一件非常艰难的事情。你的每一个决定都会影响你个人的生活条件，你的未来计划，甚至整个家庭的状况。所以，投资理财时切记不可头脑发热，不能打无准备的仗。想要做好投资，就要做大量的准备工作，制定合理的计划和方案，这样才能减少不必要的开支，让自己手中的资金获得应有的收益。怎样才叫作合理的运用手中的资金？一个科学的投资方案需要怎样的流程呢？

合理运用手中的资金，务必要保证几个点。

首先，投资之前要审视自己的情况，并且根据实际情况制定投资方案和计划，不能盲目投资。

其次，要学会随机应变，计划是死的，人是活的。市场的瞬息万变不亚于大海，而一个聪明的船长一定要学会见风使舵，不要不撞南墙不回头。

最后，要抽出部分业余时间来对投资项目进行研究，对市场走势进行调查。要关注新闻动态，以便能够在第一时间做出正确的反应。没有学习哪会有进步，世界上没有什么天上掉馅饼的好事。

在投资的过程中，任何一笔资金都要合理地运用，只有建立一个合理的投资方案，才能避免时间的浪费和资金的损失。想要投资方案科学，就必须遵守以下几个点。

1. 深入了解投资项目

我们之前谈过，在投资前需要制定计划，一个合理的计划一定要建立在深入了解投资项目基础之上。这样的计划，才是一个具有可实施性的计划，做到知己知彼。一个不了解自己投资项目的人，遭遇到的风险可能大

到不可预测。

老周家中经营着一个连锁药店，当老周从父母手中接过经营权的时候，也开始渐渐地认识商场上的一些朋友。当时正赶上房地产业大火，房价飞涨，所有的房地产业投资人都在短短的时间里赚得盆满钵满。老周原本没有加入房地产投资的心思，因为他对房地产业一窍不通。后来几个朋友找到了他，说可以大家一起合伙干。老周是个很相信朋友的人，于是就答应了。

大家签好了合同，也拿出了前期投资，准备风风火火地搞房地产，老周也做起了一夜暴富的美梦。没过多久，朋友们就告诉他，前期的投资不够，需要追加投资。为了不让之前投入的钱打水漂，老周和朋友们一样，选择了追加投资。结果这笔投资只是恶性循环的开始，因为几个人都没做过房地产生意，对投资的估计严重不足，后续只能不停地追加投资，老周的资金开始捉襟见肘。资金的大坑总算填满了，但新的麻烦又来了。他们选择建楼的地方，挡住了该地其他住户的采光，尽管之前有过口头协议，但对方还是将他们告上了法庭。最终建了一半的大楼不能建下去，投入的钱也打了水漂。不论跟谁谈起这件事情，老周总是懊悔地说，自己不懂的东西就不要投资，想要投资就要弄个明白。

2. 存款的使用不能随意，每一分钱都要花在刀刃上

在日常生活当中，个人的存款使用相当地随意，或许有什么喜欢的东西，价格在可接受范围内，就毫不犹豫地剁手了。而制定了投资计划后，这种情况就要尽可能地避免。因为有的时候为了赚取更多的收益，需要追加投资，而有的时候会出现突发状况，投资的钱不能变现，也需要应急资金。

有个大学的校友曾跟我抱怨，他数次错失投资的大好机会，都是因为投资的资金被临时挪用了。原来他在结婚之前，就和女朋友制定了投资的计划，两个人的存款由他来运作。他的投资理财项目一直不温不火，直到快要结婚才迎来第一次机会。但是此时他结婚在即，这笔钱被挪用来装修婚房，于是他错失了第一次机会。第二次，他准备追加投资的时候，在妻子的强烈要求下，又将这笔钱作为首付，按揭了一辆私家车。每当想起这些决定，他都后悔不已，如果当初不按揭买那辆车，而是追加投资，那么现在直接全款买车都足够了。

3. 赌博性投资，切勿头脑发热

投资在某种程度上和赌博类似，都有着巨大的诱惑力，有着丰厚的利润，也有着风险与陷阱。许多人沉溺于获得收益的快感，不停地追加投资。也有些人难以忍受投资失败的损失，不断地投入想要翻本。在投资当中，最为忌讳的就是赌徒心态，让人失去理智的时候，就如同被蒙上了双眼，看不清事情的真相。在这种情况下，投资就变成了不断吞噬资金的无底洞。

朋友的妹妹小娴就有着这种困扰，不过不理性投资的并不是她，而是她的男朋友小天。两个人大学刚刚毕业就走到了一起，因为两个人家境都算不错，所以也没有太多的经济负担。就是在这种情况下，小天迷恋上了炒股。小天对炒股这件事情非常感兴趣，他很快就顺利地上手，并且手上的几支股票都有了稳定的收益。投资从来都没有一帆风顺的时候，刚刚在股市小有斩获的小天也遭遇了自己的滑铁卢。年轻气盛的小天无法接受自己的失败，开始将自己的大部分工资投入到股市中去。带着这种不理智的心态去投资，必然不会成功，于是小天屡战屡败。最终，他居然在小娴不知情的情况下，用两人的信用卡套现去炒股，结果依旧是惨淡收场。

市场随时都存在着难以预料的风险，所以务必要谨慎的对待投资这件事情。在任何情况下，投资者都不可失去理智，不要在头脑发热的情况下进行投资。疯狂地增加投资额，不仅不会让你翻本，反而会让你遭遇更大的风险。

◎ 急着赚钱是最大的禁忌

我们常说投资理财需要稳定的收入、稳定的心态、稳定的家庭等等一系列前提条件。理财并不是一时冲动的产物，也不是应急救急的时候拿来提现的。如果没有一个理性的选择，那么，投资是不会成功的。对于投资者来说，切记不可急着赚钱，而急需用钱的人，也不该把投资理财作为赚钱的方式。想要让投资获得成功，坚持理财是正确的途径，而坚持两个字更是重中之重。

许多人在投资理财的道路上望而却步，其中一部分人是因为觉得自己没钱投资，而另一部分人则是觉得投资的收益太少。许多人表示，用自己的闲钱来理财，一年到头操心劳力，赚到的钱还不够买部新的手机。有这个时间不如拿来充实自己，或者找一份兼职，这样收益才会更高。其实并不是如此，谁说理财就不是一种学习呢？如果能够成为一个成熟的投资者，那么，获得的收益就不会比学习其他的技能来得少。

理财不是投机，也不是赌博，不可能一夜暴富，所以理财需要制定一个长期的计划，细水长流。通过理财可以让你建立起一个健康的家庭财务系统，保证个人乃至整个家庭的财务安全，实现每个人的目标。所以，当你决定进行理财投资时，要制定一个长远的目标，并且持之以恒，才能实现投资的意义。

许多人一开始并没有理财的观念，但是有了家庭以后，才逐渐产生了想要理财的想法，也会有意地做一部分储蓄。能坚持下来的人，在几十年如一日的理财投资规划中，可以达成自己的目标；放弃的人，就会回归到之前的生活。

对于一个月薪3000元的人，靠工资买房买车几乎是一件不可能的事情。如果能够制定计划，坚持理财，哪怕只有5%的年收益，日积月累之下也会变成一笔可观的财富，使自己的资产成倍增长也并非是天方夜谭。

作为坚持理财的反面，那些急着赚大钱的人，往往会遭遇许多麻烦，影响自己的生活，甚至让自己陷入意外的危机之中。那么，在投资中过于心急会有哪些风险呢?

1. 盲目投资，容易陷入金融骗局

投资就是为了赚钱，这一点毋庸置疑，但我们也应该明白，财富的积累不是天上掉馅饼，一夜暴富不过是个虚妄的“神话”。很多金融骗局其实并没有多高明，只是人们往往容易被“高回报率”蒙蔽了双眼，在没有经过任何了解调查的情况下就盲目投资。

所以说，赚钱这件事，绝对不能着急，睁大眼睛，了解你所想要投资的商品和涉足的领域，只有先了解了这些，你才能在投资中得心应手，规避风险。

2. 冲动理财，总是错过最佳时机

在投资理财中，时机的控制是非常重要的。尤其是在进行诸如股票投资这一类的投资时，由于市场变化快速，何时进入市场，何时买进卖出，这些都需要我们研究和思考。

容易冲动的人在投资理财上常常容易吃亏。以股票投资为例，如果不研究市场，冲动进行股票的买进或卖出操作，就很可能会因追涨而被套，或在其尚且有发展潜力时就冲动卖出，错过理财的最佳时机。

3. 缺乏耐性，不能坚持财富积累

理财不同于赌博或投机，理财是一个细水长流的漫长过程。理财需要时间，财富的积累同样需要时间。一个人如果总是缺乏耐性，想着赚快钱，那么无论在投资，还是在理财方面，他都无法做到最好，因为无论是投资还是理财，都重在“坚持”二字上。

总而言之，投资不是件容易的事，它需要我们理性且耐心地对待。任何的投资都应具有计划性，在开始一项新的投资前，我们应该尽可能多地去了解它，搜集与之相关的信息，从而制定出一套适合自己实际情况的投资策略和计划，避免盲目跟风，在不了解情况的时候冲动投资。

急着赚钱绝对是投资理财中的大忌，要知道，理财不应是一时的冲动，而应是一个理性的中长期计划。在正确的心态和理性的选择后，我们接下来要做的，就是坚持，再坚持，最终实现自己的长远计划。

第四章

没有风险意识，就是最大的风险

投资本身就意味着要承担一定的风险，

企图做到万无一失、没有任何风险，恰恰会成为最大的风险。

因为若没有风险意识，你将不知道什么时候该止赢，什么时候该止损。

◎ 高风险不等于高收益

中国有句古话："富贵险中求。"很多人都将其奉为金科玉律，不少人在投入资本市场时，也都会被灌输这样一个观念：高收益总是匹配高风险。

事实上，越是高收益高回报的投资，往往越存在高的风险。比如期货投资往往比股票投资更具风险，同时也更可能获得高回报；股票投资往往比基金投资更具风险，当然也更可能获得高回报；基金投资呢，当然不如把钱存在银行更稳定、安全，但同时也更可能获得比存在银行更多的回报。但需要注意的是，高收益虽然往往伴随高风险，但高风险却未必意味着就一定会有高收益。

对于任何一个投资者而言，最危险的事情就在于渴求"一夜暴富"。你今天是草根，就永远不要期望明天摇身一变成了比尔·盖茨，要知道，理财之路注定是遥远而漫长的，任何一项投资，只要抛出能让你一夜之间"麻雀变凤凰"的诱饵，就请你相信，前方必定是万丈深渊。没有侥幸，没有万一，更不会发生所谓的"奇迹"。

目前市场上理财产品的种类实在繁多，很多非专业的投资者在进行投资时，往往只会注意到预期收益率的高低，而不会去衡量产品背后所蕴含的风险因素。很多金融机构在向投资者推介理财产品时，往往也会刻意隐瞒其所存在的风险，而是过多地强调预期收益。实际上，所谓的“预期收益”，恰如其名，只是“预期”，而“预期”的背后随时可能爆发出人意料的风险。要发现理财产品中的风险点，往往需要投资者具备一定的相关金融知识，但很可惜，这恰恰是大众投资者所欠缺的东西。

事实上，我们进行投资理财，最重要的一个作用就是在既定收益水平下尽可能地降低投资风险，或者能够在相同的风险程度下尽可能提高收益率。要做到这一点，我们在选择理财产品时，就必须认清其背后所存在的风险，并按照自身可接受的风险水平来进行一个合理的选择。单纯地放大风险未必就能提高收益，最理想的投资模式应该是以较低且可控的风险获得尽量多的收益。

2010 年，国际基金研究机构理柏根据中国基金市场的情况制定出了基金风险分类指标，将基金分为高度风险、中至高度风险、中度风险、低至中度风险以及低度风险 5 个级别。

根据这一分类，理柏基金研究机构发现，单从一年的业绩表现来看，中国上证综指在 2009 年增长了 79.98%，高度风险基金业绩平均回报率为 76.29%，领先其他风险级别类型的基金。其中中至高度风险基金年平均回报率为 71%，中度风险基金年平均回报率为 60.14%，低至中度风险基金为 45.7%，低度风险基金为 3.81%。

有趣的是，该机构在考察 2007 年、2008 年和 2009 年这三年的综合情况后却发现：在这三年中，中度风险基金的平均回报率高达 92.04%，而高度风险基金在这三年中的平均回报率却仅仅只有 77.58%。可见，高风险未必总是伴随着高收益。

选择适合你的理财产品才是最理想的投资方式，在投资市场中，必须时刻保持理智，远离“贪”的心态。在这里，我们以银行理财产品为例，向大家介绍几类不同风险等级的理财产品。

1. 低度风险理财产品

银行存款和国债就是最典型的低风险型理财产品，这两种理财产品有银行和国家信用作保证，通常来说不会存在多大风险，但同时其回报率也是比较低的。通常来说，我们建议投资者保持一定比例的银行存款，以保证适度的资金流动性，这样既能满足正常的生活需求，同时也能在恰当时机进行更高收益的投资。

2. 低至中度风险理财产品

货币市场基金或偏债型基金的收益要比银行存款和国债稍微高一些，该类产品主要投资于拆借市场和债券市场，这两个市场本身风险就较低，加上基金经理专业化、分散性的投资方式，进一步降低了投资风险，但同时其收益自然也是比较有限的。

3. 中度风险理财产品

这类理财产品主要包括外汇结构性存款和偏股型基金。外汇结构性存款通常是几个金融产品的组合，比如外汇存款附加期权的组合，这类产品有一个收益率变动的区间，因此投资者需要承担投资收益变动的风险；偏股型基金是指基金公司通过募集资金投入股市来获得收益率的一类产品。众所周知，股市本身风险较高，因此该类产品的风险也会偏债型基金要高，甚至投资本金也有遭受损失的可能，但同时收益自然也会较高。

4. 中至高度风险理财产品

信托类理财产品通常被认为有较高的风险。这类理财产品主要是由信托公司面向投资者募集资金，然后提供专家理财和独立管理，但需要投资者自担风险的一种理财产品。在进行该类投资时，投资者一定要注意该信托公司的信誉，以及募集资金的投向、还款来源以及担保措施等等。

5. 高度风险理财产品

股票、期权、黄金、艺术品等等投资项目都属于高风险类理财产品，这些投资市场本身就具有较大的波动性和高风险，投资者们需要有一定的专业知识理论、丰富的投资经验以及敏锐的判断分析能力，才可能在这些投资市场中获得成功。

◎ 懂得风险管理，从风险的角度看投资理财

有这样一个故事。

一个房间里装满了黄金，并且还有一颗定时炸弹。有3个人同时冲进房间去装黄金，然后跑了出来。

第一个人跑出来之后惊讶地说道："什么？里面还有炸弹？！我完全没有注意到啊！"

第二个人手忙脚乱地擦着汗说道："我知道有炸弹，所以装黄金的时候一直很害怕，担心它会爆炸。"

第三个人则气定神闲，自信地说道："我知道有炸弹，但我并不害怕，因为我知道那颗炸弹什么时候会爆炸。"

这个故事中的"房间"其实就是投资的市场，而"黄金"就好比我们进行投资时的预期收益。

冲进房间装黄金的第一个人显然就是那些对投资市场完全不了解的人，他们只看见诱人的"黄金"，冲着投资的高收益而去，却完全不了解投资背后的风险，进"房间"转悠了一圈，却不知道自己曾和"炸弹"共处一室。这类投资者在投资市场中完全是凭运气的，不知道什么时候能赚，也不知道什么时候会亏，即便运气好有短暂的赢利，也不可能持久。

第二个人就是那些对投资市场一知半解的人，如今大部分的大众投资者其实都属于这一类人。他们在冲进"房间"之前就知道，"房间"里除了有"黄金"之外，还有"炸弹"。但他们却并不了解这枚"炸弹"究竟是什么样的，不知道它什么时候会爆炸，也不知道它会带来多大的风险。因此，

他们进入投资市场时总是冒着巨大的风险，带着一种赌博的心态。较为谨慎小心的，可能就匆匆忙忙进去“打个水漂”，装半袋“黄金”就急忙出来了；胆子大的则抱着侥幸心理，手忙脚乱地四处乱抓一通。

第三个人则是那类对投资市场非常了解的人，他们了解投资的收益和风险，知道如何做到进退有度，在给予自己尽可能多的安全保障下，从容地把“黄金”装满自己的口袋。很显然，这类型的投资者在投资市场中所承担的风险是最小的。

我们做投资理财就应该学故事中的第三个人，通过学习、研究和思考，在风险可控的情况下，从投资市场中挖到尽可能多的“金子”。这就要求我们懂得如何在投资理财中进行风险管理。

每个投资者的情况都不同，自身所能承担的风险水平也都不一样，通常来说，我们可以从两个方面对自己的风险承担水平进行评估。

1. 风险承受能力

评估自身的风险承受能力主要需要考虑一些客观条件，比如年龄、就业情况、家庭负担、置业情况、收入水平及稳定性、投资经验等等。

2. 风险承受态度及偏好

除了客观条件之外，自己的主观态度也是需要考虑的。在选择适合自己的理财产品之前，应该明确自己对本金损失幅度的可容忍程度究竟有多少，从而再根据实际情况做出选择。

投资过程中，在进行风险管理时，可以从以下三个方面进行考虑。

第一，理财风险管理保留。在进行投资之前，我们应该首要考虑个人或家庭的需求，建立一笔应急基金，以便应对不可预测的风险。投资不是赌博，应该避免“孤注一掷”。

第二，理财风险管理分散。无数投资大师都曾告诫过投资者们——不要把鸡蛋装在同一个篮子里。

分散投资就意味着投资者将会持有多种风险类型的资产，这种投资方式通常能够降低我们持有任何一种单一资产所面临的风险。换言之，如果不是特别倒霉，通常来说，打破一个“篮子”的“鸡蛋”后，你手中至少还能有别的“鸡蛋”，不至于遭受一次挫折就失去所有资本。

第三，理财风险管理转移。理财风险管理转移分为两类，即非保险类转移和保险类转移。

非保险类转移指的是通过订立经济合同，将个人理财存在的风险或可能的损失转移给别人，比如互换、租赁及套期保值等都属于非保险类风险管理转移。

保险类转移指的是通过订立保险合同，将个人理财存在的风险或可能的损失转移给保险公司。

当然，并非所有风险都能通过风险管理转移的方式来处理，通常来说，投机风险通常是无法进行投保的，比如购买股票、期货等带来的收益风险。

总之，在家庭财富流动日益增强的今天，进行投资理财的同时，投资者应建立起有效的个人理财风险管理，切莫让个人甚至家庭的幸福面临不可预测的隐患。此外，在进行投资之前，对于准备进行投资的理财产品，尤其是自己所不熟悉的，更应向相关领域的专业人士进行咨询，避免盲目跟风，片面追捧高收益率、高回报率。

◎ 有投资就有风险，巧妙地规避风险

虽然我们数次强调过，投资理财不能指望“一夜暴富”，高收益的背后往往蕴藏着可怕的高风险。但即便如此，对于高收益的投资，投资者依旧趋之若鹜。这种心态和行为并不难理解，毕竟投资就是为了赚钱，谁不希望能赚得更多一些呢？

在人们所熟知的众多投资中，收益最大、风险最高的当属期货了，与现货交易和股票投资相比，期货所投入的资金要小得多，因此人们通常也将期货投资称为“以小博大”。

期货交易从实质上来说就是一种风险交易，可以说，进行期货投资，

实际上就是在做风险管理。与现货市场相比，期货市场的价格波动显然更大，并且更为频繁，其交易的远期性也为期货投资带来了更多的不确定因素。然而，尽管这一市场充满了各种难以预测的风险，但不得不说，期货投资的确是获利最多也最为迅速的投资工具之一。

任何投资都是伴随风险的，因此，如何尽可能地规避风险，绝对是投资理财中重要的一课。现在，我们就以期货为例，向大家来讲述一下，如何才能在难以预测的期货市场上有效地进行风险控制，提高盈利水平。

要规避风险，首先我们就要知道自己所进行的投资存在哪些方面的风险。就期货来说，其投资风险主要体现在以下几个方面。

1. 杠杆使用风险

资金放大功能在放大收益的同时也将风险放大了，因此，对于杠杆的使用，投资者应当做到量力而行。水平高的投资者可以考虑 5 倍以上甚至用足杠杆，如果水平较低的投资者也用高杠杆的话，无疑会导致风险失控。

2. 强行平仓和爆仓风险

交易所和期货经纪公司在每个交易日都要进行结算，在这个时候，如果投资者保证金不足或者低于规定比例，那么期货公司就会强行进行平仓。在某些特殊行情下，甚至可能出现爆仓情况，即亏光账户所有资金，甚至可能需要期货公司垫付超出账户保证金的亏损部分。

3. 交割风险

很多期货投资者在进行期货投资时并不是真的为了在数月后得到货品或卖出货品，因此，如果一直持仓到交割日，投资者就必须凑足资金或实物货物来进行交割，这无疑也是一大风险。

4. 经纪公司和居间人风险

投资者所选择的期货公司或居间人若存在信誉问题或操作不正规，也将给投资者带来难以估量的损失。

5. 委托代理风险

很多投资者本身对期货市场不甚了解，往往会将账户交给职业操盘手来进行操作，如此就必须承担委托代理的风险。

虽然说期货交易存在种种风险，但其风险的产生与发展依然存在着自身的运作规律，只要做到适当的交易风险管理，我们同样可以最大限度地规避风险，减少损失，同时增加在交易过程中的收益。要规避期货交易风险，我们可以从以下四个方面来进行。

第一，提高保证金成数。保证金成数指的是保证金金额占全部投资总额的百分比。提高保证金成数其实就相当于降低实际上投资的金额。在期货交易中，应避免满仓操作，通常来说，投入交易的资金最好不超过保证金的 50%，做中线的投资者则最好不超过 30%。这样做虽然所获利润会有所降低，但在遭到亏损时能够有效控制亏损数目。

第二，选择价格波动幅度较小的商品。在期货市场中，不同商品的价格浮动也有所不同。通常来说，价格浮动较大的商品适合用于短线投资，投资这一类商品往往可能大赚，但也可能大赔。如果想要降低投资风险，或做较为稳定的长期投资，可以考虑选择那些价格浮动较小，相对稳定的商品。

第三，建立停顿。在期货交易的风险管理中，最有效也最重要的一点就是要懂得及时止损，这恰恰是很多中小投资者，尤其是在证券市场上习惯“死捂”的投资者所难以做到的。要知道，期货市场的风险比证券市场要大得多，“死捂”期货所带来的实际损失往往可能超过你所投入的资金。因此，在期货投资中，当你所投资的商品面临亏损时，一定要给自己建立一个停顿制度，当亏损达到保障金额的某一个百分等级时，立即止损。

第四，打好基础，充实投资知识。无论进行任何一种投资，掌握与其相关的知识都是至关重要的。投资市场时时都在变化，为了避免风险，投资者应该多收集来自各个方面的经济信息，并注意随时关心时事动态，培养敏锐的观察力，这对于你的投资决策将会有着非常重要的作用。

◎ 树立危机意识，认识金融风险的种类

在现代市场经济中，金融领域无疑是竞争最激烈风险程度最高的领域。但同时金融也是现代经济的核心，金融市场就好像是整个市场经济体系的大动脉。在金融领域中，潜藏着多种类型的风险，这些风险往往正是造成我们投资失利的“罪魁祸首”。

1. 市场风险

几年前，某燃气热水器厂厂长刘广利正投入大量资金筹建一个项目时，他突然收到一个消息，称热水器市场将发生某种转变，这种转变将使得他所筹建的项目变得不合时宜。但此时，该项目已经投入了数十万资金，刘广利不舍得让这笔资金“打水漂”，抱着侥幸心理继续将这个项目进行了下去。结果，当这一项目建成之后，市场风向果然发生了转变，各种新型的电热水器挤占了传统燃气热水器市场，刘广利的错误决策给该厂造成了巨大损失。

经济市场时时刻刻都在变化，今天热销的东西，或许明天就卖不出去了；今天一路攀升的股票，或许明天就会跌入谷底；今天还一路走高的汇率，可能明天就突然下跌。我们将这种由于市场因素的波动所造成的风险称之为市场风险。刘广利燃气热水器厂的投资失利，正是因为没有跟上市场需求的变化而导致的。

在金融市场中，通常会造成金融参与者资产价值发生变化的风险因素主要有利率、汇率、股价以及商品价格等。这些因素对投资者所造成的影响可能是直接的，也可能是间接的，如通过其他途径，如竞争者、消费者或供应商等方面。

2. 信用风险

P2P 金融又称为 P2P 信贷，是互联网金融的一种。通过这一网络交易平台，借贷双方能够轻松确立借贷关系，并完成相关交易手续。据统计，2015 年全国 P2P 信贷成交额就达到了 11805.65 亿。就在 P2P 信贷发展得欣欣向荣的同时，网贷之家却发布一项统计数据：截至 2015 年 9 月底，这一年来 P2P 网络贷款平台出现跑路或提现困难的公司竟多达 677 家！网络金融信用风险问题不容小觑。

在任何一项投资中，信用问题都是不容忽视的。尤其是金融领域，几乎所有金融交易都会涉及信用风险的问题。尤其近年来，随着网络金融市场的日益壮大，网上银行、网络超市等等已经融入了我们的日常生活，网络金融信用风险的问题也日益凸显出来。

在进行投资理财时，如何甄选出一家信誉度良好的经济公司是极其重要的。许多金融骗局往往会抛出高收益率、高回报率作为诱饵，让投资者忽略其所存在的信用风险。因此，在进行投资理财时，千万不要盲目追求高收益、高回报，比起这些来说，投资的安全可靠才是更重要的。

3. 流动性风险

VCD 市场火爆的时候，某企业决定筹措资金，改行来做这种产品。但由于 VCD 机技术水平要求不高，许多企业都跟风投入到这一行业，以致该厂生产的 VCD 机上市时，市场已经几乎达到饱和状态。在卖出第一批产品之后，该厂生产的 VCD 大量滞销，货品无法变现。最终该厂因无力偿还债务而无奈选择破产。

在市场竞争中，因资产流动性降低而导致巨大损失的案例不在少数，这家因 VCD 产品滞销而导致资金链断裂的企业就是一个典型的例子。

在进行金融投资时，投资者要注意保证资金的流通，否则很可能因资金链的断裂而错失最佳投资时机，造成损失。

4. 操作风险

在金融领域中，金融机构的素质良莠不齐，有的金融机构由于其交易系统的不完善，或管理上的失误等一些人为错误，也可能给投资者造成巨大损失。关于这一点，目前对操作风险的研究和管理日益受到重视，各大金融机构也都在努力完善内部控制，以减少操作风险的可能性。对于投资者而言，选择一家成熟的金融机构是非常重要的。

◎ 胆大不等于鲁莽，赚钱不能跟风

赵经理最常说的一句话就是："撑死胆大的，饿死胆小的。"在项目投资方面，他也一直信奉这一"真理"。几年来，赵经理接连投资的几个"热门"新项目都因各种各样的原因流产或失败，一系列的悲剧让他的自尊心严重受挫，但同时也让他更加下定决心，一定要干成一个成功的大项目，让周围的人看看他的本事。

就在这个时候，赵经理从一个下属那儿听说了最近市场一个非常受人追捧的新商机，据说堪称"一本万利"。赵经理一心急于翻本和挽回自己的形象，甚至都没去切实了解调查一下这个项目，只听说"受热追捧"和"一本万利"就当即批准了。

按赵经理的话说就是："面对机遇一定要果断抓住，过了这村，可能就没这店了！"结果，没过多久，赵经理投资的这个项目负责人就直接卷钱跑路了，不只钱打了水漂，赵经理也成了大家的笑柄。

拥有不畏惧失败的勇气是令人佩服的，但胆大并不等于鲁莽，尤其是在投资方面。可是，像赵经理这样鲁莽的投资者并不在少数，他们总是错把投资当成赌博，带着一种赌徒心理，以情绪化的思维决策方式去进行投资，而这样的投资方式显然必败无疑。

投资是一门科学，不是凭借着“撞大运”的侥幸心理和盲目的勇敢就能获得回报的。“熟悉自己的投资领域”，这永远是所有投资者应放在第一位的金科玉律。盲目跟风的投资就好像是蒙着双眼走进沼泽地，周围危险重重，随时可能死无葬身之地。

许多大众投资者都有随大溜儿的习惯，经济学里通常用“羊群效应”来描述这种经济个体的跟风心理。

羊群在自然界中的组织非常散乱，常常盲目地左冲右撞。一旦有一只羊开始动起来，那其他的羊就会跟随它一哄而上，全然不顾前方究竟有什么。在人类看来，羊群的反应是非常可笑的，事实上，在进行投资时，很多投资者的行为和羊群并没有多大区别。

我遇到过很多对投资理财一知半解的投资者，他们通常对自己投资的理财产品没有多少了解，他们之所以选择这一理财产品进行投资，往往是因为“听别人说好”。在投资领域，盲目跟风是非常可怕的，这往往可能会让你沦为投资项目崩溃之前的“接盘侠”。以股票投资为例，股票投资最理想的状态莫过于在众人不看好的时候低价买入，在众人都看好的时候高价卖出。但如果你是一个跟风者，那么你永远无法在最理想的低价位买入股票，运气好一点，你或许能够赚到一些薄利，如果运气不好，你很可能会在高价追入之后被“套牢”。

现在，重视投资理财的人已经越来越多，投资也已经成为了人们日常聊天的主要内容之一，有的场景在生活中你一定见过。比如有段时间“黄金热”的时候，几个人在一块聊天，如果突然有个人跳出来，跟大家说：买黄金吧，听说最近一直在涨，收益特别不错。很可能立马就有人附和了：对啊！对啊！我也听说了，网上好多专家都在讲，黄金只会涨，不会跌，通货膨胀高的时候买很划算的。

事实上，在那些谈话中，他们所说的观点和数据或许根本没有任何可靠的根据，只是“听说”，或者“网上看到”而已。甚至这些人可能根本都不了解黄金应该怎么买，是投资黄金实物好呢，还是购买黄金期货比较好？

就黄金本身的价值而言，1999 年 7 月，黄金期货价格最低每盎司是 253 美元，现在已经涨到了 1000 美元以上，也就是说，黄金的价格已经增长了 4 倍上下。这个时候买入黄金，真的是明智的选择吗？要知道，在 1980 年的时候，黄金的价格曾一路飙升到了每盎司 850 美元的高位，之后便一路狂跌，直至 1999 年才见底回升。

可见，当你对一项投资没有任何了解之前，千万不要盲目跟风。投资市场就好像一块大饼，越多人去争抢，你所获得的利润就会减少，与其跟在大众的屁股后面去争那些残羹剩渣，不如自己去开辟一条人少的路。人群“扎堆”的地方未必就一定是好地方，找准适合自己的投资方式，我们才能在投资中赚得钵满盆满。

尤其是股市中的散户们更要注意，不要总是盲目相信身边的“投资高手”，更不要迷信各种毫无根据的“小道消息”。事实上，在信息不对称的股票市场中，散户永远处于市场劣势，这是我们所必须正视的，想要连续跑赢机构和大盘几乎是不可能的。许多所谓的“投资高手”往往展示在众人面前的，只是自己众多投资经历中为数不多的成功“亮点”罢了。

◎ 投机心理，让你陷入金融陷阱

人人都知道天上不会掉馅饼，但讽刺的是，却依然有无数人被所谓的“无本生利”“空手套白狼”和“用小钱赚大钱”等等“诱饵”所哄骗，踏入一个又一个的骗局，使自己赔得血本无归。

“购买一万元产品就能成为会员，从第三个月起，每月获得 23% 的消费返利，一年后将获得相当于购买金额三倍的本息回报！”这是特大非法集资团伙“千木灵芝”的宣传语。

2016 年年初，东莞警方成功端掉了这个集资团伙，据调查，这一案件涉及了全国各地大约 9 万余人，非法集资 41 亿多元，其数目之大令人瞠目结舌。

该团伙主要以灵芝种植加工和产品推销为幌子，向群众进行非法集资。该公司许诺，只要购买一万元以上的灵芝产品，就能成为公司会员，并且从加入会员的第三个月开始，每月将向会员返还 2000 到 2500 元不等的分红返利，直至累计到购买产品金额的 3 倍。换言之，投资这个产品，你相当于只要拿出一万块钱，什么都不用去做，只要坐在家里，一年之后你就能收回三万块。这收益，“股神”巴菲特恐怕都望尘莫及！

而最令人感到不可思议的是，即便在骗局被揭露之后，依然有不少人在网络上为其发声，对这一骗局深信不疑。

“千木灵芝”这一骗局高明吗？事实上，只要理智地分析一下，我们就会发现，这一骗局简直漏洞百出。拿出一万块钱，不仅可以“免费”吃到产品，一万还能变三万，那么请问，利润究竟是从哪里来的？白给你吃保健品，另外还给你发钱，世界上真有这么好的事情吗？

如此荒谬的事情，为什么却依然有这么多投资者深信不疑？实际上说到底，还是渴望“一夜暴富”“无本生利”的投机心理在作祟。

“千木灵芝”不过是众多金融陷阱里的沧海一粟，很多金融陷阱的诈骗方式其实都如出一辙，随着众多诈骗陷阱的披露和曝光，大部分人虽然都能一眼识破骗局，但仍然有不少人接二连三地落入圈套，实在值得人们深思。

为了避免落入金融陷阱，在进行投资之前，我们应该尽可能地做到以下几个方面。

1. 货比三家，对市场进行调查了解

不论何时，在进行任何一项投资之前，我们都要做到先了解整个投资市场的行情，然后再具体选择适合自己的理财产品。在选择理财产品的过程中，要做到货比三家，多听多看多研究，避免头脑发热，被推销人员“忽悠”。

2. 区分产品性质和购买场所

很多人都以为，只要是在银行购买的理财产品，就是由银行负责发行的。事实上，现在很多银行都会代销其他金融机构的理财产品，因此，在选择理财产品的时候，我们最需要注意的，不是该理财产品的购买场所，而是该产品的发行方。

3. 看清产品说明书

许多人投资者在购买理财产品时，往往没有足够的耐性去阅读产品的相关说明，这是一种非常不好的习惯。推销人员在向你推介理财产品时，往往可能夸张该产品的收益，或刻意淡化该产品的风险，阅读产品说明书显然是了解这一理财产品的最佳方式。

在阅读产品说明书时，投资者一定要看清楚利润分配的方式，有的高分红往往是以牺牲本金为代价的，这一点需要投资者注意。

4. 随时巡查暗访

很多投资者因为怕麻烦，在购买理财产品之后就丢在一边，很少再去关心，以至于常常会出现这样一种情况：某天突然想起自己曾购买过某理财产品，结果一看，公司都不知道什么时候倒闭了，或者已经赔了个精光，自己却一直莫名其妙未察觉。

自己的投资是需要你自己去关心、去跟进的，能防止的危险就要尽量防止!

5. 远离贴息存款

很多人都认为，把钱放在银行是非常安全的，但近几年，银行存款丢失的案例却屡屡发生，其中大部分都与“贴息存款”脱不了干系。所谓贴息，指的就是银行在正常存款利率之外，向储户承诺多给他额外的利率，但条件是在这一年之中不能进行提取、查账或开通网银、短信通知等。事实上这是一种违法行为，早在 2014 年 9 月，银监会就已经明令禁止贴息存款的行为，因此，一定要记住，远离贴息存款。任何一种违法投资背后都潜藏着不可控的风险，而规避风险最好的办法就是——千万别碰。

6. 警惕“一本万利”、“包赚不赔”

当有个人告诉你某项投资“一本万利”并且“包赚不赔”的时候，你要马上说“不”。任何一种投资都是有风险的，不可能做到包赚不赔，当有人向你承诺会做到不可能实现的事情时，请相信，他绝对是个骗子。

第五章

消费是门艺术，会花钱也就是在赚钱

理财的精髓在于“能挣会花”。
花钱是一门艺术，懂得花钱的人往往能够让每一分钱都发挥出最大价值，
当你花费 10 元，却得到价值 12 元甚至更高的回报时，
花钱不就成赚钱了吗？

◎ 你能够控制自己的开销吗

每个不擅理财的人几乎都有一个共同点：无法控制自己的开销。

看看如今的商品市场，琳琅满目、种类繁多，加上精明商家们花样百出的推销策略，不少人都被激发出了无限的购买欲。尤其是面对打折、促销、优惠和特价等等字样时，你总会产生一种“我绝不能错过它”的想法。不说别的，单看每次淘宝“双十一”购物节过后，有多少人哀叹着要“剁手”就能知道，人们对于“折扣”是多么缺乏抵抗力。

最悲哀的事情是，很多我们头脑发热购买的东西，很可能就这样永远沉睡在了柜子里，我们可能很少、甚至从来不会去使用它。我们不得不承认一点，当我们对某件物品产生了强烈的购买欲望时，并不意味着我们真的需要它。

储蓄是理财的一个重要组成部分，但现实是，在无法控制自己的开销之前，人们往往难以成功开始储蓄。那么，如何才能控制好自己的开销呢？最关键的一点在于，你必须区分开“想要”和“需要”之间的差别。

建立在“想要”基础上的购买行为是非常不理智的，这往往会导致你

掏钱买下一大堆毫无用处的东西，造成资金的浪费。很多时候，你的“想要”很可能只是一时的头脑发热，当你冷静下来之后，你甚至可能已经想不起你究竟为什么会想要这件东西了。

圣地亚哥国家理财教育中心提出过一个观念：选择性消费。这一观念或许能够帮助我们很好地控制自己的开销，养成良好的购物习惯。

首先，在开始购物之前，我们需要给自己一些选择，列出所需要物品的优先顺序，然后根据这一顺序列出一个购物清单。根据这个购物清单，我们可以想一想，花费同样金额的钱，还能买到哪些东西。在进行购买的过程中，至少对三种不同的商品价格、服务及品质进行比较。当我们能够用理智的态度进行购物时，我们会发现，事实上，我们的消费确实是可以掌控的，只要远离那些带有诱导性的广告和错误的消费习惯，并克制住购买的冲动，我们就能成功养成良好而聪明的消费习惯，存下更多的钱。

想要成功地做到这一切，在每次消费之前，我们都应该在心里问自己几个非常必要的问题。

1. 为什么要购买

通常来说，我们在进行每个月的消费规划时，首先要确保正常的生活开支，之后再去考虑发展消费和享受消费。当我们在购置一件物品的时候，尤其当这件物品价格较高，甚至可能已经超出我们的承受能力之时，我们就必须得郑重地权衡一下，究竟为什么要购买这件物品了。它是否符合我们的需求，它所能带来的益处是否值得我们承受这些经济压力以及我们财力状况是否许可我们进行这次消费，这些都是我们必须搞清楚的。

2. 要买些什么

在这里，我需要再次强调：列一份购物清单真的非常重要！

当我们需要添置物品时，应根据现实情况进行周密的考虑，并列出一张详细的购物清单，这能帮助我们在购物时明确目标，节省时间的同时也省去许多不必要的纠结，尽可能避免冲动性购物。

3. 什么时间去买

买东西的时机是非常重要的，同一件东西在不同的时间，不同的季节，往往可能存在惊人的差价。在购买某些不急用的物品时，不妨先缓一缓，寻找一个最佳时机。以数码产品为例，通常来说，一个数码产品刚进入市场时，价格往往都会较高，但在一段时间之后，当市场饱和时，该产品价格会出现一个明显的下跌。到那个时候，新产品的技术和性能也将更为成熟，此时购买无疑能够获得较高的性价比。

4. 到什么地方去买

同一件商品放到不同的商店售卖，其价格也会有所不同。比如一瓶矿泉水，放在普通的超市里可能要一块钱，但如果放到风景区，就可能需要两块钱甚至更多。因此，在买东西时，不妨多走走看看，货比三家，力求能以更实惠的价格买到称心如意的商品。

花钱是一门技术，学会有选择地进行消费，你才能在积累财富的同时，更从容地享受人生，享受花钱所带来的乐趣。请记住，控制好自己的开销，是成功理财的第一步。

◎ 学会精打细算

美国一位作家曾以“你知道家里每年的开销是多少吗”为题展开过一项调查，结果发现，有大约 62.4% 的百万富翁回答“知道”；那些没有达到百万富翁级别的人中，大约只有 35% 回答“知道”。之后，这位作家又以“你是否每年都会为你的衣食住行支出做预算”为题展开调查，结果与此前非常相似：有超过三分之二的百万富翁会为自己的支出做预算，在没有达到百万富翁级别的人中，只有三分之一会为自己的支出做预算。

很有趣不是吗？这和人们通常的认知都不一样，富人似乎比穷人更懂得精打细算。或者应该反过来说，越是懂得精打细算的人，才能越富有。

比尔·盖茨非常有钱，这是全世界都知道的。但或许很少有人知道，他其实也非常节俭。

据说有一次，盖茨和他的一个朋友同车前往希尔顿饭店开会，因为去得有些晚，以致到地方之后很难找到停车位。盖茨的朋友建议他把车停到饭店的贵宾车位上，那正好空着，但盖茨却不同意，感叹道："天哪，那车位得花12美元，真不是个好价钱。"

听到盖茨的感叹，朋友哭笑不得，只得说道："我来付就行了。"

可盖茨却依旧不同意，固执地绕了绕了一圈，终于找到一个普通停车位。

12美元，这对于比尔·盖茨来说确实不算什么，根据纽约大学经济学教授伍尔夫所发表的统计报告，比尔·盖茨的个人净资产已经超过了美国40%贫穷人口的所有资产总和。简单来说，他大概平均每秒钟就有2500美元的进账。那么，是因为他吝啬吗？当然不，如果他是个守财奴、吝啬鬼的话，那又怎么舍得在慈善上花那么多钱呢？据统计，他所捐赠出的善款大概已经超过250亿美元了。

其实，盖茨之所以在停车费上如此"小气"，只是因为在他看来，把钱花在这件事情上很不值得罢了。对于这位天才的商人来说，哪怕只是很少的几元钱，也应该花在有价值的地方，发挥出它最大的作用。

永远不要小看节省的作用，你减少的每一笔不必要的花费，都能为你累积投资的资本。即使是一分钱，用在不必要的地方都是一种浪费，只有花得有意义、有价值，才能为你积聚腾飞的力量。

要学会精打细算地过日子，在消费中就要懂得遵循"只买对的，不买贵的"。

首先，不要一味"迷信"专卖店。

专卖店里的东西售价通常要比大型超市或卖场的东西售价贵很多。通常来说，专卖店的优势就在于，其商品具有较可靠的进货渠道和质量保证，并且售后服务等方面会更为周到一些。因此，在购买某些价值较高或将长期使用的耐用消费品来说，选择专卖店是比较有保障的，但对于一些无关紧要的生活用品，没必要非得去专卖店多花钱。

其次，不要盲目追求最新款。

一般来说，新款产品在进入市场之初，其价格都会有一段时间的"虚高"，尤其是电器及数码产品。在进行这类产品的选购时，有的人往往会对“最新款”有一种迷思，但实际上，很多“最新款”产品所拥有的新功能很可能都是我们根本用不上的，与其多花钱去追求缺乏实用性的功能，倒不如根据自己的实际需求，来选购真正适合自己的产品。毕竟在科技飞速发展的今天，任何最新款的“保鲜期”都是非常短暂的，尤其是电子产品。因此，在选购电器或电子产品时，不要盲目追求最新款，适合我们的才是最好的。

最后，要量力而行，不要盲目跟风消费。

除了日常的消费和投资之外，很多人都会为自己置办一些资产，比如购买房子或商铺等。不管这些资产是用于投资还是自己使用，在置办资产时一定要量力而行，不要盲目跟风。除了置业之外，进行其他任何投资行为同样如此，必须在保障日常生活的前提下进行。

任何一项投资都是需要承担风险的，生活不是赌博，无论何时我们都不该抱有侥幸心态，拿自己的未来孤注一掷。幸福和财富都是在一步一步精打细算的规则下建立起来的。

◎ 打理好家庭财务，提高幸福指数

近年来，随着各种理财方式的推陈出新，家庭投资渠道也在不断拓宽，家庭理财已经成为众多家庭的重头戏，甚至有的家庭投资理财收入已经超过了工资收入。但在生活中我们发现，很多家庭在进行投资理财时，仍旧缺乏一定的技巧，尤其在资金安排方面，常常因为缺乏合理性而影响到正常的家庭生活。

居家理财对于每一个家庭来说都是天大的事，你的理财技巧决定了整个家庭的生活质量。此前我们数次强调过，在进行任何理财投资之前，都必须确保我们的正常生活不受影响，家庭理财更是如此，你必须考虑到全家人的各项开支，任何一点差错都可能影响到家庭的幸福指数。

通常来说，我们可以将整个家庭的经济开支划分为五大类。

第一类：日常生活开支

日常生活开支是确保每个家庭能够正常运转的基础，是每个月都必不可少的财务内容组成部分。日常生活开支主要包括房租、水电、煤气、食品、交通以及其他与孩子相关的一切开销。

为了保证生活质量和家庭的正常运作，在进行家庭财务安排时，必须保证此项开支的储蓄额度。通常来说，我们建议大家可以为此项开支建立一个家庭公共账户，每人每月都按照一定合理的份额，将钱存入该账户。需要注意的是，即便每个月有结余，也不要随意使用这些钱，相反地，你应该尽可能节约，将这部分资金当作今后生活的投资。

第二类：大型消费品开支

每个家庭都会有需要添置一些大型消费品的时候，比如冰箱、彩电等等。这些东西虽然不是每个月的必备支出项目，但在有需要时，也是一笔较为可观的花费。因此，我们建议可以考虑以家庭固定收入的 20% 收入来作为大型消费品的开支存储。

相比日常开支的规划来说，这笔资金可以根据实际情况作灵活的安排与调整，比如可以考虑作为将来购买房屋或进行装修的经济准备，也可以作为家庭活用储蓄的一部分。

第三类：娱乐开支

娱乐是拉近家庭成员关系，提升家庭幸福指数的重要途径。现代化的家庭生活中，娱乐已经成为了必不可少的一个组成部分。我们可以考虑将家庭固定收入的 10%，甚至 15% 作为娱乐开支的预算。

通常来说，旅行、郊游、看电影、看球赛、听音乐会以及进行体育运动等等，都属于家庭娱乐的范畴。

第四类：投资理财项目

合适的投资理财项目是每个家庭实现资本增长的重要手段，适合家庭投资理财的项目非常多，保守稳妥的有储蓄、国债等，风险较大、收益较高的有基金、股票等。当然，也有人会投资一些其他领域，比如收藏。但无论选择哪一项投资，都必须考虑到个人所掌握的知识储备，以及家庭的风险承受能力等。为了不影响家庭正常生活，我们建议将用于投资理财项目的资金控制在家庭固定收入的 20% 左右即可。当然，如果暂时没有合适的投资方向，也不要急于进入投资市场，可以先将这笔资金以储蓄的形式保存起来，等待合适的投资时机。

第五类：家庭应急资金储备

每个家庭都应该有一部分的应急资金储备，这部分资金主要是为防患于未然而准备的。比如家庭中突然增添了新成员，或者父母的养老等，都可能需要这部分储蓄来进行支撑。通常来说，我们会建议这部分储蓄大约占到家庭固定收入的 10% 左右，具体比例可根据每个家庭的实际情况来进行调整。

这些开支储蓄项目一旦设立之后，就必须严格遵守，不能随意变动或半途而废，尤其要注意避免出现透支、挪用等之类的情况，否则制定计划的意义就不存在了。为了确保每一项开支清晰明了，养成记账的习惯是非常必要的。一方面来说，记账能够让你更加了解家庭日常的消费习惯和消费途径，从而更好地制定下个月的消费支出计划；另一方面，通过记账情况，也有助于我们养成更科学的消费习惯，在一定程度上减少浪费金钱的活动。

俗话说：“吃不穷，穿不穷，算计不好一世穷。”培养良好的理财习惯，我们才能真正做到衣食无忧，为幸福家庭打下坚实的经济基础。

◎“月光族”就无财可理了吗

李享，大学刚毕业，银行职员，月薪 4000 元左右，与父母同住。每个月日常消费在 1000 元上下，经常和朋友出去吃饭、唱歌、旅游以及买衣服，这部分消费在 1500 元左右。其他支出，李享自己也搞不清楚，但每个月都以“赤字”终结。

周玲，就职于某房地产公司，工作 5 年以上，月薪过万。房租、水电、宽带、电话费等支出，每个月大约 3000 元左右。购买化妆品、服饰等支出，每个月大约 1500 元左右。和朋友出去吃喝玩乐等娱乐支出，每个月大约 2000 元左右。吃饭、交通，每个月大约 1000 元左右。其余零零碎碎的一些开支周玲已经想不起来了，但工作已经 5 年，周玲存折上的数字却还没有超过四位数。

李享和周玲都是典型的“月光族”：一发薪水就过得很潇洒，吃穿用度什么都不愁，但一到月底，就出现“财政赤字”，甚至得勒紧裤腰带过日子，焦急地等待着下个月的薪水。而通过对比李享和周玲的消费习惯，你会发现，“月光族”们在对待财务问题方面都有一个共同特点——没有记账习惯，永远都不知道自己的钱花哪儿去了。

我接触过不少“月光族”，也和他们谈过许多财务问题。在这些人中，除了一部分本就追求“养尊处优”，喜欢“随性生活”的人之外，其余大部分都表示，之所以“月光”，完全就是因为赚钱太少。

如果你也是个“月光族”，也抱有这样的想法，认为增加收入之后就会摆脱“月光”的状况，我就可以很肯定地告诉你：你错了，在你不改变自己的消费习惯之前，不管你拿到多少薪水，你都摆脱不了“财政赤字”的情况！

就像李享和周玲，他们一个是初入职场的大学生，月薪在 4000 元上下，另一个却已经是工作 5 年的职场“老人”了，月薪也已经过万，但他们都是“月光族”。在初入职场的时候，周玲的薪水很显然不会有如今这么多，那个时候她的薪水大概也是刚好够用的，可是如今呢，哪怕薪水已经过万，她的存款数额依然没有任何改变。可见，很多“月光族”所存在的问题并不是无财可理，而是缺少规划。

如果你很满足于现在的生活，认为即便做一个“月光族”，也能生活得很开心，那么你确实可以继续保持你“随性”的生活方式。但如果你渴望拥有更大的提升和突破，你拥有更长远的目标，比如开一家属于自己的公司，或者进行一些投资，那么你现在就需要改变，你必须改变你的消费习惯，并开始学习如何理财，这对于你实现未来的创业或投资目标至关重要。

要改变“月光”的处境，以下几点是你必须立刻去做的。

1. 量入为出，掌握自己的资金动向

要做到这一点，首先要做的事情就是开始记账。通过记账，可以清晰明了地知道，自己的钱到底花在了什么地方。掌握资金动向之后，下一步要做的，就是从这些消费中筛选出“可有可无”以及“几乎没用”的消费项目，并强制自己逐月减少在这些项目上的花费，控制消费欲望。

2. 逐渐积累，强制制定储蓄计划

剔除多余的花费项目之后，接下来需要做的，是为自己制定一个强制性的储蓄计划。在制定储蓄计划时，要考虑到该计划的合理性和可行性。为保证计划顺利实施，每月发放薪水之后，就主动将计划存储的目标金额存入银行，无论如何也不能动用这笔资金。通过强制储蓄的办法，可以逐渐帮助你改掉乱花钱的习惯，并为你积累一定的个人财产。

3. 主动投资，限制消费

在积累一定的资金后，可以考虑进行一些投资，或为自己置办一些资产。比如按揭贷款购房，这样一方面可以省下房租；另一方面可以减少自己的可支配资金，避免发生多余花费；此外还能享受房产升值所带来的额外收益，可谓一举三得。

4. 和“时髦”、“潮流”说再见

赶时髦、追潮流可以说是现代年轻人的消费项目中最为“浪费”的一项，并且也是最费钱的一项。对于一个时时都想要走在时代尖端的人来说，这一块的消费是没有上限的，毕竟潮流每天都在推陈出新，今天流行这个，明天流行那个，无论你跑得有多快，也永远追不上时尚的脚步。因此，如果你有一个确实想要完成的目标，如果你真的很想摆脱“月光”的“魔咒”，那么，就立刻和“时髦”“潮流”说再见吧。

◎ 科学地管理零花钱

有人说，财富的根源主要来自于人的潜意识，决定一个人经济状况的，不是能力，也不是运气，而是思维和心态。若真是如此，那么富人的思维和心态究竟有什么特别呢？

约翰·D·洛克菲勒被认为是美国历史上最富有的人，同时也是世界上第一个拥有 10 亿美元财富的美国富豪，最为难得的是，他的后人在成年后也都成为了优秀的经营能手。这很显然源自于他对孩子的严格教育。

洛克菲勒在金钱上对孩子要求非常严格，他认为，成长于富裕家庭的孩子往往比成长于普通家庭的孩子更容易受到物质的诱惑，因此，他给他的后人们制定了神秘的“14 条洛氏零用钱备忘录”，以此来教导他们如何来管理自己的零花钱。

让我们一起来拜读一番洛克菲勒先生的“大作”吧，或许我们从中就能找到那个关于财富秘密的神秘答案。

第一条，从 5 月 1 日开始，约翰的零用钱起始标准改为每周 1 美元 50 美分；

第二条，每周末进行账目核对，如果父亲对约翰的财政记录感到满意，那么约翰下周的零用钱将上浮 1 美元（最高零用钱金额不超过每周 2 美元）；

第三条，每周末进行账目核对，如果约翰的财政记录不合规定或者无法让父亲满意，那么约翰下周的零用钱将下调 1 美元；

第四条，在任何一周里，如果没有任何可记录的收入或者支出，下周零用钱水平保持不变；

第五条，每周末进行账目核对，如果约翰的财政记录符合规定，但书写和计算不能达到父亲的要求，那么下周零用钱水平保持不变；

第六条，父亲是约翰零用钱水平调节的唯一评判人；

第七条，双方一致同意至少将零用钱的 20% 用于公益事业；

第八条，双方一致同意至少将零用钱的 20% 用于储蓄；

第九条，双方一致同意，任何一项支出都必须清楚、确切地进行记录；

第十条，双方一致同意在未经父亲、母亲或斯格尔思小姐（家庭教师）的同意下，约翰不能购买商品，也不能向父亲、母亲要额外的钱；

第十一条，双方一致同意当约翰需要购买零用钱使用范围外的商品时，必须取得父亲、母亲或斯格尔思小姐的同意，从而获得足够的资金。但购买后所找回的零钱和表明商品价格及找零的收据必须在当天晚上上交给资金给予方；

第十二条，双方一致同意约翰不得向任何家庭教师、父亲的助手以及别的其他人要求垫付资金，车费除外；

第十三条，对约翰用于储蓄的零用钱，超过 20% 的部分，父亲将向约翰的账户补加同等数量的存款金额；

第十四条，以上零用钱公约细则将长久有效，直至签字双方都同意修改内容。

以上这 14 条秘诀正是洛克菲勒家族长盛不衰的秘密所在。如果你仔细阅读了它们，相信你已经窥见财富的真相了。

在洛克菲勒所制订的这些条款中，我们发现，他数次强调了几个重点：记账、储蓄以及消费控制。

在条款中，洛克菲勒多次强调了记账的重要性，甚至详细到了书写和计算方面。关于记账在理财中的重要性，我们此前也已经数次强调过。可以说，记账是投资理财的开始；对于储蓄，洛克菲勒显然也非常重视，除了规定孩子必须强制性地将零花钱的 20% 用于储蓄之外，还制定了相应的“优惠政策”来鼓励孩子进行储蓄；虽然洛克菲勒非常有钱，但他对孩子在消费方面的控制是相当严格的，除了必须记录每一笔消费之外，甚至不允许孩子从其他任何渠道获得计划之外的钱。

很显然，通过这些简单的条款，洛克菲勒向孩子们传达出了一个信息：珍惜手中的每一分钱。

是的，财富的秘密或许就是这么简单。当你懂得珍惜手中的每一分钱时，当你知道它来之不易时，你自然会杜绝一切浪费，想尽办法把它们花在最恰当的地方，让它们能够发挥出最大的效用。

不积跬步，无以至千里，不积小流，无以成江海。财富同样如此，越是懂得珍惜每一分小钱的人，才越有成为富人的资本。

◎ 省钱却不抠门，轻轻松松购物和旅游

提起“理财”，很多人存在一种误解，认为理财就是吝啬、抠门的一种表现。甚至还有人劝导说，人生在世，没必要把钱看得太重，能花钱说明会挣钱，何必那么省呢？人生在世，不正是应该“潇洒走一回么”！

事实上，单纯地把理财理解为“省钱”是非常不正确的，理财的精髓在于“能挣会花”，究其本意，就是要能在实现财富积累的同时，保证更好、更稳定的生活品质。

浙江人能吃苦、会赚钱是全国闻名的，除了善于积累财富之外，浙江人在花钱方面也是一把好手。

相比其他省份的人，浙江人更注重改善住房条件，没有住房的家庭会将买房作为首要考虑的问题，房子“落伍”的家庭则会计划有步骤地进行换房。对于他们来说，钱必须花在刀刃上，而安居乐业的家庭梦想正是他们的“刀刃”。

在买房方面，浙江人比其他省份的人更善于利用借贷手段。据调查显示，在浙江，有 47.1% 的家庭会选择通过银行按揭的方式买房，26.4% 的家庭会选择公积金贷款，27.3% 的家庭主要依靠积蓄，只有 2.5% 的家庭会选择向亲戚朋友借。

此外，除了生活最基本的吃穿住行之外，浙江人还非常乐于娱乐消费，不少家庭都会定期安排出省甚至出国旅行，既放松了心情，也增长了见识，调剂生活的同时也让努力工作赚钱的动力更足了。

浙江人称得上是真正的理财高手，从以上的统计数据中就能看到浙江

人的精明之处。住房贷款利率相对是较低的，他们中的大部分都选择通过贷款买房，一方面顺利改善了住房条件，另一方面则节省了自己的积蓄，从而能利用积蓄进行更加灵活的投资理财，有助于优化家庭财务结构。拥有公积金福利的人也尽可能地利用公积金贷款，既享受了公积金贷款的福利性，同时也不至让自己因买房而降低生活品质。

理财讲究的是有技巧地省钱，尽可能避免金钱的浪费，这与吝啬是完全不同的。巴尔扎克笔下的守财奴葛朗台之所以丑陋，是因为金钱泯灭了他的人性和良知。但我们提倡勤俭节约，则是为了能更好地支配金钱，让每一分都花得更有意义。

生活是需要规划和安排的，懂得支配财富的人，才能真正活得潇洒、过得肆意。挥霍浪费只会让你的欲望不断膨胀，直至与现实条件产生难以调和的冲突与矛盾。最终的结果就是，要么你因欲望无法满足而灰心丧气，对生活失去希望；要么你被欲望所驱使，丢弃自己的自尊和灵魂，甚至走上犯罪道路。

要知道，有品质的生活不一定非要花大价钱才能得到，只要你开动脑筋，掌握科学的理财技巧，即便收入有限，也依然能够从容地过上高品质生活。

在一些重要的节日到来之前，尽早安排好你的购物计划，以避开价格上涨的购物阶段；尽可能避开购物高峰期，在节省时间的同时，也让自己能够更悠闲地挑选自己满意的商品；需要送礼的时候，或许可以考虑亲手DIY，省钱的同时也传达出自己的一份心意……

只要你用心去揣摩，生活中处处都有省钱而不抠门的小妙招。不会理财的人往往也不懂如何享受生活，“能挣会花”才是真本事！

◎ 打理好钱财，为自己建立账本

在众多导致家庭破裂的原因之中，经济纠纷是最为常见的原因之一。尤其是那些家庭成员较多的大家族，在日常生活上的开支错综复杂，往往需要众多家庭成员共同承担，这样一来，时间长了，如果不记账，难免会出现互相猜疑的情况。因此，记账不仅仅是理财的重要课程，更是避免家庭出现经济纠纷的重要“证据”。

在做家庭记账的时候，要做到“一记二看三预算”，掌握好这三个要点，我们就能轻松构建一本清晰明了的家庭账本，做到有账可查，心中有数。

一记，就是要做到真实、详细地记录下每一笔收入和支出，哪怕只是几分钱的账，也必须清清楚楚地记下。要知道，家庭账本不仅仅是给自己看的，哪怕任何一笔小数目都不应该忽略，正所谓积少成多，小数目天长日久累积下去，也将成为一笔不菲的花费。

二看，就是要懂得审核每一笔花费，看它是否合情合理。我们记账，为的不仅仅是记录下钱款的动向，更重要的，是要根据账目来调整消费习惯，科学、合理地进行预算安排，让每一笔钱都花在有价值的地方。因此，在记账的同时，我们其实也是在对每一笔消费进行审核。

三预算，就是要在本月收支平衡的前提下，对下个月的资金运用做出合理规划。其实这就像是企业的成本核算工作，是控制消费的重要环节。只有做好了预算，才能在消费过程中做到心中有数，避免出现手忙脚乱的情况。

每个人都有自己的记账习惯，建立一个适合自己家庭的账本，是做好家庭理财的必修课程。如果你是记账新手，实在不知道该如何建立你的家庭账本，那么不妨听听我的建议——构建三本家庭理财账：家庭日常开销账、家庭伙食专用账以及家庭理财备忘账。

1. 家庭日常开销账

这个账本主要用来记录家庭的日常开支。

该账本主要分为四个部分：收入栏、支出栏、余额栏和备注栏。

收入的来源，是工资、存款利息，或者投资所得等要在备注栏中备注，支出类型是购买何种商品，或进行何种消费同样需要在备注栏中备注清楚。

在记账时要做到一笔一清，每天都进行一次小计，每月都进行一次总计结账。通过这个账本，你可以直观地看出家庭日常开支消费情况，并指导该月收入与支出相抵之后，是盈余还是亏损，再根据情况对下月开支计划进行调整。如有盈余，则结转下月，当盈余达到一定数目时，便存入银行，作为一部分家庭活用储蓄。

2. 家庭伙食专用账

该账本主要分为上下两个部分。上面的部分包括三栏内容：收入栏、支出栏和余额栏。

收入栏主要记录从家庭收入中所拨出的伙食用资金；支出栏主要记录购买食物所花费的金额；余额栏则记录每日开销后的余额，和家庭日常开销账一样，需要一日一小结，一月一总结。

家庭伙食专用账和家庭日常开销账最大的不同在于，该账本的下部分是备注栏，备注栏中主要用来记录某商店或某市场一些日常伙食用品的价格，这样能让我们在进行食物采购时对市场行情有一定了解，从而选购到更实惠的商品。

单独为伙食开销建立一个账本能为我们提供两大方便：一是方便我们根据每月伙食开销情况来决定是否进行伙食改善；二是方便我们根据每月伙食消费情况来进行下月伙食安排，有效地避免不必要的浪费。

3. 家庭理财备忘账

该账本主要分为四大类：投资理财类、商品类、证件类和知识类。

投资理财类的主要记载内容有存单信息、凭证式国债等理财产品的存款单位地址、账号、期限、存入日期、种类和存入金额以及理财产品的详细信息，比如基金购买于哪个机构，银行卡号、代码等等。在记账过程中同样需要做到笔笔清楚、明白，这样即便丢失凭证，自己也能迅速找到投资信息，到银行进行处理。

商品类主要记载的内容包括，所购买商品的名称和购买地址，以及相关的发票信息、保修卡信息等。有了这些记录，一旦商品出现任何问题，都能迅速清晰地了解到商品是否还处于保修期，并立即查询到维修地址。

证件类主要记载的内容包括家中的重要证件，比如身份证、户口本、驾驶证、结婚证和房产证等等证件的相关内容，方便在需要时进行查询。

知识类主要记载的内容包括投资理财的相关知识，以及一些与家庭理财有关的金融知识等，通过整理这些知识，一方面能够增加与家庭理财相关的金融知识储备量，另一方面也能促进理财技巧的提升。

当然，当你形成自己的记录习惯之后，完全可以根据自己的需求对账本进行灵活调整，最终建立起属于你自己的家庭账本，让家庭理财更加得心应手。

◎ 巧用信用卡，避免让自己成为卡奴

目前信用卡消费已经成为了一种消费时尚和消费趋势，使用信用卡消费已经是平常不过的事情。一张小小的信用卡具有大的魔力，让无数年轻人追捧不已。信用卡是一种超前消费，工薪阶层在缺少资金的情况下可以透支消费，这样一来不仅可以缓解经济困境，还可以得到自己想要的物品。

其实超前消费并不是什么坏事，可是一不小心就会变成“卡奴”，让自己的生活变得越来越糟糕。

黄小姐刚刚毕业，加入了一家不错的销售公司，她十分喜欢逛街购买价格昂贵的精品服饰。每次工资一发下来她就会到精品店购买自己喜欢的衣服和饰品，往往没过半个月就花光了绝大部分的工资，之后的生活只能靠省吃俭用来维持。

后来她发现银行可以办理透支消费的信用卡，这对于每个月工资不够花的她来说简直是件大好事。于是她便兴致勃勃地办理了一张信用卡，由于她工作的公司信誉良好，所以银行给她办理了1万元额度的信用卡。可是，自从有了信用卡之后，她就不能控制自己的购买欲望了，每隔几天就疯狂地购物，总是想买最好的衣服和饰品。

黄小姐在不同的银行的办理了信用卡，几个信用卡相互倒换着用，拆东墙补西墙。在这种情况下，她欠下的债越来越多，变成了一个真正的“卡奴”。

其实，现实生活中，有很多像黄小姐一样的“卡奴”，她们每天都过着

透支信用卡的生活，支取一张信用卡的钱来弥补另一张信用卡的透支金额，拆东墙补西墙。她们拥有极强的购物欲望，穿着奢侈的衣物、享受着奢华的生活，可是却不得不奔波于各大银行还钱。

信用卡可以让人们享受“免息”的便利，但并不是说信用卡就是免费的午餐。如果使用不当的话，不仅需要支付高额的利息，一旦出现资金问题还将面临破产的危险。我们应该如何正确使用信用卡呢？如何才能避免让自己变成每天为信用卡忙碌不已的“卡奴”呢？

1. 了解信用卡的种类，尽量使用准贷记卡

一般来说，银行信用卡有两种分类，一种是贷记卡，一种是准贷记卡。对于年轻人来说，准贷记卡是最合适的、最符合其消费水平的信用卡。因为这种信用卡兼备了贷记卡和借记卡的部分功能，年轻人可以采用先存款后消费的形式，这样一来就有利于控制个人的透支额度，给自己的消费提供一个缓冲期，避免因为过度消费使自己成为“卡奴”。

2. 计算好免息日期和利息

很多人认为信用卡是免费的午餐，可以享受免息的便利。可是免息日期是有限制的，一般来说，各个银行的信用卡可以享受免息 50 天的优惠待遇。如果超过了这个期限的话，你就必须支付高达 18%的年息和 5%的滞纳金。所以从你办理信用卡的那天起，你就应该懂得如何计算利息和免息日期，别因为自己的疏忽而损失大笔利息。

另外，使用信用卡还需要缴纳一些费用，目前各个银行的信用卡都要支付一定的年费，如果支取现金的话还需要支付不同比例的手续费。

3. 选择最低还款方式，注意免息期的问题

王菲办理了一张信用卡，最近她用信用卡购买了价值 8000 元的笔记本电脑。因为她手中资金不够，所以选择了每月还付最低还款额的方式，每月只需还款 1000 元左右就可以了，这大大地减轻了自己的还款压力。几个月之后，她还清了 8000 元的卡债之后就没有管这笔消费了。可是，等到她拿到银行寄来的对账单时，却发现银行的总账单比消费金额要多很多。

虽然最低还款额减轻了持卡人的还款压力，但是持卡人千万不要按照自己认为的最低还款额还款，应该按照银行对账单上的还款总额来还款，否则不仅无法享受免息期，还需要支付未还款部分支付 5%的滞纳金。

4. 信用卡透支方便，但千万不要盲目消费

当你资金紧张时，使用信用卡可以让你在短时间内获得充足的资金。正是因为如此，很多年轻人才肆无忌惮地消费，只顾着享受购物的快乐，却忘记了还款的压力，以至于每个月都刷爆信用卡，成为信用卡的“奴隶”。

年轻人应该树立正确的消费观念，千万不要盲目消费。年轻人所持信用卡的数量应该控制在两三张左右，这样就可以避免过度消费，还可以避免因忘记还款日期而造成逾期，影响个人信用。

5. 不要延迟还款，也不必提前还款

当持卡人延期还款时，需要支付 5% 的滞纳金，给自己带来不必要的损失。那么，提前还款是不是就很保险呢?

有些人觉得每月还款太麻烦，或是怕自己忘记到期日而缴纳不必要的滞纳金，于是便提前打入一笔大款项，让银行慢慢地扣款。

其实这种方式也不可取。因为存入信用卡的钱是不计利息的，无论你存入多长时间都不会获得收益。而且目前大部分银行规定，持卡人从信用卡支取现金，无论是不是属于透支额度都必须支付取现手续费，所以持卡人最好不要提前还款，更不要将信用卡当成借记卡。

6. 信用卡消费，信用是最重要

信用卡虽然是一种金融产品，却代表一个人信用的身份证明。如果持卡人按时还款，保持着良好的借记信用，那么你的信用度就会有所增加；如果你经常透支或是长期逾期不还，就会影响个人信用。目前很多银行都非常重视个人的信用度，如果一个人信用度不好，将被列入“黑名单”，甚至会影响个人贷款、住房贷款、出国办签证等重要问题。

总之，信用卡给人们带来了很多好处和便利，为人们开启了“卡时代”的大门，但是信用卡消费也具有一定的风险性和危险性，我们不仅要预防信用卡消费的风险，更要注意其安全性。

第二篇　投资理财稳健篇

Dierpian

让财富稳健增长

对于刚刚学习投资理财的投资者来说，

股票、期货等产品具有较高的风险性，

一旦决策失误便会遭受巨大的损失。

因此，选择一些风险更低、更加可靠的稳健投资方式才能生财有道。

第六章

储蓄投资：小利也能产生大收益

储蓄不仅仅是存钱那么简单的事情，学会打理自己的存款，才能产生大收益。

◎ 储蓄不是简单的存钱

2016 年 8 月，据权威数据显示，中国居民储蓄率位于全球第一位，不仅是世界上储蓄金额最高的国家，也是人均储蓄金额最高的国家。有人说，投资股票提高了其风险性，投资 P2P 有跑路的风险，储蓄最简单，只要将钱存入银行就可以了。

存储，看似很简单，可是你真的会存钱吗？你知道怎么存钱利息最多？怎么存款流动性最大吗？其实，储蓄不是存钱那么简单的事情，千万不要以为银行储蓄就是简单地选择期限。这里也有很多的门道和学问，你要学会打理自己的存款才能积累更多的财富。

现在已经到了银行利率超低的时代，如果投资者只顾着埋头存钱而不好好规划和打理，估计不仅不能获得利息，还会倒贴给银行钱。因为你每年都要向银行缴纳一定的年费、转账手续费等。也就是说，如果把钱存进银行后就完全不管不顾，你的钱什么时候缩水了都不知道；如果规划好了，不仅不影响资金的灵活性，还能多拿一些利息。

所以说，储蓄存钱没有计划是不行的。每个人的情况不同，个人投资者应该根据自己的实际经济情况制定储蓄计划，并且严格按照计划进行，这样才能最终获得可观的利益。

如果你想学会如何存钱，可以按照下面几个存钱小技巧来有效提升你的获利收益。

1. 弄清楚自己的收支情况

理财的最终目的就是最大限度地积攒钱财，并不是说非要成为富翁，而是应该不断地积攒自己的财富，为未来的生活提供保障。但是如果你弄不清自己的收支情况，不知道每月收入多少支出多少，储蓄存钱就只是空谈而已。因为想要积攒更多的钱，前提条件就是要弄清自己一段时间内的支出情况，然后减少不必要的支出。

2. 了解储蓄的种类，选择适合自己的储蓄方式

储蓄的最大优势就是风险小、期限灵活、简单方便，但是收益相对较低。我们应该了解储蓄种类，分析其优势和劣势，然后为自己的储蓄制定计划。

按存款期限的不同，储蓄可以分为活期储蓄和定期储蓄两大类的，而定期储蓄又可以分为整存整取、零存整取、整存零取、存本取息等类型。

活期储蓄期限灵活、存取方便，不过利率比较低，央行目前利率是0.35%；定期储蓄适合长期储蓄，期限比较固定，不过利率相对较高，3个月定期为1.10%、6个月定期为1.30%、1年定期为1.50%、2年定期为2.10%、3年定期为2.75%；零存整取利率也比较高，1年为1.35%、3年为1.55%。各大银行，利率又各不相同。

3. 根据个人收入情况来制定储蓄计划

对于大多数刚毕业的工薪族来说，个人收入较低，花销比较大，几乎攒不下多少闲钱。所以投资理财应该以资金的积累为主，必须养成储蓄的好习惯，即每月定期存入定额存款，一般最好是自己收入的20%~30%。不过这个比例也不是固定不变的，投资者可以根据收入和花销的具体情况进行调整，但是必须保证每月都有存款。

对于已经成家的年轻人来说，收入有所增加、生活基本稳定，但是花销也逐渐增加。买房、买车和生孩子等等问题接踵而来，这时就需要重新

制定自己的储蓄计划。投资者可以将重点放在继续保持家庭储蓄和合理安排家庭生活支出上，仍然坚持储蓄为主，也可以适当地进行基金、股票、债券等投资。

4. 采取阶梯式储蓄方式

小马有5万元钱，想进行长期储蓄，但是又担心将来急用，所以就采用了阶梯式储蓄方式。他存了1万元1年期存单、1万元两年期存单、1万元3年期存、2万元5年期存单。1年后，他将到期的1万元该存为5年期存单，以此类推，这样一来就可以保持储蓄的流动性，还获得了较高的储蓄利息。

这种阶梯式的储蓄方式比较适合中长期投资。

5. 采用分散式储蓄方式

很多人想将自己的钱存为定期存款以获得较高的利息，但是又担心急着用钱时损失不必要的利息。这样的情况，投资者可以选择分散储蓄的方式。

小明手中有3万元，计划在1年内使用，但是并不知道用钱的时间和金额。于是他将3万元分为4张5000元的存单，1张1万元的存单，存期都是1年。这样在急需用钱时，就可以根据所需金额来领取，避免动用大存单而损失不必要的利息。

6. 巧妙地利用工资卡，小钱也能增值

对于上班族来说，工资卡就是一张活期储蓄卡，将工资长期存在工资卡中，不但会损失一笔利息，而且对于自己财产资源也是一种浪费。你可以将工资卡中的钱自动转换为定期存款。目前几乎大部分银行都有自动约定转存服务，只需要一个电话或是在网上银行操作就可以搞定。

7. 巧用7天通知存款

通知存款非常适合手中有大笔资金，并且准备近期（3个月以内）使

用的储户。

肖飞手中有50万元现金，准备近期支付住房贷款首付，余款打算投资股票。他选择了7天通知存款，持有3个月后，以1.62％的利率计算，利息收益为2025元。如果选择活期存款的话，利率只是0.72％，利息收益是900元左右。这样一来，肖飞不仅保证了用款的需要，还获得了比活期存款高出1125元的收益。

不过值得注意的是，如果投资者向银行发出支取通知后，在未满7天时就提前支取，利息就按照活期存款利率计算。另外银行规定了支取金额，如果支取金额不足或超过约定金额的，存款就按照活期存款利率计息。所以储户在办理通知存款时，一定要注意存款的支取时间、方式和金额，这样才能避免损失利息收益。

储蓄并不是简单的存钱，里面有很多技巧。想要实现存款收益的最大化，精打细算和良好的规划是必要的。只要灵活地利用储蓄种类和银行推出的特色附加功能，就可以使利息最大化，通过小小的积累获得巨大的财富。

◎ 高效打理定期存款，使利息最大化

国人喜欢将平时节省下来的钱存入银行里，尤其是中老年人认为储蓄存款是最保险的做法。殊不知，定期存款也需要进行打理，如果让存单在角落中“睡大觉”，就可能损失更多的利息。

马先生将省吃俭用的10万元存入某银行中，办理的是定期一本通存款业务，存期是两年。4年后，马先生到银行取款，可是却被告知他前两年的存款是按照定期利率计算的，而后两年的存款则是按活期利率计算的。

原来银行的定期存款是不能自动转存的，当初马先生填写个人资料的时候，并没有填写转存期一项。其实在银行的储蓄存款凭证单客户须知第8条中明确写明了这样的条款：请在“客户填写”栏内认真填写“密码”“印鉴”“通兑”和“转存期”等栏目，否则视同不需要此种业务。如果马先生事先弄明白定期存款的相关规定，或是在两年到期后办理转存业务，就不会损失两年的定期存款利息了。

储户在存款时一定要看清存单的内容，有些银行的存单在背面的“注意事项”中有“存单到期自动转存，复利计息”这一项。即便到期后没有及时处理，银行也会根据这项约定执行。有的存单没有“自动转存”的选项，储户应该及时办理转存业务，避免不必要的损失。

定期存款因为高利息而受到中老年储户的欢迎，但是如果储户不能高效地打理，任其在银行中睡觉，就无法获得更多的储蓄“实惠”。

不同的储蓄方法，储户获得的收益也有所不同。那么，储户如何利用好银行这一金融通道，高效地打理好定期存款使利息收益最大化呢？

1. 注重自动转存服务

在定期存款到期后，如果储户选择不支取资金而是选择续存，就可以按照原本利率来进行计息。可是每次到期都到银行办理续存是一件非常麻烦的事情，一旦忘记了续存，就会如同上例中的马先生一样损失较多的利息。自动转存就解决了这个问题，在储蓄时储户应该与银行约定自动转存服务。

这种储蓄方式不仅避免了存款到期后不及时转存的损失；同时存款到期后，如果遇到了利率下调，再存时就要按下调后利率计息。自动转存的话，其利率则按照下调前较高的利息计算，使储户的利息收益达到最大化。

2. 整存整取还是零存整取

一般来说，存款期限越长，利率就越高，收益也就越高。对于整存整取来说，如果在存期中当利率降低时，就应该选择长期储蓄的方式；当利息升高时，就应该选择短期储蓄的方式。

投资者可以采取分批支取的方式支取存款，避免利息的损失。比如你想要存入 50 万存款，可以按照 5 万元、10 万元、15 万元、20 万元的方式分批提前支取。并不是所有的储户都是一次性整笔存入，整存零取的方式便可以在满足资金需求的情况下，获得更高的利息收益。

与此相对应的还有零存整取这种方式，它的利率是按照开户当日的零存整取的利率计算的，未到期前支取按照活期利息计算。这种方式更适用于固定的小额存款储蓄者，在逐渐地积累财富的同时获得更多的利息。据专家计算，如果工薪阶层将每月工资存入银行，零存整取与活期储蓄的方式其利息相差 2.375 倍。

3. 定期存款提前支取的选择

如果储户的定期存款还没有到期，但是又急需用钱的话，应该怎么办呢?

提前支取定期存款的话，储户就会损失一定的利息，因为根据相关规定：定期存款提前支取时，将按照支取日的活期存款利率计算。

其实，为了避免损失一定的利息，储户还可以选择另一种方式，即以定期存单向银行申请质押贷款。不过值得注意的是，当银行申请短期质押贷款的利息支出高于利息损失时，储户就应该选择提前支取了。

4. 合理地确定存款期限和每笔金额

在低息时代，储蓄特点是存期越长，利率越高，储户应该合理地规划自己资金的存款期限。

如果你的钱不急用，就应该选择 1 年期限；如果储户保证 5 年内不会动用资金，就应该选择 5 年定期；如果你不能确定资金的动用时间，最好选择化整为零的存款方式。即将 5 万元存款分为 4 等份，5000 元两份、1 万元两份、2 万元 1 份，存期分别是 1 年、1 年、5 年，这样便可以避免全额提前支取的利息损失。

5. 巧妙地采用利滚利储蓄法

如果想要定期储蓄的利息最大化，最好是选择存本取息和零存整取相结合的方法，通常会产生利滚利的效果，这种方法也被称为利滚利存储法，又称“驴打滚存储法”。

如果储户有 5 万元资金，可以向将资金以存本取息形式定期储蓄，然后将每月的利息以零存整取的形式储蓄，这样就可以获得二次利息。这种方式可以让储户获得更高的利息，但是之前很多人都不愿意使用，因为储户每个月都需要跑银行办理。目前几乎所有银行都有“自动转息”业务，只要选择了这项业务就可以了。

如果储户长期坚持这种“利滚利”的储蓄方法，就可以获得丰厚的收益，对于工薪阶层来说，这是不错的选择。

储蓄是一种最普通、最常用的理财工具，几乎每个家庭都会到银行存钱。存储技巧不同，储户获得的利息收益也有所不同。投资者应该巧妙地利用储蓄的方法，高效地打理个人的定期存款，这样才能使收益最大化。只要投资者根据个人的实际需求进行合理配置，储蓄就可以为你收获一笔财富。

◎ 注意，银行的存款也会“缩水”

2015 年，9 月份居民消费价格指数同比涨幅回落至 1.6%，10 月 24 日央行再次降息，一年期存款的基准利率是 1.5%。这就意味着百姓把钱存在银行是跑不赢通货膨胀的，钱只会“越存越少”，银行理财也开始进入负利率时代。

袁大妈最近将自己的 5 年定期存款取出，虽然获得了一定利息，可是她却发现自己的存款缩水了。原来仅仅 5 年的时间，物价大幅度上涨，现在的 1000 元钱和 5 年前的 1000 元相比，发生了严重的贬值。人民币发生了贬值，其购买力也下降了，原本的 1000 元钱的购买力只相当于 900 元左右。

小马将 10 万元钱存入银行，办理的是一年定期存款，按照当前银行一年期存款基准利率 1.5% 计算，那么到 2016 年 9 月份其本息收入就是 101500 元。如果物价维持着 1.6% 的上涨速度，那么当初 10 万元可以买到的商品到了 2016 年 9 月份就需要 101600 元。也就是说，1 年前的 10 万元购买力仅相当于今天的 99900 元，直接导致你的钱缩水了 100 元。

从上面两个事例来看，由于通货膨胀的影响，人民币购买力下降，越来越不值钱。另外央行降低了存款利息，使得存款利息低于通货膨胀率，因此银行理财进入了负利率时代，导致储户的钱缩水。负利率就是指通货膨胀率比银行存款利率高。如果目前的通货膨胀率为10%，存款利率为8%，那么，你存入银行的钱就会在明年缩水 2%。

其实，抵御通货膨胀和负利率的手段有很多，投资者可以多借钱多贷款、投资股票、房产等，还可以减少储蓄并且提高消费。只要投资者以理性的头脑和积极的心态来进行投资，就可以获得更大的收益。只要投资者采用不同的理财方法，便可以抵御负利率的影响。

具体来说，投资者可以采用以下几种方式。

1. 不要轻易取出定期存款

投资者如果没有特殊的需求，不要轻易将定期款随意取出。在负利率时代，银行存款还是按票面利率计算利息的，虽然其利率可能低于通货膨胀率，但是如果将存款放在家中，或是投资股票等高收益高风险的项目，可能损失更大。

同时，并不是所有的储户都是为了获得利息收益，很多人为了养老和孩子教育来积累财富，这时定期存款就是最好的选择。

2. 存款的同时投资银行理财产品

投资者在将钱存于银行时，还可以考虑购买一些银行理财产品或是基金，用这些投资产品来代替定期存款，这样在风险较低的情况下获得更多的收益。

王先生和李先生分别将 1 万元存入银行，王先生选择的是定期存款的方式，一年获得了利息收益是 879.5 元。李先生则在存款后，选择购买了银行的理财产品，一年获得的收益就达到了 8830 元。他不仅获得了比定期存款更多的收益，还跑赢了通货膨胀，避免自己的钱贬值。

3. 在负利率时代，可以选择期限较短的储蓄品种

在市场利率水平较低的情况下，对于已经到期的定期存款，投资者可以选择期限较短的储蓄品种继续转存。当存款利率上调后，就可以将到期的短期定期存款转换为期限较长的储蓄品种，这样就可以避免存入银行的钱贬值。

4. 当利率可能下调时，投资人应该继续转存定期储蓄

在利率水平较高时，投资者存入资金的期限越长，获得的利息收入就越高。当利率可能下调时，投资人应该继续转存定期储蓄，因为利息收入是按存入日的利率计算的。

5. 改变个人理财观念，主动出击

当定期存款已经不能给投资人带来满意的收益时，甚至会使投资人的钱缩水时，投资者要改变理财观念。为了不让自己的钱缩水，投资者应该选择主动出击，寻找更快使财富增长的投资方式。在众多投资理财工具中，投资者应该根据个人性格、经济情况和对理财的要求来选择不同的投资方式。

美国石油大亨约翰·D·洛克菲勒曾给年轻人以下忠告："储蓄是非常重要的，如果没有一定的储蓄，我们的很多计划都将毫无意义。"虽然银行存款存在低利率的风险，投资者还是不能忽略这种安全而又稳健的投资方式，只要投资者分析好利率水平、利率走势、存款的利息收益率等因素，便可以获得更多的收益，避免通货膨胀带来的负面影响。

◎ 严格按照计划储蓄，财富才会积少成多

莹莹和小文是刚刚毕业的大学生，两人的薪水差不多，不过两人的理财观念却有很大区别。莹莹为自己制定了储蓄计划，每个月都存入银行一笔钱；小文则是一个地道的"月光族"，不是到商场买衣服就是到处吃喝玩

乐，每个月的工资常常不够花。

3年的时间，莹莹存了5万元存款。其实，莹莹早就养成了储蓄的习惯，并且按照储蓄计划来执行，这样一来将自己的小钱累积成不小的一笔财富。后来，莹莹还适当地利用存款来进行股票和基金投资，几年之后她已经靠着自己的储蓄和投资收入，给自己购买了一套几十平米的小公寓，过上了富裕舒适的生活。

我们来看看小文吧？虽然她每天过着自由自在的生活，可是几年下来不仅一分钱没有存下，还透支了几张信用卡。她依然过着“月光族”的生活，除了几大箱过时的衣服，什么也没有剩下。显然，当莹莹养成储蓄习惯之时，她们的生活就已经拉开了差距。

在生活中，储蓄存款是很多人理财投资的第一步，即便在理财形式多种多样的今天，银行储蓄依然是最普遍、最保险的理财方式。但是很多人却忽略了储蓄在投资中的重要作用，认为只有投资股票、基金等产品才能让自己的财富增值。其实，储蓄是投资理财的基本条件，如果没有足够的资金，怎么能投资股票和基金呢？如果没有足够的存款，投资者又如何发展自己的事业呢？

所以说，想要获得投资的成功，就必须养成储蓄的好习惯，严格按照计划储蓄，以便积累足够的投资成本。

那么，投资者应该如何建立合理的储蓄规划呢？

1. 储蓄要趁早，越早储蓄就越好

很多人抱着这样的想法，“等我收入够多了，生活水平提高时再储蓄吧。现在我的工资都不够花，怎么有闲钱储蓄呢？”其实，这种想法是错误的。储蓄宜早不宜迟，越早储蓄，你就会越早得到积累的财产，越早积累投资的成本。

事实上，我们的生活品质和收入是同步提高的，你赚的钱越多，花的钱就越多。没有养成储蓄习惯的人，即便收入再高，也很难积攒下更多的钱，也很难拥有属于自己的财富。所以无论你工资是多是少，都应该养成储蓄的计划，即便每月只存入银行 200 元、300 元，最重要的就是养成储蓄的习惯。而且时间就是最大的资本，越是年轻的人，越是能存下更多的钱。请你马上开始储蓄吧！

2. 写出自己的目标，增加自己的存钱动力

你是不是想买属于自己的车子？是不是想买一套属于自己的房子？而对于成家立业的来说，你是不是要为成家立业、孩子教育早做打算？

现在就把自己的目标写出来，然后贴在你经常看到的地方，并且提醒自己为目标努力，这样你可以增加自己的存钱动力。存钱目标可以是大目标，也可以是小目标。

比如你想为自己购买一套房子，那么就可以将它分为几个小目标，即第一年存够 2 万、第二年存够 5 万、第三年存够 10 万……这样就可以增加自己存钱的动力，慢慢地实现自己的目标了。

3. 定期为工资换个门户，别让工资睡大觉

工资卡就是一张活期储蓄卡，需要用钱的时候取出来，不需要的时候就将钱当活期放在工资卡中。这样一来，工资的收益就很难提升了，不能给我们带来理财收益。投资者可以将工资转换为定期存款，目前银行有约定转存业务，投资者可以给工资卡约定一个最低活期额度，超过这个额度的部分可以自动转存为定期。目前央行活期利率是 0.35%，最短的 3 个月的定期存款的利率则是 1.10%，期限越长的存款其利息就越高，这样就可以获得更高的利息了。

4. 坚持定期储蓄，让储蓄规划变得更顺利

活期存款比较灵活，存取方便，可是正是由于这样的原因，你存入借记卡中的钱才会在不经意间被花掉。投资者不如将手中的钱存入定期，用强迫储蓄的方式来让自己养成储蓄的好习惯。

5. 合理的储蓄计划就是遵守分散化原则

合理的储蓄计划围绕的重点就是一点，即分散化原则。投资者可以采取分散储蓄期限和分散储蓄品种的方式来进行储蓄。投资者可以根据个人家庭情况，安排家庭的用款计划，将闲散的资金划分为不同的存期；投资

者还可以根据个人的理财需求来选择不同储蓄品种，选择最佳的储蓄品种搭配。这样不仅可以减少储蓄投资风险，还可以获得更大的收益。

6. 根据利率变化趋势来选择储蓄品种

存款利率不同，投资者获得的收益就有所不同，投资者应该根据预期的利率变化来及时调整储蓄计划。

当存款利率有上涨趋势时，投资者应该选择短期的储蓄品种，以便到期时将存款灵活地转为利率较高的品种；当存款利率有下降趋势时，投资者应该选择存期较长的储蓄存款品种，以便在利率下调时，银行中的钱保持较高的利率。

7. 定期核查账单，尽量少用信用卡

目前很多年轻人喜欢使用信用卡，这样可以提前购买自己想要的物品，如果及时还款的话，还可以节省借款利息。如果你无限制地透支信用卡，就可能产生较高的利息，一般来说信用卡的利率要比贷款利率高很多。所以投资者应该尽量减少信用卡的支取金额。

储蓄是最安全的一种投资方式，制定合理的储蓄计划，并且严格按照储蓄计划来执行，这样才能积累更多的财富。所以，从现在开始养成良好的储蓄习惯吧！

◎ 储蓄理财需提防“破财”行为

张小姐是一名公司的部门经理，每月收入达到上万元。以前她办理了数张银行卡，每张卡上的钱都不多，有的用来理财、有的是工资卡、有的用来交水电费、有的则用来平时购物消费。这样不仅打理起来麻烦，每年还需要缴纳年费。后来，在理财专家的建议下，她注销掉几张银行卡，只留下三张，一张用来平时消费，一张用来投资理财，一张用来做资金储备卡。

其实，银行卡不仅携带方便，还可以办理很多功能，如购物、交水电费等都可以用银行卡来进行结算，使原本烦琐的事情变得简单起来。我们应该学会给银行卡“瘦身”，避免不必要的费用支出。

储蓄理财对于很多工薪家庭来说，还是非常重要的投资理财方式，在为未来生活积累财富和生活保障方面具有较大的优越性。可是很多储蓄在储蓄理财方面还存在着一些误区，由于他们陷入了储蓄理财的误区，不仅会损失该得利息，甚至有时还会遭遇更大的损失。

所以投资者在储蓄理财时，应该注意一些禁忌的行为，避免让自己“破财”。那么，储蓄理财应注意哪些“破财”行为呢?

1. 不注意选择合理的储蓄种类，将会使利息受损

在储蓄存款时，不同的储蓄种类有不同的特点，不同的存期会获得不同的利息。如果投资者在选择储蓄理财时不注意合理选择储种，就会损失利息收益。投资者应该根据自己的消费水平和用款情况来选择存款种类和期限。一般来说，能选择定期储蓄存款三个月的就不要选择活期储蓄存款；能选择半年定期存款的就不要选择三个月定期存款。

2. 存单逾期却不支取

很多人不注意定期储蓄存单的到期日，往往是存单已经到期很久之后才到银行办理取款手续，殊不知，这样会损失一定的利息。因为定期储蓄存款到期不支取，逾期部分就会按照当日公布的活期储蓄利率计算利息。

3. 大额现金只办理一张存单

很多人喜欢将一大笔现金存入一张存单中，或是将几张到期日相差不多的存单拿到银行进行转存，转换为一张大的存单。虽然这样的行为便于管理银行存款，但是从储蓄理财的角度来说，这种做法并不可取。

因为不管你的定期存款存了多长时间，只要支取部分存款就应该按照当日公布的活期储蓄存款利率计算利息。一旦有小量现金使用也必须动用大存单，那就会遭受很大的损失。最适合的方式就是采用分散的储蓄方式，将大笔存款分为几张金额不等的存单，一旦遇到急需用钱，利息损失才会减小到最低。

4. 不能高效打理定期存款，让存款躺在银行里睡觉

很多人有这样的认识误区，认为只要将钱存入银行里就可以了。殊不知，定期存款也要进行打理，如果让存单在角落中“睡大觉”，就可能损失更多的利息收入。如果投资者想要获得更多的利息，就必须好好地打理定期存款，让自己的存款活起来。

5. 外汇储蓄不会缩水

目前很多人银行中都存有不少外汇，汇率的变化也会影响外汇的贬值。可是很多投资者却忽视了影响外汇缩水的因素。投资者应该及时关注人民币汇率的变化趋势，在人民币持续升值的情况下，应该好好打理外汇，避免自己手中的外汇缩水。

第七章

债券投资：风险小、回报稳定

债券具有风险小、收益稳定的特点，随着金融市场风险越来越大，它已经成为了家庭理财的首选。

◎ 债券，家庭投资的首选

随着投资理财的观念逐渐深入人心，人们不再像以往那样仅仅把资金存入到银行，然后坐等收利息，而是对投资理财产生了浓厚的兴趣。尤其是工薪家庭，越来越多的人开始试水股票、债券和基金等投资方式。由于债券投资比储蓄收益大，比股票投资更加安全、可靠，所以，债券成为了家庭理财的首选。

通常来说，债券被视为金融市场上的无风险证券，具有收益稳定、安全性高、具有较好的流动性等特点。尤其是在投资风险日益加大的今天，债券成为个人理财一个较好的投资工具。

2016 年金融市场具有不确定性，但是通货膨胀率也不会太高，所以投资理财应该本着稳健保守的策略。个人家庭理财可以选择部分国债，或是货币基金等投资方式，这样既可以获得一部分收益，又可以避免自己的资产缩水。

其实，债券就是一种虚拟的金融契约，是一种债券债务证书，具有法律效力。它是政府、金融机构和企业等债务人直接向社会借债筹措资金时，向债权人发行的并承诺按期交付利息和偿还本金的债务债券凭证。债券发行人和投资者之间存在着一种债务债权的关系，债券发行人就是债务人，债券购买者（投资者）就是债权人。

比如你购买了5000元的短期国债，这时你就和国家达成了一种金融契约关系，你就是债权人，而国家就是债务人。等到期限到了之后，你就可以获得本金以及相应的利息。

不同的债务人发行的债券种类不同，当然其安全性和收益率也有所不同。根据发行人的身份不同，债券可以分为政府债券、金融债券，公司债券。

政府债券中的国债是很多家庭的首选，因为其信誉良好，利率也比较高，最重要的是即便发生了通货膨胀的情况，国债也会采用积极的保值办法。

按照财产的担保方式不同，债券又可以分为抵押债券和信用债券。

按照是否可以转换，可以划分为可转换债券、不可转换债券。

不同种类的债券，其获利方式和收益率存在着差异。当然，人们在投资理财时，最关心的问题就是债券的收益率是多少，能让它给自己赚取多少钱。那么，影响债券收益的因素主要有哪些呢？

1. 票面价值

债券票面价值是债券的币种和票面金额，它代表了发行人在债券到期日必须向购买者支付的金额。

债券的币种是指债券以哪种货币作为计量单位，它是根据债券的发行对象和实际需要来确定的。比如我国发行的债券就是以人民币作为计量单位的。

票面金额则根据债券发行成本、发行数额和持有者的分布来确定。比如我国曾经针对企业和大宗交易，发行了面额为1000元、5000元、1万元、10万元的国库券；针对城乡居民发行了面额为1元、5元、10元、20元、50元和100元的国库券。

2. 偿还期限

一般来说，债券的偿还期限可以分为三类。

短期债券，偿还期限在1年以内；

中期债券，偿还期限在1年以上10年以下；

长期债券，偿还期限在 10 年以上。

偿还期限的长短主要受债务人对资金的需求、利率的变化和证券市场的发达程度等因素的影响。

如果企业需要一笔资金来发展某个项目，企业就会发行短期债券；相反就会发行长期债券。

如果市场上的贷款利率比较高，需要支付的利息就会高很多，所以企业通常也会选择短期债券的形式。

3. 票面利率

票面利率就是债券的利息与债券票面的比率，它会直接影响发行人的筹资成本。对于投资者来说，票面利率越高，获得的收益就越多；对于发行人来说，票面利率越高，需要支付的成本就越高。

除了银行利率之外，发行者的资金状况、偿还期限和利息计算方式等因素也会影响票面利率的高低。

4. 付息方式

发行人发行债券，就必须按期支付给投资者利息。一般来说，发行人可以分为两种方式来支付利息，即一次性付息与分期付息。前者主要有三种形式，即单利计息、复利计息和贴现计息。

后者主要有按年付息、半年付息和按季付息三种方式。

李梅购买了 2 万元的国债，票面率是 3.34%，利息是按照半年付息的方式进行发放，即在每年 6 月 1 日和 12 月 1 日派发。李梅在每年的 6 月 1 日和 12 月 1 日就会领取 334.00 元的利息。

如果利息是按照年付息的方式来派发，即在每年的 1 月 1 日派发，李梅在每年的 1 月 1 日就可以领取 668.00 元的利息。

5. 债券价格

债券的面值是固定的，但是其价格却随着利率的变化、物价变化以及市场需要的变化而变化。

影响债券价值的因素有很多，最主要还是待偿期、票面利率和转让时的收益率。所以债券的价格有时会高于其面值，有时也会低于其面值。

债券价格包括发行价格和交易价格。如果发行价格高于票面金额，就是溢价发行；当发行价格低于票面金额时，就是折价发行；当发行价格正好与票面金额相等时，就是平价发行。

交易价格就是债券在市场上进行交易时的价格，它通常受到了利率和市场上的供求关系的影响。

6. 偿还方式

目前，我国最主要的偿还方式有选择性购回与定期偿还两种。

选择性购回是指在债券的有效期内，发行人按照约定的价格购回债券。

定期偿还是指债券发行一段时间后，按照约定的时间每隔半年或是1年定期偿还一定金额，到期后偿还全部金额。

7. 信用评级

投资者应该注重债券的信用评级，因为它关系着你的投资是否能够有所回报。如果一家企业的信用评级不高，就很可能出现到期无法偿还本息的可能性。

投资者千万不能为了获得高额利息而盲目地进行投资，忽略了债券的可靠性和安全性，以致让自己多年的存款付诸东流。

近几年来，金融危机频频爆发，股市的动荡使得那些跃跃欲试的股民望而却步，很多想要投资理财的人开始将股市里的钱分流出来，投资到更为安全的债券上来，于是，债券投资开始成为了金融市场中的新宠，国债、金融债券以及可转债等成为了稳健性投资者的不错选择。

随着社会经济的发展，债券融资方式也越来越丰富多样，为了吸收更多的投资者，发行者在债券的形式上不断创新，所以市场上的债券的品种也越来越多，令人眼花缭乱。投资者应该清醒地认识债券的种类和优缺点，选择适合个人家庭的产品。

◎ 国债——稳健投资者的“新宠”

2016 年 5 月 10 日，我国发行了本年度第二期凭证式国债，最大发行总额 300 亿元，一次性还本付息，只限于银行柜台购买。其中，3 年期的债券发行 150 亿元，票面年利率为 3.9%；5 年期的债券发行 150 亿元，票面年利率为 4.32%。

本次国债发行受到了很多稳健投资者的广泛关注，尤其是中老年的投资者更是大力追捧。很多银行网点出现了排队购买的现象，开售不到半个小时，很多银行网点就已经宣告“售罄”。

其实，这样的现象并不少见，在整个理财投资市场风险较高的情况下，此前较少被普通投资者关注的国债，频频出现刚刚开始出售就被抢购一空的现象。

为什么国债如此受到投资者的关注和追捧呢?

这与国债的安全性强、收益最稳定的特征有很大的关系。在股市动荡、股价持续低开的情况下，很多投资者出现了恐慌，纷纷卖出手中股票，转向了比较稳妥的国债等投资方式。

国债也被称为“金边债券”，是指中央政府为了筹措资金而向社会发行的债券。早在 17 世纪初，英国政府就发行了税收保证支付本息的政府公债，具有极高的信誉度。因为当时发行的英国政府公债带有金黄边，所以也叫作“金边债券”。后来，美国也发行了国债，经过权威性资信评级机构的评定，该债券的信誉度为最高资信等级(AAA 级)，所以也被称为“金边债券”。后来，人们就用“金边债券”来统称由中央政府政府发行的国债。

由此可见，国债在投资者看来，是安全性最高、收益率最高的债券。

那么，我国国债具有哪些特征呢?

1. 安全性高

我们知道，国债是证券市场上信用等级最高、风险最小的一种债券，理论风险为零，投资者根本不用担心自己的投资泡汤。只要国家的经济发展稳定，不出现巨大的经济震动，国债的安全性就有所保障。

2. 流动性强

由于国债的信誉高，所以在市场上很容易交易和变现，流动性非常好。当投资者想要将持有的国债变现时，随时都可以进行交易。

3. 收益稳定

国债一般有固定的偿还期限，且利息率比较稳定。同时，国债的利率要比储蓄的利率高，不需要缴纳利息税，且不会受到银行利率的变化而变化。所以国债很少受到经济波动的影响，收益也比较稳定。

4. 交易场所多

与储蓄和股票相比，国债的交易场所比较多，投资者可以在全国银行间债券市场、商业银行柜台债券市场、上海证券交易所和深圳证券交易所进行交易。这不仅为国债交易提供了便利条件，还有利于国债的流通。

目前，我国发行的国债主要可以分为凭证式国债与记账式国债。

1. 凭证式国债

凭证式国债类似于储蓄，所以也叫作储蓄式国债，是指国家以收款凭证记录债权的方式来发行的债券。

某中年夫妻有一笔存款，想要存入到银行之中，但是考虑到银行利率比较低，所以就选择了购买凭证式国债。因为这种国债类似于银行储蓄，却比同期银行利率要高出 1~2 个百分点，是那些以储蓄为目的个人投资者最理想的投资方式。

凭证式国债可以记名，也可以挂失，但是不可以在市场上自由买卖。不过，它与储蓄一样，可以提前到原购买网点兑现，比较容易变现。投资者在提前进行兑取时，如果期限已经超过了半年，还可以按照实际持有天数及相应的利率档次获得相应的利息。值得注意的是，如果投资者提前支取的话，就需要支付本金1‰的手续费。

所以凭证式国债比较适合那些有充足富余资金且长时间不用的投资者，比如将存款存下来养老的中老年人。如果投资者的资金使用时间不确定，投资的时间比较短，最好就不要选择购买。如果提前支取的手续费高于所得的利息，那就得不偿失了，这时投资者也可以选择不收手续费的储蓄方式。

2. 记账式国债

记账式国债是国家通过无纸化方式发行的，以电脑记账的方式来记录债权，并且可以上市交易的债券，所以也叫作无纸化国债。

投资者在购买债券时并不会持有实物债券，而是在国债登记机构中开设证券账户，投资者所持有的收据或对账单就是持有国债的凭证。

记账式国债可以自由买卖，可以记名、挂失，比凭证式国债更安全和方便。通常投资者可以通过证券交易所、商业银行的柜台等机构进行自由买卖和交易。由于它通过电脑的方式进行记录，所以安全性非常高，且避免了证券的遗失、被窃与伪造。

3. 投资凭证式国债和记账式国债的技巧

前面我们已经说过，凭证式国债适合长期稳健的投资者，而和凭证式国债相比，记账式国债则适合三年以内的短期投资，它与股票一样，上市后随着市场价格变动而变动，虽然可以获得较大的收益，但也具有一定的风险性。如果长期持有的话，一旦市场出现了动荡，就有赔钱的危险。所以，投资记账式国债需要对市场信息和利率变化具有敏感的洞察力，更适合年轻投资者来进行投资。

当然，投资记账式国债也有一定的技巧。因为其净值变化是有一定规律的，其变动的时段主要集中在发行期刚刚结束与上市交易刚刚开始这一段时间，通常来说，这段时间债券会出现溢价或贴水（即债券以低于票面价值的价格出售）的情况。

过了这段时间后，国债的价格就相对稳定许多。也就是说，投资者只要避开这个时段，就可以规避国债价格波动带来的风险，获得相对稳定的收益。

目前，我国发行的国债主要就是凭证式国债和记账式国债，这两者在发行方式、流通交易、还本付息方面都存在着很多不同点。投资者在进行投资时，应该根据自己的实际情况来进行选择。

如果你投资的目的仅仅是为了储蓄，获得相对稳定的利息，在投资时就应该采取稳健的投资策略，购买比较稳定的凭证式国债，并且一直持有到期。

如果你投资的目的是为了利用市场波动来获得收益，就可以选择短期的国债投资。但是这需要你对于债券和市场熟知，可以洞悉市场变化规律，并对于市场和债券走势有较强的预测能力。一般来说，这样的投资者可以采用“低买高卖”的手法，如预测债券的价格会上升，就在价低时买进，然后等到价格上涨后卖出。这种投资手法与股票投资非常相似，可以获得较高收益，但是也面临一定风险。其收益的高低，完全取决于你对市场的把控能力。

其实，只要你注意投资的技巧，想要利用国债投资进行获利是比较容易的事情。比如所有的银行都发行国债，但是由于购买的人太多，出现了很多人购买不到的情况，如果选择比较小的正规的金融机构，其购买率就会提高很多。

当然，没有什么投资是稳赚不赔的，如果投资者不能很好地掌握国债理财的技巧，同样不会获得较高的收益，还会出现赔钱的情况。所以，虽然国债是众人争相追捧的投资方式，但是投资者也不能盲目地进行投资，千万不要一时脑热，看别人买什么自己就买什么。

◎ 收益高的公司债券

国债因为其安全性受到了稳健投资者的青睐，公司债券因为收益率高受到了更多投资者的欢迎。虽然公司债券的信用状况没有国债好，并且其价格也会发生明显的波动，但是它具有收益率高的优势。

一般来说，公司债券收益率可达 10% 以上，甚至有些高风险债券的到期收益率达到了 11%~13% 左右。这样高的收益率，对于投资者来说，不得不说是一个很大的诱惑。

某企业发行了一笔公司债券，到期日是 2019 年 1 月 1 日。在 2016 年 6 月 1 日这笔债券投资者有一次回售的权利，价格是 100 元，票面利率 5.65%，扣除 20% 的利息税后，到了 2016 年 6 月 1 日投资者每张债券就可以获得 13.56 元的利息。

如果该债券当日的收盘价是 87 元的话，投资者就可以赚取 13 元的差价，也就是说，投资者持有到期后，可以获得 13.56+13=26.56 的收益，其总收益率是 26.56/87×100%=30.52 的总收益率。因为距离到期日还有两年 7 个月的时间，如果持有到期的话，投资者所获得的每年平均收益率就已经高达 12% 以上。

很多专业分析师认为，如果某债券的收益率达到了 9% 以上，就是高收益率债券，但是高收益的另一面就是高风险。一般来说，那些发行高收益率债券的公司其信用等级也比较低。如果该公司不出现经营不善等问题的话，那么，投资者的收益是非常可观的；一旦出现了问题，投资者就可能遭受很大损失。

所以，当投资者所选择的债券是高收益率债券时，就应该综合地分析下面两个问题。

首先，投资者应该考虑该债券的信用评级的高低。一般来说，评级越高的债券，安全性就越高；其次投资者应该考察该企业的行业发展前景如何、经营业绩是否持续上升、资产负债率高低、利息保障倍数高低，以及是否有信誉高的担保人。

简单来说，投资者应该选择那些评级高、有担保、抵押充足、有政府或大国企背景的债券。这样一来，投资者才能在安全系数高的前提下获得更高的收益，让自己的口袋迅速地满起来。

想要投资公司债券，我们首先就应该了解公司债券的主要特征和存在的风险性，然后根据自身的实际情况来进行选择。如果投资者根本不了解公司债券就贸然地进行投资，就会赔了钱还不知道怎么赔的。

1. 公司债券的含义以及其特征

简单来说，公司债券就是股份制公司依照法定程序发行的，承诺在未来的特定日期偿还本金并且还付本金、利息的一种有价证券。

每种债券都有其独特的特征，公司债券除了具有债券的偿还性、流通性、安全性、收益性等共同特征以外，还有其自身独有的特点。即与其他债券相比，购买公司债需要承担更高的风险性，其最大的风险就是公司违约的风险。

我们知道，公司经营状况和盈利能力是其支付本息的最有力保障，如果某企业一旦发生了经营不善的情况，不能按照规定来支付投资者本息，其债券的价格就会大幅度地下降，投资者就会蒙受很大的损失。

造成公司债券无法兑现的可能性有很多，主要体现在以下几个方面。

（1）企业项目选择出现问题，建设周期过长，所用资金在短期内无法产生经济效益，企业无法实现盈利。

（2）企业在筹集资金之后，并没有将资金用于投资项目，而是挪作他用。

（3）公司发行债券时都需要寻找一个担保人，而担保人自身的财务状况有问题的话，债券自然就很难兑现了，所以投资者在购买某企业的债券时，不仅要考察本企业的财务状况，更要考察相关担保人的财务状况。

另外，除了违约的风险，投资者在购买公司债券时还要承担各种各样的风险，比如利率风险、流动性风险、再投资风险和通货膨胀风险等。

2. 公司债券和企业债券的区别

投资者在进行投资时，要分清所选债券究竟是公司债券还是企业债券。

其实，在西方国家根本没有公司债券和企业债券的区别，而在我国这两者却存在着很大的区别。

（1）首先它们的发行主体不同：公司债券是由股份有限公司或有限责

任公司发行的，企业债券是由中央政府部门所属机构、国有独资企业或国有控股企业发行的。

（2）两者的信用度的高低也有所不同：由于企业债券有政府担保，所以信誉度比较高，公司债券的信誉度只要取决于公司的经营状况、盈利水平和可持续发展能力等。

（3）企业债券发行余额不得超过企业净资产的40%，对于公司债券却没有这样的限制。

目前，在我国各类公司的数量已经达到了几百万家，国有企业仅有20多万家。所以，相对于公司债券来说，企业债券更具有优势。国有企业不仅具有雄厚的财力物力，而且还有政府担保的信用基础，所以安全性比较高、风险比较小。投资者在选择债券时，一定要慎重地进行考虑，切勿因为高收益率而忽视其风险性。

◎ 看懂这个指标才能去买债券

债券市场上的产品种类繁多，稳健的投资者比较倾向于选择信誉度高的国债、金融债券等，那些具有专业性知识的年轻投资者则倾向于选择收益更好的公司债券。他们之所以会选择公司债券作为投资对象，还有一个最主要的原因就是公司债券为投资者提供了直接投资的机会和手段。

我们知道，很多理财类产品需要借助于中间机构，而很大一部分利润也被中间机构收走了，直接导致了投资者损失了很大一部分利润。公司债券却省掉了其中间环节，投资者只要在交易系统中输入自己想要购买的债券名称或是编号，就可以轻松地进行交易。这种交易不仅方便灵活，还可以让投资者获得更高的收益。

目前我国很多企业发行的公司债券都具有较高的收益率，一张面值100元的公司债券发行价格为90元，其收益率超过了7%。也就是说你花

90 元购买一张公司债券，每年的利息就是 7 元。

所以，公司债券是一种收益率比较高的债券，但是我们也知道高收益就意味着高风险。公司债券的风险要比国债大得多。

那么，投资者如何判断某公司债券的风险性呢？又如何预测和规避其高风险呢？

这里我们必须了解一个指标，那就是利息保障倍数。

投资者购买债券最关心的问题就是企业是否能还本付息，一家上市企业是否能还钱的最重要因素就是看它是否能够创造更多的利润。如果企业的经济效益不好，无法持续地创造利润，必须靠四处举债才能维持正常的生产经营活动，那么，如何能够还付投资者的本息呢？

利息保障倍数就是考察企业是否能还钱的最重要的指标。简单来说，利息保障倍数是企业在生产经营过程中，所获得的息税前利润与利息费用的比值。

其计算公式为：

利息保障倍数＝息税前利润 / 利息费用

公式中：

息税前利润＝净销售额－营业费用

息税前利润＝销售收入总额－变动成本总额－固定经营成本

它是衡量企业偿还借款利息能力的最重要指标，这个指标越大，说明企业偿付借款利息的能力越强，相反就越弱。

企业想要维持正常的偿债能力，这个指标的数值应该大于 1。这个数值越高，说明企业的长期偿债能力就越强，投资者所购买债券的安全性和收益的稳定性就比较高；如果利息保障倍数过低的话，企业债券的安全性和稳定性就会下降，投资者将要面临更大的风险。

另外，我们从公式中可以看出，利息保障倍数的大小主要由息税前利润决定。也就是说，一家企业如果没有足够大的息税前利润，那么，在支付投资者利息时就会显得无能为力。

某企业 2015 年净销售额为 5430 万元，其中营业费用为 340 万元，利息费用支出为 200 万元。那么，该企业的息税前利润就是 5430-340=5090 万元，利息保障倍数就是 5090/200=25.45

另一家企业 2015 年的净销售额是 3490 万元，其中营业费用是 540 万元，利息支出是 210 万元。那么，该企业的息税前利润就是 3490-540=2950 万元，其利息保障倍数是 2950/210=14.04

从上面的例子可以看出，第一家企业的利息保障倍数比较高，说明企业的偿还能力比较强，如果投资者购买该企业的债券的话，其风险性就比较小。第二家企业的利息保障倍数几乎比第一家企业少一倍，所以其公司债券的风险要比前者高很多。投资者如果在两者中进行选择的话，最好是选择安全性高、风险比较小的前者。

值得注意的是，投资者在考察利息保障倍数时，不能仅仅看某一年的数据，而是应该计算 5 年或 5 年以上的数据，这样才能考察企业长期偿付利息能力，以及盈利能力是否持续稳定。

虽然利息保障倍数是衡量一个企业公司债券是否安全的最重要指标，但是影响债券收益率和风险性的因素有很多，投资者不能仅仅凭借这一指标来考察某家企业的债券是否靠谱，比如经济政策的变化、市场供求的变动等等都是影响公司债券的因素。

◎ 信用好的金融债券

金融债券是指由银行等金融机构为了筹集资金而向社会发行的一种有价证券。金融债券的发行者是银行等具有较高的资信等级金融机构，信用度比较好，无须担保。

与银行储蓄的方式相比，金融债券虽然不能随时支取，但是其利率明显高于存款，且金融债券一般都具有明确的偿还期，非常适合那些有稳定收入来源的中老年投资者。

1. 金融债券的分类

想要选择适合自己的金融债券，就应该了解金融债券具体有哪些种类，它们具有哪些特征。

按照不同的划分标准，金融债券可以划分为很多种类。其中最常见的分类主要有以下两种。

（1）按照支付利息的方式不同，可以分为附息金融债券和贴现金融债券。附息金融债券就是金融机构按照规定的期限，定期支付给投资者利息并且附有多期息票的债券。

某银行发行期限为 1 年的附息金融债券，其年利率为 3.5%，按照半年支付利率，投资者在到期时就可以领取相应的利息。

贴现金融债券就是金融机构以低于面值的价格贴现发行，到期按照债券的面值还本付息的债券。

比如某银行发行了期限为 1 年的贴现金融债券，发行价格是 89 元，票面金额为 100 元，到期后银行就应该支付给投资者 100 元。投资者的利息收入就是 11 元，其实际年利率就是 12.35%。

（2）根据金融债券的发行条件，可分为普通金融债券和累进利息金融债券。普通金融债券是按照面值发行的，到期一次性还付本息。一般期限是 1 年、2 年和 3 年。它的利息是固定的，与银行的定期存款非常相似，不过要比存款利率要高一些。

累进利息金融债券的利率则是不固定的，其利率会随着债券期限的增加而累进，并且一年比一年高。

比如你购买了某商业银行的 5 年期金融债券，面值是 1000 元，第一年的利率是 10%，第二年利率是 11%，第三年利率是 13%，第四年利率是 14%，第五年利率是 17%。这种金融债券的投资收益比普通金融债券的收益要高得多，且可以在一年后随时兑现。

这种债券有一个明显的优势，那就是投资的期限越长，利率就越高，投资者获得的收益也就越高。同时，这种债券的流通性比较强，可以用来转让和抵押，投资者所获得的利息收入免征个人收入调节税。如果你手中有一笔闲置的资金，且想要长期投资，这就是不错的选择。

（3）另外，金融债券还有很多不同的分类标准。根据期限的长短可以分为短期债券、中期债券和长期债券；根据是否可以提前收回可以分为可提前赎回债券和不可提前赎回债券；根据票面利率是否变动可以分为固定利率债券、浮动利率债券和累进利率债券。

2. 金融债券的特征

与其他债券相比，金融债券具有以下几点特征。

（1）金融债券的信用等级比较高。在市场经济条件下，银行等金融机构在国家经济中占有特殊地位和影响力，各国政府通常会对金融机构实行严格的监管制度，以确保金融业的安全运行和国家经济的稳定发展。所以金融机构的信用度肯定要高于企业，金融债券的安全性也高于一般公司债券。

（2）金融债券的利率形式灵活多样，收益率比较稳定。金融债券的利率虽然比公司债券低，却明显高于银行存款利率和国债利率，投资者的收益也相对稳定。

一般来说，金融债券的利率有固定利率、浮动利率和贴现利率等。

固定利率是一种比较传统的计算方式，是指在借贷期内，不论市场利率如何变化，借款人都按照固定的利率进行支付利息，不需要随行就市。

浮动利率是债券的利率随着市场利率的变动而变动。一般来说，浮动利率适合中长期的债券，它受到了市场利率和通货膨胀的影响。

贴现利率是指商业银行需要调节流动性时，需要向央行付出成本。它是央行调控市场利率的重要工具，从而达到调控这个货币体系利率和资金供应状况的目的。

2016 年 3 月 10 日，青岛银行在全国银行间市场发行了一笔金融债券，发行规模 40 亿元，其中三年期债券为 35 亿元，利率为 3.25%，五年期债券为 5 亿元，利率为 3.4%。如果三年期债券债券按照固定利率进行计算的话，那么，投资者所购买 2000 元的三年期债券，到期的收益就是：

2000×（1+3.25%）3 =2201.40 元

2201.40-2000=201.40 元

如果五年期债券按照浮动利率进行计算，其中前两年利率为 3.4%，后几年因为市场利率的变化上涨到 3.5%，那么，投资者购买 2000 元 5 年债券，到期所获得的收益就是：

2000×（1+3.4%）2 =2138.30 元

2000×（1+3.5%）3 =2217.42 元

（2138.30-2000）+（2217.42-2000）=355.72 元

（3）金融债券的期限以中长期为主。企业债券可以分为一年以内的短期债券和一年以上的中长期债券，其发行的期限根据企业实际情况而定。金融债券的期限通常是以中长期债券为主，所以对于有足够资金、并且投资保守的投资者来说，金融债券是不错的选择。

◎ 提高收益率，就要掌握投资方法和策略

张华购买了 5000 元某企业发行的 1 年期限的企业债券，其票面利率为 9.8%。张华心想该债券的票面利率这么高，自己一定可以大赚一笔。可是到期时，张华所获得的收益并不理想，这让他感到非常不解，于是便请教专业理财师。事后他才知道，虽然票面利率越高，债券收益越大，但是这并不是决定债券收益的唯一要素，想要获得更高的收益，投资者还需要考虑各方面的影响因素。

诚然，追求高收益率是每个投资者进行投资的最终目的，但是并不是所有投资都能获得如期的回报。如果投资者想要提高债券投资的收益率，就必须全面地考虑是哪些因素影响了收益率。

不过，首先我们应该了解一下债券的收益率是如何进行计算的。

在进行债券投资时，投资者一般可以获得三种收益，即直接收益、到

期收益和持有期收益。

直接收益的计算比较简单，其计算公式为：

收益率 = 年利息 / 市场价格

到期收益的计算就复杂很多，投资者可以通过相关软件来计算自己所购买债券的到期收益率。

其计算公式为：

到期收益率 =（收回金额 − 购买价格 + 总利息）/（购买价格 × 到期时间）×100%

实际上，很多投资者购买债券的目的都不是持有到期，而是想通过债券的买卖来获得相应收益。所以他们更加关心持有期收益。

而持有期的收益率 =（卖出的价格 − 买入的价格 + 持有期的利息收入）/ 购入时的价格

张华购买某债券面值 100 元的 1 年期债券，利率为 3.25%，购买时的价格是 85 元，当债券价格涨到 95 元时，张华及时卖出。那么，张华持有该债券的收益率为（95−85+100 × 3.25%）/85=15.88%。

如果股票持有年数超过一年的话，那么，持有期的收益率的计算公式为：

持有期的收益率 = [（卖出的价格 − 买入的价格）/n+ 持有期的利息收入] / 购入时的价格

其中 n 代表债券持有的年数

那么，影响债券收益率的因素究竟有哪些方面呢？

1. 影响债券收益率的因素

（1）债券票面利率。这也是像张华一样的投资者最先考虑的因素。因为票面利率越高，债券收益越大。如果债券的票面利率比较低，投资者所获得的相应利息就比较低，自然就没有太大的收益。

（2）债券的市场价格。不管是债券投资还是股票投资，投资者都应该掌握一个最基本的原则，那就是低买高卖，利用这中间的差额来获得自己的收益。

这就需要投资者及时掌握市场信息和债券交易价格的变动，将自己手中的债券卖出更高的价格，获得更多的收益。

（3）利息支付频率。我国比较常见的利息支付的频率，主要有每季度付息、每半年付息、每年付息和到期还本付息。在债券有效期内，利息支付频率越高，债券的实际年利率就越高，债券的价值也就越高；相反，债券的价值也就越低。

（4）债券的持有期限。前面我们已经说过，很多债券采用的是累进利息的计算方式。也就是说，投资者持有债券的时间越长，所获得的收益也就越多。

2. 提高收益率的方法和策略

当然，投资者可以根据个人投资债券的目的，来选择不同投资方法和策略。

（1）买入持有、到期兑现。如果投资者的目的是稳健保值，并且对于债券交易还不十分熟悉，投资者就应该采用比较消极的投资策略。

投资者应该先确定自己的可用资金究竟有多少，是否可以长期闲置，然后再根据资金的可用期限来选择相应的债券种类。或是选择中长期的国债，或是选择信誉度比较好的金融债券持有至到期。

比如，投资者于 2015 年 1 月 1 日买入了 10000 元的 5 年期国债，票面利率是 5.58%，每年支付一次利率，2020 年 1 月 1 日到期。在不考虑复利的情况下，投资者每年就可以获取利息收入 558 元，到期可以一共获利 2790 元。

（2）低价买入，高价卖出。对于那些具有专业性理财知识，且敢于冒险和投资的年轻人来说，短期持有高收益率的债券，低价买入高价卖出从中赚取高额的差价，则是提高债券收益率的最佳办法。

这种投资方法和投资股票十分相似，需要投资者具有敏锐分析能力，能够在债券市场的变动中抓住机遇。

投资者通过分析市场信息和某公司的财务状况，预测某公司债券在短期内可能会有所上涨。于是他在 2015 年 6 月 3 日买入 100 手，每手面值是 1000 元，每只债券价格为 143.00 元，共花费资金 143000 元。2015 年

9月4日，该债券价格涨到了146.35元，于是投资者立即决定卖出，持有期为91天。在不考虑复利的情况下，该投资者获利（146.35-143.00）×1000=3350元，其收益率为3350÷143000×（360÷91）×100%=9.26%。

（3）投资者还可以采用回购套做的方式来提高收益率。什么是债券的回购套做呢？首先，我们先了解什么是回购利率。它一般是指国债的回购利率，又叫作7天回购利率，就是使用国债借钱所需要偿还的利息。

比如，A手中有一笔国债，在短时期内无法变现，不过A最近需要一笔资金周转，而B手中正好有一笔钱，A就可以将手中的国债抵押给B，然后再向B来借钱来进行周转。借款期限是7天，双方商议了回购国债的利息率。7天之后，A向B支付本息之后，才能回购这笔国债。

当国债收益率大于回购利率时，投资者就可以通过购买国债后再回购，再用回购资金再买国债的方法来获取更多收益。

我们可以通过一个事例来说明。

A投资者以143.00元的价格购买100手国债，每手面值为1000元，共花费资金143000元。

之后A投资者将国债抵押给B，并获得了100000元可回购资金，然后购买了同一种国债70手（即100000÷143.00=69.93），票面利率为3.27%。

3个月后，A投资者卖出了全部国债，卖出价格是146.53元。那么投资者可以获利:（146.53-143.00）×1700=6001元。

A投资者回购国债需要支付利息为:

3.27%×70000×91÷360=578.60元

那么，A投资者在这笔交易中实际获利就是6001-578.60=5422.40元，实际收益率为5422.40÷143000×（360÷91）×100%=15%。

由此我们可以看出，在买入价格相同、持有期相同，其价格相差无几的情况下，通过了回购之后，A投资者的收益有所增多，其收益率也有所提升，由原来的9.26%上升到15%。如果投资者再进行几次回购的话，其收益率也会继续提高。所以通过回购的方式进行投资，也是投资者增加投资收益，提高收益率的有效方式。

提高债券的收益率其实并没有一些投资者想象的那么困难，只有投资者明白个人资金的实际情况，选择适合自己的投资方式，并且掌握相应的投资技巧，便会获得更多收益了。

◎ 债券投资肯定不会赔钱吗

债券投资就一定不会赔钱吗？其实不然，只要涉及投资活动就存在各种风险，只是投资不同的产品其风险的大小不同而已。

债券投资也不例外，只不过投资债券的风险比股票等高风险投资小一些罢了。虽然债券是一种收益相对稳定、风险性比较低的投资产品，但是它的风险也是普遍存在的，投资者需要对其风险具有全面的认识，有意识地规避风险，才能使投资收益实现最大化。

具体来说，投资者在购买债券时，应该从以下几个方面来规避风险。

1. 购买力风险

当通货膨胀发生时，物价就会上涨，货币的购买力就会下降，原本100元可以买到的东西，现在可能需要120元才能买到。这时，投资者所获得的实际收益也会随之减少，因为债券的实际利率要扣除通货膨胀率。所以当通货膨胀率超过债券的票面利率时，投资者的资金就会大幅度地缩水。

2. 利率风险

大多数债券的票面利率是固定不变的，当市场利率上升时，债券的价格就会下降，投资者持有的资金就会遭到损失。投资者应该随时观察市场利息的变化，不要长时间持有某一债券，因为债券离到期日越长，利率变动的可能性就越大，投资者所需要承担的风险也就越大。

3. 经营风险

一般来说，公司债券的经营风险比较大。如果公司管理者在经济管理中出现了问题，比如投资决策失误、项目失败等，企业的财务状况就会受到了严重影响，从而导致公司债券的价格大幅度下跌，持有该公司债券的投资者就会赔一大笔钱。

投资者在选择债券时，一定要选择信誉度好、可持续发展的企业，有效地规避债券投资的经营风险。

4. 流动风险

什么是流动风险呢？

很多投资者通常利用低买高卖的手段来进行短期投资，以赚取债券价格差所带来的收益。但是，并不是所有的投资者都具有洞察市场信息的敏锐眼光，很多人购买了某只债券之后，无法在短时期以合理的价格卖掉债券。这时投资者所面临的风险就是流动风险。

虽然市场上有很多种债券，但是有些债券的流动性比较强，很快就可以进行交易；有些债券的流动性却很弱，长时间内都无人问津。

前者就是我们通常所说的热销债券，它的周转速度非常快，投资者很快就可以进行交易并获得相应的收益；后者就是冷门债券，虽然它们的价格比较合理，但是实际上却流动性极差，经常出现有行无市的情况。一旦投资者因为没有考察清楚而购买了这种债券，那么，在长时间内是无法脱手的。如果投资者想要变现的话，就只能低价卖出了。

5. 再投资风险

其实，再投资风险就是一个利率风险的问题。很多投资者为了规避利率风险，而选择短期投资的方式，但是当投资者卖出了短期债券而选择再次投资时，就将面临再投资风险。

王明手中有一笔 10 万元的闲置资金，想要进行债券投资。现在他面前有两个选择，一是购买三年期的中长期国债，利率是 10%；一是进行短期投资购买某企业债券，利率是 12%。为了减少利率风险，王明选择了短期债券。可是等到王明卖掉该企业债券收回现金后，短期债券利率已经降低到 8.8%。这样一来，王明就很难找到更好的投资机会了，其总收益还不如购买中长期国债的总收益。

6. 违约风险

违约风险与经营风险相似，如果发行债券的单位不能按时支付债券利息或偿还本金，投资者就会遭受很大的损失。发行单位不能按时偿债的原因有很多，其中最重要的就是生产经营出现了问题。

7. 事件风险

市场经济经常发生很多不可预测的事件，比如国际形势突然变动、企业突发火灾、国内突发水灾等等。这些事件都可能影响到金融市场的正常运转，从而影响债券价格的波动。当然，国家政策性的调整，比如颁布了有利于行业发展的政策，也会刺激债券价格的上涨。

所以投资者在购买债券时，不能忽视事件风险。由于债券期限越长，市场不可预测的事件就多，所以市场上期限较长的债券的价格也相对低一些，投资者应该慎重地进行选择。

既然债券风险是普遍存在的，又具有不可预测性，那么，投资者应该如何规避风险，更迅速地增加自己的收益呢?

1. 分散投资，不要把鸡蛋都放在一个篮子里

不把鸡蛋放在一个篮子里，是降低投资风险最简单的办法，也是最有效的方法。市场上的债券种类繁多，其风险性和收益性也各有差异，投资者为什么非要在一棵树上吊死呢?

现实生活中有很多投资者一旦发现某债券收益率非常高，就会将全部资金投入，希望可以尽快获得更多的收益。可是他们只看到了这支债券的高收益，却没有意识到其高风险性。一旦发行企业财务状况出现了问题，那么投资者就可能血本无归。

所以，投资者不应该过分地贪图高收益率，应该有选择地购买不同企业的不同债券，这样就可以将风险与收益多次排列组合，最大限度地分散风险。

查尔斯·罗伯兹是一位著名的投资顾问，他曾经从纽约一位最成功的预测专家波顿·卡瑟斯获得了一条投资原则，那就是不要只购买一种产品。

当这个产品下跌时，或许其他产品就会上涨，当一个产品损失 5 美元时，其他产品可能会赚取 10 美元、50 美元，甚至会更多。这样一来，不仅分散了风险，还能确保获得更多收益。

2. 注意做顺势投资，跟随市场价格走势进行交易

散户投资应该跟随市场走势进行交易，即当价格上涨大部分纷纷买入时买入；当价格下跌大部分人纷纷卖出时卖出，这种顺势投资的方式比较简单，可以让投资者获得一定收益。

但是顺势投资并不是盲目地跟风，投资者应该有自己的判断和想法，且要掌握跟随的时间原则。通常来说，投资者应该掌握“赶前不赶后”的原则，把握好买入和卖出的时机。如果盲目地进行跟风，一旦价格涨到顶端后再迅速回落，投资者就会遭受很大损失。

3. 以静制动，以不变应万变

以静制动是防范投资债券风险的主要措施之一。投资者千万不能听风就是雨，当价格稍微有些变动就匆忙地买入和卖出，这样可能错失最好的获利机会。

当债券市场价格走势不明显时，投资者无法进行顺势投资时，最好的办法就是以静制动，以不变应万变。这时投资者可以选择一些涨幅比较小，或是价格比较稳定的债券买进，并且要耐心地等待其价格上涨的机会。

4. 保持良好的投资心态

想要规避投资风险，投资者还应该保持正确的投资心态，抛弃一些不健康的投资心理。

很多投资者怀着赌博的心理进行投资，一旦遇到了高收益率的债券就孤注一掷，这样往往会落得血本无归的下场；还有一些投资者一味地追求高收益率，非要等到债券的价格达到最高时再出手，从而失去了最有利的买卖时机；还有一些投资者盲目跟风，看见什么债券火就立刻买进，这很容易落入投资陷阱之中；还有一些投资者贪图便宜，专门买那些价格便宜的债券，导致砸在手中卖不出去的后果。

总之，债券投资并不是稳赚不赔的买卖，它具有一定的风险性。投资者在进行投资时，必须实现对各种风险有一定的认识，并且加以预测和衡量，采用适当的方式进行规避风险，在保障安全性的前提下使得收益达到最大化。

◎ 可转债，这个词似乎特别火

2015 年初，可转债成为了众多投资者关注的目标，因为一些可转债跟随着股票价格上涨而水涨船高，仅仅两个月某些可转债价格的涨幅就超过了四倍。另外，一些专业投资者通过可转债和对应股票之间的套利做差价，通过逢低买入、遇高卖出的方式，实现了收益的短期翻番，两个月的收益率就达到 113% 以上。

于是可转债引发了一些人的投资欲望，甚至有些人认为可以通过买卖可转债赚大钱。

那么，究竟什么是可转债呢？为什么会使投资者在短期内获得如此高的收益呢？

可转债，就是可转换公司债券，是指公司发行的，可以在一定时期内按照一定比例或价格转换为该公司优先股或普通股股票的债券。

可转债同时具有债券和股票的优点，即安全性和收益率都比较高，对于投资者具有很大的吸引力。

它具有以下三个特征。

1. 债权性

与其他债券一样，可转换债券有一定的利率和期限，投资者可以选择持有债券到期并获得本息，也可以选择短期持有并通过交易来获得价格差额。

2. 股权性

在转换成股票之前，可转债就是纯粹的债券，但是转换成股票之后，原债券持有人就变成了公司的股东。在持有股票期间，可以参与公司的经营决策，并享受红利分配的权利。

3. 可转换性

这是可转债的重要标志，投资者可以按照约定的条件将债券转换成股票。

在可转债发行时，明确规定了投资者可以按照约定的价格将债券转换成公司的普通股票。如果投资者想要保守地进行投资，也可以持有到偿还期满来收取本金和利息，或者进行买卖来变现；如果投资者预测该公司的股票有上涨的空间和潜力，就可以按照规定将债券转换成为股票，以获得更多的收益。

一般来说，可转债的利率比普通债券的利率要低，企业发行可转债可以降低其筹集资金的成本。所以这种债券对于企业也具有较大的吸引力。

可转债的面值一般为 100 元，面值利率比较低，国电转债在连续六年的年利率分别为 0.5%、0.5%、1.0%、2.0%、2.0% 和 2.0%。即便投资者持有到期兑现，也只能获得 8% 的累计收益。

由于可转债同时兼备了债券的安全性和股票的增值性，所以对于投资者来说是不错的选择。如果投资者无法判断某债券发行公司的发展潜力和前景，可以先不要购买该公司的股票，而是选择购买可转债。等到该公司经营业绩显著，股票行情看涨时再将债券转换为股票，享受客观的红利分成。

比如：目前股市处于熊市，行情持续低迷，很多投资者担心股票市场一蹶不振，可转债就是不错的选择。当股市大盘不好的时候，投资者可以定期收取债券的利息，一旦对应股票上涨，大盘也有上涨的趋势时，投资者就可以将其转换为股票。所以，可转债被称为是投资者“有本金保证的股票”。

另外，可转债的当期收益要比普通股票的红利要高，并且在清偿的过程中享受优先偿还的权利。也就是说，可转债属于次等信用债券，当企业清偿债务时，一般会向清偿普通公司债券、银行贷款，然后再偿还可转债，最后清偿股票。这样一来，一旦企业出现了问题，投资者的投资也有了保障。

不过，可转债也具有一定的风险性。前面我们所举的例子中，投资者短期内获得了 113% 的高收益率，在如此高的涨幅下，其债权的特性已经完全丧失了，其风险性已经和股票没有什么区别了。

投资者还应该考虑可转债是否可以提前赎回。一般来说，可转债和对应股票之间的转换关系是相对稳定的。如果股票出现了大幅上涨，企业就会提前赎回；如果在企业提前赎回之前，投资者没有进行转换，投资者就会遭受巨大的损失。

2014 年 11 月 19 日至 2014 年 12 月 30 日，中国银行公司 A 股股票连续十五个交易日的收盘价格超过了中行转债当期转股价格的 130%。所以 2015 年 1 月 31 日中国银行公布将于 2015 年 3 月 6 日提前赎回中行转债，赎回价是 101.304 元。但是，当时中行转债的价格是 167.34 元，如果投资者在 3 月 6 日之前不将可转债转换为股票的话，就会遭受巨大的损失。如果投资者购买可转债的价格高于 101.304 元时，还可能会血本无归。

所以，对于投资者来说，可转债虽然是有本金保证的股票，但是也应该考虑其风险性，千万不能因为贪图高收益率而得不偿失。

第八章

黄金投资：财富保值增值的好选择

黄金是抵御通货膨胀的最有力工具，被誉为是“通货膨胀的克星”。
无论在经济环境良好时期，还是在通货膨胀时期，
都是最具有保值增值作用的国际硬通货。

◎ 黄金投资——风险又小又保值的生意

2010 年到 2013 年左右，国际黄金价格持续上涨，我国很多中年妇女投资者开始大量购买黄金首饰、金币等实物黄金，即“大妈炒黄金热”。2013 年 12 月，曾经创下了 10 天时间横扫 300 吨黄金的记录，总价值高达 1000 亿人民币。这是因为这些投资者认为黄金是永远都不会贬值的，它就是财富的象征，即便无法升值还可以传给子孙后代。

其实，黄金投资真的是一种风险小、能保值又能赚钱的投资方式。我们知道，自古以来黄金就是最贵重、最稀有的金属，它不仅是财富的象征，也是国际市场上流通的货币等价物。黄金具有固定的内在价值，且价值的稳定性非常强，所以是世界上公认的最具有保值增值作用的国际硬通货，也是最保值的投资产品。

近年来，国际黄金市场的价格也是一路上涨，所以越来越多投资者开始关注黄金投资市场。既然黄金投资风险又小又可以保值，那么，投资者在进行理财时具有哪些优势呢？

1. 保值增值的最佳投资工具，抵御通货膨胀的最佳方式

如果出现了通货膨胀，物价大幅上涨，货币严重贬值的情况下，储蓄和炒股都会具有很大的风险。在很多投资者看来，投资大量的黄金便可以跑赢通货膨胀。虽然这种说法有些言过其实，但是投资黄金确实是最好的抵御方法。在 20 世纪几次较大的金融危机中，很多国家都是通过加大黄金储备的方式，来抵御通货膨胀的。

目前，世界经济低迷，很多国家金融市场前景并不是很好，所以黄金作为一种增值保值的理财产品仍有上升的空间，投资者应该把握好机会，中长期地持有黄金。

2. 黄金是国际市场上唯一的硬通货

近年来，黄金价格持续地上涨，虽然价格稍有波动，但是黄金投资市场整体上处于长期牛市。

这是因为黄金作为国际市场上唯一流通的硬通货，不论经历多长时间，其质地根本不会发生变化，价值也不会发生变化。虽然黄金本身不能生息，也不会增量，但是无论货币怎样贬值，利率如何变化，黄金的价值都不会变化。

同时，黄金本身具有购买力，投资者可以随时将黄金变现为人民币、美元及欧元等。即便在一些国家不认同美元、人民币，但是却不能不认同黄金，它在任何地方都可以流通。

3. 黄金市场是全球性的市场，透明度高，不容易被人操控

股票市场、债券市场是具有地区性的，很容易被人为地操控。在现实生活中，很多集团或是大额投资者为了谋取巨额利润，通过不正当的手段来操控股票价格走势。

黄金市场属于全球性市场，透明度高、价格全球统一，很少有财团或是国家具备操纵黄金市场的能力。所以对于投资者来说，黄金市场的交易更加公平公正。

4. 黄金价格波动比较大，投资者有获得利润的空间

国际黄金市场的价格受到各种经济因素、政治因素和突发事件的影响，比如国际原油价格的上涨，会刺激黄金价格上涨；局部的战争则会导致黄

金价格下滑。投资者可以关注世界时势的变化，预测黄金价格的波动，并利用其差价来获利。

5. 黄金投资是税负最轻的投资项目

投资黄金是世界上税负最轻的项目，只需要缴纳黄金进口报关费用就可以了。但是股票交易和房产投资则需要缴纳相应的税收，其成本要比黄金投资高很多。

比如，房产投资要缴纳房产税、个人所得税和印花税等等，这对于投资者来说也是一笔不小的数目。

6. 市场前景良好，我国将迎来黄金投资时代

目前我国几乎是全民炒股，股市非常狂热，但是黄金市场却没有真正火热起来。因为现在我国大部分投资者在黄金上几乎是空仓的，黄金投资还有一个很大的空间。

纵观黄金市场的走势图，历史上黄金市场共出现了两个牛市，第一个是1980年，黄金价格从35美元/盎司暴涨到了850美元/盎司；第二个是2001年，黄金价格原本为255美元/盎司，然后一路飙升，到了2009年黄金市场价格达到了1226.4美元/盎司。由此，很多投资者看到了黄金投资的价值，纷纷从股票、基金市场撤出，转战黄金这个大牛市。

一个市场开放得越晚，投资机会就越大。我国直到2003年才开放黄金市场，允许个人自由买卖黄金，所以黄金投资在我国还有很大的投资机会和市场前景。

◎ 黄金就永不贬值吗

黄金是抵御通货膨胀的最有力工具，被誉为“通货膨胀的克星”。但是黄金本身也是一种商品，其价格是根据美元来确定的，所以黄金并不是永远都不贬值的。其价格受到了本身供求关系以及很多外在因素的影响。

投资者在投资黄金时，应该与债券投资、股票投资一样，时刻关注市场行情的变化。黄金具有特殊的属性，其价格变化波动非常复杂。那么，影响黄金价格波动的因素主要有哪些方面呢?

1. 黄金本身供求关系影响到黄金价格的波动

我们知道，在市场经济条件下，商品价格的波动主要受到市场供求关系的影响，当供不应求时，商品的价格就会有所上升；当供过于求时，商品的价格就会下降。

黄金交易也是市场经济的产物，其价格也受市场供求关系的影响。全球黄金的储备量、每年供应数量都是影响黄金价格的主要因素，如果黄金产量大量增加，市场上的黄金供应充足，价格就会相应地降低；如果黄金储备量不断减少，每年能开发的黄金数量减少，黄金的价格就会上升。

2. 美元走势影响到黄金价格的波动

美元是国际流通货币，虽然它的保值性没有黄金稳定，但是其流通性非常强。

当美元指数暴跌的时候，黄金价格就会上涨；当美元指数上升时，黄金价格就会下跌。那么，美元为什么对黄金具有如大的影响力呢?

（1）美元和黄金是国家货币体系中最重要的储备资产，如果一个国家美元储备增加的话，就会相应地减少黄金的储备；黄金储备增加的话，就会相应地减少美元的储备。另外，美元走势坚挺的话，一个国家就会加大储备数量，自然就会减少黄金的储备数量，从而削弱了黄金保值功能的地位。

（2）美国目前是世界上实力最强的国家，其 GDP 占世界总 GDP 的 1/4 以上，对外贸易总额位于世界第一位。世界经济形势受到美国经济的很大影响，世界经济的好坏也直接影响着黄金价格，所以美元的走势对金价有很大的影响。

比如,20 世纪末，美国经济发展良好，持续 100 个月呈现稳定增长趋势，美元走势强劲，所以导致黄金价格持续走低，一度陷入了低谷之中，投资者也纷纷抛出黄金。

（3）世界黄金市场一般都是以美元来对黄金进行标价，这样一来，美元贬值势必导致了金价的上涨。

3. 利率对黄金价格波动具有明显的影响

调整利率是国家宏观调控的主要手段，对于市场上商品交易具有很大的影响，尤其对于金融衍生品的交易影响更大。一般来说，美联储利率的变化对黄金价格的影响比较大，如果美联储降息的话，就会减少银行存款的收益，导致投资者将资金转换为投资和消费，加大了资金的流动性，从而导致该国货币的贬值，可能还会推动通货膨胀、经济过热现象。所以，美联储降息可能会导致美元汇率下降，从而促进黄金价格的上升。

如果我国利率下降的话，就会降低黄金投资交易成本，促使投资者增加对黄金的投资；如果我国利率上升的话，投资的成本就会上升，投资者就会面临比较大的风险。

4. 通货膨胀对黄金价格的影响

一个国家的货币购买力是基于物价指数而决定的。当物价稳定时，货币购买力就会越稳定；如果通货膨胀越严重，物价上涨幅度越大，货币的购买力就越弱。

当居民持有现金大幅贬值，短期内通货膨胀率较高时，居民所持有的现金就根本没有任何保障，以前 100 元可以买到的东西可能需要花费 500 元才能买到。这时，现金的利率根本赶不上物价暴涨的速度，所以人们就开始恐慌，从而争抢购买保值性比较好的黄金。这样一来，黄金的价格就会随着通货膨胀而上涨。

5. 国际政局动荡、局部战争等因素影响黄金价格

人们常说“盛世古玩、乱世黄金”，就是说当政局稳定、经济环境良好时，古玩等投资就会不断地升值；当局势动荡、经济衰败时，货币严重贬值的情况下，黄金就因为其保值功能而受到投资者追捧了，其价格也会明显上升。

战争和政局震荡时期，国际经济受到严重限制，政府通常会为了维持国内经济的平稳而支付大量的费用，这时，黄金的重要性就明显显示出来了。

1990 年伊拉克和科威特发生了局部战争，国家现货黄金价格从 370.65

美元 / 盎司升至 380.70 美元 / 盎司。随后美国总统批准了“沙漠盾牌”军事计划，美国即将对伊拉克开战，短短几天内，国际黄金价格上涨了 20 美元。

2001 年，黄金价格再次迅猛增长，高达 291 美元 / 盎司。

2011 年，当卡扎菲政权与北约支持的反对派政权对峙时，黄金价格涨幅不是非常明显，但是当反对派逐渐控制局面，卡扎菲政权逐渐瓦解时，黄金价格由战争前的 1307.8 美元 / 盎司上涨到 1575 美元 / 盎司，涨幅高达 18.79%。这仅仅经历了不过 4 个月的时间。

6. 石油价格影响黄金的价格

在国际交易市场上，石油交易是非常重要的大宗商品交易。原油价格的上涨就会推动通货膨胀，作为通货膨胀的克星，黄金自然随着石油价格的上涨而上涨了。

一般来说，原油价格小幅度的增长对于黄金市场的影响不大，但是当石油价格大幅度波动时，就会影响各国的通货膨胀和黄金生产，从而影响黄金市场走势。

但是并不是石油价格下跌，黄金价格就一定也会下跌，毕竟石油价格对通货膨胀的影响力是有限的。所以，投资者应该进行全面地分析，避免陷入被动投资。

比如，2016 年 6 月英国公投脱离欧盟，金融市场受到了巨大影响，石油价格和黄金价格巨幅波动。不过，两者却截然相反，石油价格跌幅超过了 5%；黄金价格却大幅走高，涨幅超过了 5%。

7. 世界金融危机直接影响了黄金价格

其实，金融危机的影响和通货膨胀的影响非常类似。当世界性金融危机爆发时，经济出现了大萧条的情况，所有产品都会大幅度下跌，人们为了保住自己的财产会纷纷到银行挤兑，可能出现银行破产或倒闭的情况。这样一来，黄金作为一种重要的储备保值工具，人们纷纷选择储备黄金时，金价会出现上涨趋势。

在通货膨胀和金融危机面前，黄金是一种规避风险的重要工具，它可以发挥保值性的功能，让投资者少遭受一些损失。但是这并不意味着黄金就永远不会贬值，进行黄金投资就一定稳赚不赔。如果黄金价格发生大幅度波动，而投资者又没有掌握好时机，没有规避风险的意识，就可能遭受损失。

所以，投资者应该弄清导致黄金价格变动的原因，瞅准黄金选购的时机，赚取更多的财富。

◎ 黄金投资就是买金条，买黄金首饰吗

张芳想要进行黄金投资，看到各家金店生意异常兴旺，于是萌生了购买黄金首饰的想法。因为她觉得各家品牌金店的信誉较好，且具有保值增值功能。

但是同事的一番话却让她茅塞顿开，同事认为消费类品牌饰品黄金价格普遍要比上交所牌价高 10~30 元，有些品牌黄金还需要上交加工费，并且饰品类黄金的回购时，价格也比较低。如果投资是为了获利，那么不应该选择黄金饰品，因为它获利空间非常小。标金和纯金币才是最好的选择。

即便年轻人想要购买黄金饰品也应该注意其保值作用，最好选择成色高的饰品，因为黄金成色越高其保值作用越大。如果年轻人想要发挥其保值作用，通常不应该低于 l4K，而最具有保值功能的是 24K 黄金首饰。

其实，市场上的投资产品并不是只有黄金首饰，银行和黄金销售公司的金条也比品牌饰品价格便宜。

此外，投资产品还包括了金币、纸黄金、黄金期货和黄金股票等等。既然投资黄金的目的是获利，当然应该选择获利空间大的产品了。

那么，投资者究竟应该选择哪一种产品呢?

其实，不同的黄金品种具有不同的优缺点，投资者应该根据自己的实际情况来选择相应的品种。黄金产品从交易方式上可以分为纸黄金和实物黄金交易；按照时间上可以分为即时柜面交易和期货交易。实物黄金又可以分为标金、饰金和金币。金币还可以细分为纯金币和纪念金币等。

下面我们就来具体地比较一下不同黄金产品的优势，以及适合哪些投资者。

1. 实物黄金

实物黄金投资包括了金条、金币和金饰等交易，以持有黄金作为投资，只有国际黄金价格上升时才能获利。实物黄金投资是投资保值特性最强的方式，如果你想要长期投资，或是想要收藏，这就是最好的选择。

（1）金条。目前投资者对于金条比较热衷，2010~2013年期间黄金价格持续上升，出现了投资者纷纷购买金条的现象。实物金条还可以分为投资型的实物金条和工艺品式的金条。投资型金条在同一时间报出的买入价和卖出价差额越小，投资者所花费的成本就越低，所以它是投资实物黄金的最好选择。

市场上还有一些其他黄金产品，比如我国每年都会发行贺岁金条，其价格连续六年上涨，也受到了很多投资者的欢迎。不过这种产品受到原料金价的影响，如果原料金价涨幅比产品大的话，投资者的收益可能会受到影响。

（2）金币。金币也具有一定的升值空间和潜力，但它却没有引起投资者的太大关注。投资者在购买金币时，应该考虑金币是哪个银行发行和铸造的、发行量是多少、制作工艺如何等问题。

一般来说，产金国或者中央银行铸造的金币成色比较高，更具有投资价值；发行量比较少的，并且为特别事件定做的金币具有较高的收藏价值，比如奥运金币；金币本身铸工越精细，设计图案越精美，收藏价值就越高；另外还要注意是否可以收回，如果不能收回的话，就可能完全砸在手里。

（3）金饰。投资者最容易买到的实物黄金就是首饰类的黄金，对于追求时髦的年轻人来说，购买黄金首饰也是不错的选择。这样既可以获得黄金饰品的使用功能，还可以在一定程度上保持其保值功能。尤其是项链、戒指等含金量高的饰品，可以变现也可以用作抵押品。

2. 纸黄金

纸黄金就是黄金的纸上交易，投资者只需开设“黄金存折账户”，其买卖的记录体现了账户上，并不涉及实物金的提取。这种投资方式比较方便，省去了黄金的运输、保管、检验和鉴定等步骤，交易成本比实物交易要低，投资者可以通过低买高卖的方式来获取差价利润。

国内中行、工行及建行等银行都有纸黄金的业务。因为纸黄金的投资风险比较低，交易成本也比实物黄金低，所以比较适合普通的个人投资者和刚刚入门的投资者。不过投资者在购买纸黄金时，应该考虑影响其价格的因素，尤其是美元的走势。

3. 黄金期货

黄金期货又叫作定金交易，是指按照一定成交价，在国际黄金市场未来某时点的黄金价格作为交割的合约。投资者通过进场到出场两个时间的金价差异来赚取利润，这也就是我们平时所说的“炒金”。

期货交易的特征是，可以做多做空的双向交易，即便金价下跌，投资者也可以赚钱。

黄金期货的投资风险比较大，投资者应该谨慎。因为黄金价格昂贵，如果以国内现货金价 200 元 / 克估算，每手合约至少需要缴纳 1.4 万元保证金。按照黄金期货保证金率提高到 20% 来计算的话，如果合约到期的话每手的保证金将上涨到 4 万元。也就是说，做一手黄金需要 5 万元资金。另外黄金价格波动较大，一旦金价下跌，投资者将遭受非常大的损失。

李飞看好黄金投资，便购买了 1000 克黄金期货，买进时价格约为 190 元 / 克，这时李飞需要缴纳保证金是 1.33 万元。当金价上涨到 210 元 / 克，李飞选择立即抛出，获得收益 1000×（210-190）=20000 元，投资收益率是 2/1.33=150％。

之后，李飞再次购买了 1000 克黄金期货，可是这次金价却下跌了，李飞需要不断地追加保证金才能继续持有，可是这时由于资金不足只能强制平仓。金价已经由 210 / 克下跌到 185 元 / 克。李飞不仅赔掉了之前所赚的钱，还亏了不少钱。投资损失为 1000×（210—185）=25000 元，亏损率高达 2.5/1.33=187.96%。

4. 黄金期权

期权是指投资者在未来一定时期可以买卖的权力，投资者向卖方支付一定数额的权利金，然后在未来某一特定时间以事先规定好的价格向卖方购买或出售一定数量的特定标的物的权力。黄金期权就是投资者买卖黄金的权利，在我国目前很多银行都推出了黄金期权交易。

与期货一样，黄金期权也有杠杆作用，即便是金价下跌，投资者也可以赚钱。一般来说，该业务只能在银行柜台进行交易，期权期限有 1 周、2 周、1 个月、3 个月和 6 个月，每份黄金期权最少交易量为 10 盎司。

黄金期权和黄金期货一样，属于高风险理财产品，如果投资者没有专业理财知识的话，最好不要贸然进行投资。不过，期权的风险是可以锁定的，如果投资者看对了黄金价格的走势就可以获利；一旦判断出现失误也可以选择不执行，这样只是损失一些期权费而已。

某投资者预测国际金价会下跌，1000 美元买入了 100 盎司面值一个月的 A 款黄金看跌期权，当时黄金价格是 600 美元 / 盎司，期权费是 1 盎司 12 美元。如果国际金价如投资者所料一样下跌到 560 元 / 盎司，则投资者在平仓时可以获得收益（600—560）×100=4000 美元，扣除 1200 美元的期权费，投资者的净收益是 2800 美元。

如果国际金价涨到了 650 元 / 盎司，那么，投资者进行平仓的话，就会损失（650-600）×100=5000 美元，加上 1200 美元期权费的话就是 6200 美元。所以这时投资者可以选择放弃行权，只需要支付 1200 美元期权费就可以了。

除此之外，投资者还可以将纸黄金投资和期权投资结合起来，这样就可以避免更大的损失。如果纸黄金价格持续下跌的话，投资者就可能被套牢，这时，投资者就可以投资一笔看跌的期权，或许将纸黄金投资损失弥补过来，还可能会盈利。

5. 现货黄金

目前，我国还存在着现货黄金的交易方式，时间和价格与国际金价市场接轨。投资者可以根据黄金价格的涨跌来进行买卖，不过需要支付万分之七的手续费才可以提取黄金实物。

除此之外，还有黄金基金、黄金股票等投资方式。

不管是投资纸黄金、实物黄金，还是黄金期货或期权，投资者最终是否能够盈利，还要取决于国际金价的走势，所以，投资者应该关注国际金价的风向标，尤其是美元走势。另外，目前投资黄金具有较高的风险，尤其是黄金期货或期权投资，非专业投资者或是投资经验不足的新手一定要慎重入市。

◎ 黄金投资的几大技巧，菜鸟也能看得懂

小黄是一位职场白领，平时，她喜欢利用手中的闲钱进行投资理财。前段时间她看到黄金价格持续走高，市场前景良好，心中也是跃跃欲试。可是，小黄还是有些疑虑，因为她对于黄金投资并不是十分了解，不知道究竟应该选择哪一种产品？市场上究竟有多少黄金产品？这些产品安全性和收益率又如何呢？

俗话说“藏金于民”，很多投资者将黄金产品看成了投资的最佳选择，包括金条、金币及黄金饰品等。这是因为实物黄金在通胀剧烈或是发生危机时，发挥着天然货币的作用，另外，一些金币还具有纪念性意义，具收藏的价值和意义。

不过很多年轻投资者像小黄一样，对黄金投资跃跃欲试，却不知道如何进行投资，也不知道该如何选择适合自己的产品。现在，我们就来介绍一些投资黄金的技巧，希望对那些想要投资黄金的菜鸟有所帮助。

1. 根据个人实际情况选择黄金产品

对于菜鸟投资者来说，安全性是最重要的。因此，在众多产品中，菜鸟应该选择纸黄金、金币及金条等适合普通投资者且具有保值功能的产品。期货、期权等产品虽然收益较高，但是风险性也非常高，需要专业的理财知识，所以菜鸟投资者应慎重选择。

2. 选择好时机，判断金价是否有上升空间

国际金价走势是影响黄金投资收益的重要因素，投资者应该抓好投资的时机。一般来说，年底之前，金价一定有上涨的空间，因为每年年底消费者

会纷纷购买金饰、金条等产品，用来送礼或是个人佩戴；同时，印度是亚洲黄金市场最大的消费国，每年 8 月中旬到 11 月都有多个宗教节日，需要的黄金也大幅上涨，这都刺激了人们对金饰的需求。还有西方的感恩节、圣诞节与情人节等节日都是黄金需求的旺季，因此，黄金价格必定有所上涨。

3. 有效地进行投资组合，最大限度地分散风险

股票、期货等投资属于信用性投资产品，其价值是信用所赋予的，具有贬值或灭失的风险。但是黄金却正好相反，价值是天然的，在通货膨胀和灾难面前是一种重要的避难工具，投资者可以在投资股票和期货时，再加入一些黄金投资，这样就可以最大限度地分散风险，有效地规避资产的损失。

投资者可以将纸黄金和实物黄金、黄金期权等产品有效地组合，来分散投资风险，获得更多的收益。

4. 黄金投资属于慢热型，切忌快进快出

一般投资者在投资股票与基金时，常常通过低买高卖、快进快出的方式来获得收益，但是黄金投资却不适合频繁地买进卖出，因为黄金交易需要支付一定加工费和手续费，如果频繁买卖黄金就提高了交易的成本。

比如银行在回购实物黄金时，每克会收取 15 元 ~20 元不等的手续费；期权交易时也需要缴纳高额的期权费。

所以，投资黄金最好是考虑中长期的投资，只要当前黄金处于一个上升的周期内，投资者就应该稳健地持有。

5. 黄金投资比例不宜过高，合理地配置个人投资比例

在个人投资过程中，投资者可以将黄金投资和股票、期货等投资有效地进行组合，最大限度地分散风险。但是黄金投资比例不宜过高，因为黄金不能做短期投资，且需要资金比较多，收益回报率比较低，如果投资比例过高的话就会影响其短期收益。

一般来说，家庭投资黄金的比例不能超过家庭资产的 20%，只有在国际金价大幅上涨的情况下才可以适当地提高比例。

6. 炒金有风险，该割肉就割肉

投资黄金有一定的风险，投资者不能盲目地买进卖出，更不能因为贪

图收益而忽略了止盈。有些投资者心中存在贪念，总想着黄金价格再涨一些，获得更多的收益。可是市场变化无常，在持续上涨时很可能会突然反转走势，让投资者猝不及防。所以投资者在频频获利时，一定不能大意和贪心。

当然，黄金价格持续下跌的时候也是如此，当损失超过你的承受极限时，就应该果断割肉，否则就可能被套牢。

7. 平均投资，定期定投

对于工薪家庭来说，可使用资金比较少，而黄金投资需要的资金比较多，这样的家庭可以选择定期定投的方式进行投资。简单来说，就是每个季度或是每半年定期投资一定数量的实物黄金，或是普通金币，或是投资型金条等，这样一来，家庭可以积攒下不少财富，还可以在关键时期抵御物价上涨。

8. 选择容易回购的黄金产品

以前，很多银行的实物黄金卖出之后，没有回购业务，投资者想要变现的话，就要折价卖给黄金加工企业，这无疑增加了投资者投资的成本。

目前，很多银行为了满足客户投资黄金产品的需求，相继推出了实物黄金回购业务。但是各家银行的回购条件不同，有些银行只回购本行销售的实物黄金和投资性金条，而对于一些纪念金条、金钱系列等不负责回购。有些银行的回购范围则比较大，可以回购所有银行品牌的黄金产品、其他商业银行、黄金企业发行的投资类黄金产品，以及首饰类、摆件类等足金产品。

投资者在选择产品时，要选择容易回收的产品和发行银行，这样一来在需要变现时就不会遇到麻烦和损失了。

◎ 巧妙应对黄金投资的风险

股神巴菲特说：“投资的第一条原则是不要亏损，第二条原则是牢牢记住第一条。”只有控制好风险，才是投资者投资理财最关键所在。

与其他投资产品一样，黄金投资也存在着很大风险，随着国际金价起伏不断，黄金市场也存在着波动。投资者在面对金市这个迅速发展并成为热点的理财市场的时候，应该树立强烈的风险意识，以更好地控制和把握投资风险。

那么，投资者应该如何将黄金投资风险降到最低呢？

1. 树立良好的投资心态，理性分析黄金行情

投资需要一个良好的心态，不能存在着侥幸心理和贪婪心理。如果投资者看到黄金行情持续上涨就兴奋，期盼着黄金价格涨到更高的水平，就可能失去最好的获利时机；如果投资者看到黄金价格持续下跌就慌张不已，失去了正常的判断和分析能力，就会遭受更大的损失。

正如巴菲特所说的："控制风险的最好办法是深入思考，而不是投资组合。""真正的风险来自于你不知道自己在做什么。"黄金行情每时每刻都在变化，投资者只有保持心态的平和，才能客观地分析和判断行情走势，才能理性地交易，或是将亏损转变为获利。

2. 投资风险具有可预见性，投资者应该进行客观的分析

投资风险是普遍存在的，并不受投资者的主观控制，但却是可以预见的。只要投资者仔细分析影响黄金价格波动的因素，就可以预见黄金价格的行情走势。

黄金市场价格是由黄金现货供求关系、美元汇率、国际政局与通货膨胀压力，以及各国央行黄金储备增减等因素决定，所以，投资者应该对这些因素进行详细有效的分析，掌握国际黄金价格的变动规律，减少投资失误的机会和可能性。

3. 选择适合自己的黄金产品，减低风险性

投资风险具有相对性，也就是说不同的投资产品其投资风险也有所不同。比如投资黄金现货的风险和投资期货的风险是截然不同的，金条、金币等现货的风险相对小很多，但是期货、期权等风险就大很多。普通投资者可以选择风险性比较小的现货，而专业性强或是经验丰富的投资者就可以选择风险较大、收益较大的期货与期权等产品。

4. 规避投资纸黄金的风险，应随时紧盯黄金市场行情走势

纸黄金投资的门槛比较低，有些银行推出的纸黄金最低 10 克就可以进行投资，按照目前的黄金价格进行计算，投资成本不到 2500 元。上海黄金交易所的账面实物黄金的起步是 100 克，需要的资金是 25000 元。纸黄金投资比较方便，只需要在各商业银行开通贵金属交易账户就可以了。所以，纸黄金比较适合黄金投资的新手。

另外，纸黄金的走势变化较大，投资者需要随时紧盯着市场走势，选择合适的时机买进卖出。

5. 投资黄金期货，投资者及时止损很重要

黄金期货买卖本质上就是炒作，炒作的方式就是看市场人气，看投资者的多少。比如 2015 年黄金价格大涨，黄金市场波动幅度加大，所以投资者也越来越多。但是与外汇市场和股票市场相比，黄金是小盘股，被炒爆的可能性更大，投资者需要谨慎，才能规避风险。

面对黄金市场波动较大的情况下，及时止损是最好的选择。因为它存在着爆仓的可能性，所以投资者必须理性投资，控制好仓位；期货可以做多也可以做空，所以投资者应该时刻关注行情走势，选择好方向。

6. 进行多元化投资，采用套期保值进行对冲

投资者应该进行多元化投资，将不同的产品进行有效地组合，分散整体风险水平。在进行投资组合时，投资者可以购买和卖出与现货市场交易方向相反、数量相等的黄金期货、期权。当一种产品亏损的时候，另一种产品也会实现盈利，这样一来就可以减少投资的损失，规避投资风险了。

在黄金投资市场上，其风险是不可避免的，投资者应该具有风险管理意识，合理有效地调配资金，将损失降低到最低限度，将风险降低到最小化，这样才能获得更多的赢利机会。

第九章

房产投资：让“黄土”变黄金

随着房价的不断攀升，投资者愈发看好楼市前景，
越来越多的钱涌入楼市，
而房产投资也被认为是让“黄土变黄金”的最佳投资产品。

◎ 房产投资，积累财富的最好途径

房产不仅可以自己居住，还可以作为一种家庭财产保值增值的有效投资方式。如果你有一定的闲置资金，投资房产是一个非常不错的选择。随着城市化进程的加快，房地产行业越来越热火朝天，人们对于房产的刚性需求也越来越高。所以对于一个聪明的投资者来说，与其他投资理财工具相比，房产则是积累财富的最好途径之一。

目前国内百亿身价的超级富翁，90％都是依靠着房产投资来创造和积累财富的。李嘉诚是香港名副其实的地产大王，是长江实业集团、和记黄埔集团主席。他依靠生产塑胶花起家，积累了一定的财富之后开始投资房产。1958 年在港岛北角建起了第一幢工业大厦，正式介入地产市场，最终成为了享誉世界的“地产界巨子”。

超级巨富郑裕彤是著名的珠宝商人，他是依靠黄金珠宝起家的，不过他认为想要创造财富，就不能离开房地产投资。他说：“凡是与民生有密切关系的生意都有可为，女人喜爱珠宝，举世皆然。人们都需要有房住，年轻人

成家后喜欢自辟小天地，对楼宇便有大量需求，做这些生意不会错到哪里。”

虽然平常人这一辈子都不可能成为李嘉诚那样的房产大亨，但是房产投资让许许多多的人着迷，可以让投资者只要掌握了投资的技巧和策略就可以为自己创造更多的财富。

现在我们就仔细盘点一些房产投资的奥秘，讲讲怎样进行房产的投资。

1. 房产投资的优势

房产投资总是让无数人着迷，那么它具有哪些优势呢?

（1）用别人的钱来赚钱。房地产投资一个最显著特点就是：可以用别人的钱来赚钱。目前，几乎所有人在购买房屋时，不论是自己居住还是用来投资都会向银行等金融机构贷款。即便是李嘉诚那样的房产巨子也是如此，人们称这种行为是投资房地产的“债务杠杆”。

利用“债务杠杆”进行投资，可以减少个人的资金投资，将手中的资金用来投资其他项目，或是扩大投资的规模，有利于投资者获得更大的收益。另外，与其他投资方式相比，银行更愿意将钱借给投资房产的人，因为房产投资更安全和可靠。

（2）房产投资具有很大的增值潜力。随着经济的发展和城市化进程的加快，大量有效的土地被占据，其价值也越来越被抬高。而随着城市人口的不断增加，每天需要购房的年轻人也越来越多，所以房产资源的需求量也逐年上涨，并且具有较大的升值增值潜力。

（3）房产投资周期长、获利空间大、盈利时间长。房产投资是一种长期投资，其投资价值是在短期内可能很难凸显出来。随着城市房产需求的不断增加，房产投资的周期越长，获利空间就越大，盈利时间就越长。比如一套房子的寿命在100年左右，最短也有60年以上，如果你向银行贷款20年，那么不仅获得了房产的产权，还可以赢得至少40年的获利空间。

（4）房产可以有效地规避通货膨胀。一般来说，在经济环境良好时，房产的价格就会有所上涨，投资者可以从中获利。当发生通货膨胀时，它能够有效地抵消通货膨胀带来的负面影响。因为通货膨胀发生时，房产和其他有形资产的建设成本就有所上涨，房产的价格上涨的幅度比一般商品更大，在纸币不断贬值的情况下，投资房产就成为了抵御通货膨胀，增值保值的有效手段。

（5）房产不仅可以交易，还可以通过出租方式获取收益。目前，很多投资房产的人，都会通过出租房屋的方式来获得收益。不过，这种方式必须要考虑房屋的社区环境、配套设施、交通便利、人文环境等因素，只有条件好的房屋才能租出较高的价格。

2. 投资房产应注意的问题

房产投资虽然可以给投资者带来更大的收益，但是投入成本高、获得收益的时间长，所以投资者前往不要盲目地买房卖房，必须要充分了解市场。

（1）住宅投资以长线投资为佳。从投资角度来说，随着城市化进程的推进，大城市的近郊住宅的基础价格比较低，升值空间相对更大，更具有投资价值。随着后期入住的居民越来越多，周边配套逐渐增多，商业价值就会逐渐体现出来。

（2）商铺和办公楼投资，地理位置最重要。一般来说，越高档、地理位置越好的商铺、写字楼的价格就越高，所以投资者应该选择市中心区、繁荣的商贸区，这样才能获得最高的收益。同时，写字楼投资还应该考虑该区域的人才、技术、商贸和人文等综合因素，以及基础配套设施、现有行业动态等。

（3）房产投资要注意利率的变化。在投资房产时，大多数投资者都会向银行贷款，所以应该重视银行贷款利率的变化。一般来说，公积金的贷款利率是最低的，对于工薪族来说最好使用公积金贷款。

（4）从销售量来观测房价的变化。不管是现房还是期房，其价格都受到销售量的影响。在一定时间内，如果一个楼盘的销售量不到 30%，那么，开发商就会降低房价来刺激消费；如果该楼盘已经卖出 70%，表明需求比较旺盛，价格就会上涨。所以，投资者应该综合分析楼盘的升值潜力，只要认为该房产具有升值空间，就应该早早地进行投资，以获得更大收益。

（5）关注投资价值，选择高端楼盘。要做房产投资就不得不注意其升值潜力，即便是自己居住的房子也应该关注其升值潜力。一般来说，高档楼盘的升值空间较好，抗跌性比较强；低档楼盘的升值空间较差，甚至还会出现贬值的情况。所以投资者应该了解自己投资房产的优势，选择升值空间较大的房子。

房产投资不是盲目的买房卖房，投资者必须要充分了解市场，这样才能有效地防止自己的房产投资变成一块“鸡肋”。投资者只有综合地分析影响房子价格因素，便可以获得较好的收益。

◎ 只有投资住宅才会赚钱吗

戴萌是一位普通的公司白领，收入在 1 万元左右，这在一线城市来说并不算高。不过她平时养成了储蓄的好习惯，几年下来也存下了几万元钱。后来她结婚了，丈夫的工资是戴萌的两倍多，除了平时的生活用度，他们两人共存下了一笔闲钱，于是，他们决定投资房产。

他们购买了一大一小两套房子，小房子自己居住，大房子则用来出租。不过经过精打细算，戴萌发现将房子分割一下再租单间可以获得更多的租金。由于大房子距离一高档写字楼只有几站地，很多年轻人喜欢居住在交通便利且属于自己的小空间内。

戴萌重新规划了房子格局，划分为四个大小不等的小单间，并且每个小单间都设计独特，既温馨又具有时代感，还提供了电视、洗衣机、空调等设施，很适合年轻白领的需求。果然，她的房子很快就租出去了，由于布局设计都很独特时尚、家用设备也齐全，价格也高出很多。

就这样，10 年之后，其租金已经偿还了小房子的贷款。于是她们将小房子进行了抵押，又购买了一套临街的小商铺，并还多了一笔流动资金。正是因为戴萌合理地进行房产投资，所以才让他们的生活变得越来越好。

所以说，合理地投资房产是获得财富的关键，而有了房子，投资者等于有了最安全的财富。不过，很多人会问：是不是只有投资住宅才能赚钱？

答案当然是否定的。其实房地产投资的内容非常丰富，不只包括住宅投资一种，还包括了土地投资、商业房产及工业用地投资等。投资者没有必要做到面面俱到，但是应该了解不同类型的房产的特点，然后选择适合自己的投资项目。

那么，适用于投资的房地产主要有哪些类型呢？它们又具有哪些特点呢？

1. 住宅房产的投资

住宅房产投资是最普遍的投资方式，一般适合初入房地产投资领域的年轻人。前面我们已经详细介绍过，住宅房产投资可以用来出租也可以用来买卖，以便获得更多的收益。

2. 商用房产投资

商业房产投资的价值主要受到物业的地段、商业区域繁荣程度、物业面积的大小、所在地区的交通状况、顾客的类型与流量和经营项目的类别等因素的影响。所以，投资者在进行投资时，一定要考察其是否具有升值空间、升值空间的大小等问题。

一般来说，一些新建的小区都建有沿街的商铺，大型的商场也建有众多商场店铺。这些商铺的面积不大，通常在30~50平方米左右，比较适合普通的个人投资者，不管是出租还是自己经营，都可以获得良好的收益。

3. 综合商住楼、办公楼投资

商住两用楼和办公楼越来越受到投资者的青睐，尤其是综合商住楼，因为价格便宜、产权年限比较长，更是销售火爆。

目前，很多开发商为了市场需求和利益影响，建造的写字楼大多为商住两用楼盘，或是把住宅改为写字楼再出售，投资者可以用住宅的价格来进行写字楼的投资，获得更大的收益。

黄女士想要投资写字楼，因为当地某商务区的写字楼异军突起，价格一路上扬。经过仔细勘察，她发现附近的几个写字楼的售价都在1.6万元每平方米左右，而商住两用楼的价格却低很多，大概在9000元每平米左右。

所以她便购买了两套小户型，简单装修后用于写字楼出租。她说：“虽然该楼盘不是专业的写字楼，但是随着市场需求的增加，公司业主入住率逐渐增加，该楼盘的价格具有很大的升值空间。”果然，很多公司为了节省租金都开始选择该小区的房子，黄女士因此也获得了更好的收益。

不过商住两用楼也具有一些缺陷，比如开发商缺乏实力、后期运营管理没有做好、写字楼内的公司鱼龙混杂导致退租率逐渐增高等，最终都会影响投资者的收益。所以投资者在购买商住两用楼时应有风险意识，避免那些不必要的损失。

4. 工业用地投资

工业用地投资也是房地产投资的重要项目之一，不过由于普通投资者资金有限，所以很少会涉及这方面的投资。它受到了交通运输状况、能源状况、工业用水和供排水系统状况等因素的影响，投资者应该关注影响工业区房地产投资价值的主要因素。

投资者想要在房产投资方面获得更大的收益，就必须了解哪种房产才是最好的投资对象。不同的投资项目其风险不同，收益也有所不同，投资者只有不断地扩大投资范围和调整投资组合，才能更好地规避投资风险，扩大投资收益。

◎ 投资商铺，轻轻松松装满你的钱袋子

买房投资除了住宅之外，还可以考虑投资商铺。一个地理位置好的商铺，不仅不会折旧，还会越来越值钱，因为时间越长，其周边的商业环境越成熟、人流量越稳定。投资商铺的收益高，而且无须复杂的装修，能省下一大笔投资成本；同时只要商铺具有商业价值，就会有租户上门。

所以一直以来，投资专家认为商铺是长期投资的最好选择。“一铺富三

代”，这句话一直被投资者视为金科玉律。

投资商铺并不是盲目的，投资者怎么从众多商铺中选择更有潜力的商铺呢？

1. 地段好才能带来人气和财气

要知道，地段是投资房产的最关键因素，地段好的商铺可以给投资者带来很高的人气和财气。与投资商业住宅相比，商铺一般都是长期投资，一些目前地段不太好、位置不理想的区域并不见得不适合投资，投资者最重要的就是看它是否具有发展前景。

通常来说，一条道路和一座桥的打通就可以盘活一条商业街；一个商业广场或是大卖场的建立也可以拉动人气；原本无人问津的商铺，如果未来规划兴建学校和市场，人气就会逐步扩大。所以投资者应该了解城市发展规划以及商铺的发展前景。

2. 避免“居改非”的情况，以免引起产权纠纷

目前，市场上很多商铺都是由原来的住宅通过“居改非”变更过来的，不仅改变了土地的用途，还增加了商铺经营的功能。不过根据相关规定，投资者必须经过相关部门的批准、重新签订土地使用权出让合同。如果投资者因为没有调查清楚，购买了“居改非”的商铺，将来很可能引起产权纠纷。

3. 人流是决定一个商铺是否升值的关键

我们经常会看到这样的情形，同一区域的商铺虽然相距不过几十米，但是有的商铺门庭若市，有的商铺则门可罗雀。因为人流是决定一个商铺是否是旺铺的关键因素。

投资者在选择商铺时，一定要实地考察商铺区域的人流方向和每天不同时段人流的变化情况。一般来说，有红绿灯的路口、物业转角处和临街面较大的商铺其人流量就较大，升值的空间也较大。

4. 优先选择自己熟悉的地方

投资者在购买商铺时，一定要详细地进行市场调查，了解整个区域的详细信息，最好选择自己比较熟悉的地方。这样一来，投资者可以更全面地了解商圈、人流和开发商等具体情况，投资也更有保障。

5. 避免短期投资，10 年以上的长期投资最为理想

商铺投资是一种长期投资，如果投资者抱着短期获利的目的，最好就不要选择这种投资方式。通常来说，商铺如果能在 12~15 年内回本，就是比较理想的投资，否则很难实现赢利的目的。

6. 商铺的面积不要过大

对于投资来说，商铺面积并不是越大越好。如果商铺的面积太大的话，投资的资金会很高，且很难租出去。一般来说，投资者应该选择面积在 50~100 平米的商铺，如果是繁华闹市地段商铺，还可以减少单个门面的面积。

7. 选择信誉好的商业地产开发商

与居民住宅相比，商业地产开发对于开发商的资金要求、专业整合能力更高。投资者一定要考察开发商实力，选择信誉良好、有成功投资项目的开发商，这样才能保证投资的安全。

另外，投资者还应该注重开发商的招商及管理的思路、发展前景规划等要素，因为商铺是否具有升值空间，很大程度取决于商业地产后续经营环节。如果开发商没有更好的招商理念和良好的后期经营，投资者就很难获得稳定的长期收益。

8. 挑选成熟商业圈

目前，所有商场都向着“大而全”的方向发展，涵盖了吃、喝、玩、乐、购等多方面功能，这样才能吸引更多的消费者，让消费者不出商场就一次性痛快消费。所以，投资者应该选择具有一定规模的商业圈，这样不仅人流量有保障，也可以做到面面俱到。

9. 风险评估做到心中有数

投资者在投资之前必须先做一个收益风险评估，计算出投资的成本投入、回报率、租金、将来会遇到的风险等。只有做到心中有数，才能规避商铺定位不明确、缺乏统一管理以及长期租不出去的风险。另外，投资者必须保证年投资回报率为 4%~8%，才能获得更好的收益。

◎ 看房子，也要看升值空间

对于许多购房者来说，买房的动机无非两种，一种是自住，一种是投资。无论是出于什么原因买房，都希望自己的房子能增值。

那么，到底什么样的房子升值空间更大呢？哪些因素决定房子能增值呢？

1. 第一是地段，第二是地段，第三还是地段

房地产业内有一句话叫“第一是地段，第二是地段，第三还是地段”，可见对于投资房产来说，地段是十分重要的。

根据调查显示，80% 的购房者在选房时会把地段作为最优先考虑的因素，地段好就意味着交通便利、位置优越、配套齐备、活跃的商业氛围等等。

那么，哪些地段的房产具有较高升值空间呢？

（1）逐渐成形的成片小区。一般来说，投资者喜欢选择逐渐成形的成片小区，这样的小区周边建设比较健全，所以具有较高的升值空间。随着小区内和周边生活配套设施逐渐增多，比如商场、饭店、宾馆、医院和学校等，住宅和商铺的价格会逐步升高。

（2）教育资源聚集的区域。现代社会竞争激烈，每个家庭都非常重视孩子的教育，不惜花重金购买属于教育质量好的“学区房”。一般来说，重点小学和重点中学附近的学区房都非常火爆，具有非常大的升值空间。

（3）银行网点储蓄存款快速增加的地段具有升值潜力。除了上述因素之外，银行网点储蓄存款增长幅度的大小，也标志着这个地段是否优越、是否具有升值空间。如果某一地段的银行网点存款连续几年都有较大幅度增长，说明该地段高收入家庭比较集中，住宅布局比较合理，具有较大的升值潜力。

2. 交通便利、地铁沿线的房子有升值潜力

居民生活离不开衣、食、住、行，交通便利也是拉动房产价格上扬的关键。

其实，决定地段好坏的最活跃的因素就是交通状况是否便利，一条马路或是城市地铁的修建，可以立即使不好的地段变成好的地段，相应地，房产价格自然也会直线上升。所以投资者不仅要看房产的现有地段，还有考虑未来的城市规划方案、基本建设进展等，寻找具有升值空间的房产。

3. 房子品质的好坏决定了房子的升值空间

随着社会的发展，人们越来越追求生活的品质，在购买房产时也特别注意房产的品质。一般来说，那些设计观念超前、具有时代感和迎合物业发展趋势的房产更受到投资者的欢迎，更具有升值空间。

除此之外，房产的内部空间布局、室内空间是否完整方正、采光、通风和功能分隔等因素也非常重要。

4. 商圈也是决定房价的关键因素

一般来说，房产所处的商圈的成长性决定了房价的增长潜力，商圈主要由以下几个部分组成。

（1）就业中心区。商业办公区或经济开发区能够吸收大量的就业人口，而就业人口是周边住宅的最大需求市场。越是高端的商业办公区，其周边住宅的定位就越高；越是成长性好的商业办公区，其周边住宅开发在市场上越有活力。

（2）有统一规划的、成规模的住宅区。如果在离就业中心区几公里远的地带已经形成或将集中形成一个有规模的、统一规划的成片住宅区，且就业中心区与住宅区之间交通线路比较发达，那么，这样的商业中心就十分具有升值潜力。

（3）在住宅区中，有商场、大卖场等设施。如果在住宅区附近，有商场、大卖场等设施，形成就业中心区、住宅区和大卖场三者良好的互动的关系，就会促进住宅区的进一步开发，逐渐形成更大的规模。

5. 生态环境和人文环境能够使房产升值

现代人对于生态环境和人文环境的要求比较高，如果小区内有大量的绿地或园林，其生态环境会越来越好，有利于住户的身心健康的同时，房产也会不断升值；如果小区住户的文化层级比较高，房产也具有增值的潜力。

6. 开发商的口碑是关系房产升值的重要因素

一些口碑好的开发商，通常比较重视房产的品质和人文氛围，从整体布局到细微之处都精益求精，力求住户能居住舒适；口碑不好的开发商就根本无法注意到这些问题，而是将所有的目光放在圈钱上。

所以，投资者在选房产时一定要考虑开发商的信誉、资质和口碑等问题。

购买房子考虑最多的就是价格是否合适、居住是否舒适等问题，不过，对于投资者来说，考虑最多的就是房产的升值空间。

◎ 巧妙选择贷款方式，“房奴”也能漂亮大翻身

小王和小张是一对新婚夫妇，在双方家长的帮助下贷款买下了新房，美好的生活开始了。可是对于工薪阶层的他们来说，还贷无疑成为了一个重大的负担。小王曾经无奈地说：“我们的新房只付了30%的首付，还有60多万的贷款要还，每个月都要还3000多元钱。这对于我们来说，真是不小的负担。”

确实如此，小王和小张喜欢旅行，以前只要休息日就到处出游，或者看电影，享受自由自在的生活。可是自从贷款买房之后，他们再也不敢肆意地花钱了，生活也没有以前惬意了。

现在选择贷款买房的人越来越多，不管是对于个人，还是对于家庭来说，贷款买房都是一笔较大的投资。所以，很多年轻人像小王和小张一样，无奈地做着“房奴”。为了确保稳定还贷，他们害怕降薪、失业，也不敢随意跳槽，降低了生活的品质和水准。

所以，如何让贷款房产不成为个人生活和事业的负担，如何申贷还贷更经济、更合理，如何选择贷款年限、贷款金额以及还贷方式，这成为了尤为重要的问题。

1. 综合评估自己的购房能力和还款能力

目前，几乎所有的房产商都要求支付不低于所购房价30%的首期付款，

购房者应该评估自己是否具有这样的能力。另外，还要评估自己每月偿还住房贷款所能承受的能力，看每月家庭收入以及变现强的金融资产，是否大于每月所需偿还的贷款本息。只有满足这两个条件，购房者的还贷压力才不至于影响家庭生活。

购房者应该尽量提高首付金额，这样就可以减少还款利息，减小还款的压力。

2. 根据个人的能力选择合适的房贷

目前，购房者可以选择三种贷款形式，即个人住房公积金贷款、个人住房商业性贷款和个人住房装修贷款。

对于工薪阶层来说，公积金贷款的利率最优惠，如果购房者有公积金的话，尽量要选择这种还款方式。

3. 根据个人的能力选择适合的还款期限

一般来说，贷款年限越长，每月供款就越少，不过，所需要还的贷款利息就越多。目前，绝大部分银行的贷款年限都在 20 年以下，因为贷款条件中有一条不成文的规定，就是贷款者的年龄加上所申请的贷款年限不能超过 60 岁。

4. 选准银行，获得优惠政策

目前房地产市场冷热不均，很多银行为了争夺贷款客户都推出了一系列的优惠措施。购房者可以根据自身的需求来选择优惠的银行和房贷产品，以减轻还贷压力。

5. 灵活地选择还贷方式

目前，银行的还贷方式主要有两种，一种是等额本息还款，一种是等额本金还款。

前者最大的特点就是每月供款金额一样，包括本金和利息，但是本金和利息的所占比例不一样，利息的部分是根据当月的供款余额计算出来的。这样一来，随着时间的推移，本金所占的比重越来越大，如果购房者有一笔较大的提前还款，月供款就根据余额重新计算。

后者每月的供款本金的比重是一样的，利息也是按照当月供款余额计算，只是月供款额不同。随着时间的推移，月供款额会逐渐减少。

比如：小马贷款 30 万元，期限为 20 年，如果采用等额本息的还款方式，月均还款大约是 2297 元，共需还款约 55 万元，利息是 25 万元；如果选择等额本金的还款方式，首月还款额约为 2960 元，共需还款约为 50 万元，利息是 20 万元。

我们可以根据个人的情况选择还款方式，或是缩短贷款年限，或是选择等额本金的方式，以减少利息。

6. 巧用装修贷款

如果购房者的首付存款不够，还可以巧妙地利用装修贷款来圆自己的购房梦。

万方很想购一套属于自己的房子，可是手中积蓄不足以交纳首付，于是她想到了装修贷款。于是她拿出 20 万元存款，再向亲戚借了 15 万元交纳了首付，几个月后等装修贷款到手了，她便偿还了亲戚的钱。

7. 考虑利率的问题，及早办理贷款，获得较低的贷款利率

国家每年都会调整贷款利率，如果购房者预期存贷款利率会有所上调，就应该提早办理贷款，减少不必要的利率支出。

另外，一些“房奴”为了减轻还贷压力，会采用将房屋租出去的方式，用租金补贴每月还贷。不管如何，“边住房边还贷”的方式确实给年轻人带来了很大的压力，购房者只有明确个人的实际情况，选择适合自己的还款方式和期限才可以减轻压力，让生活变得更轻松。

◎ 巧买二手房，胜过存银行

2006 年，关小姐大学毕业后留在 A 市工作，最初她与朋友们一起租房生活，省吃俭用地攒下了一笔钱，再加上父母的资助便购买了一套单身公

寓。后来她与丈夫认识，两人提前还清了小公寓的贷款，此时，这套房屋已经上升了 30 万元。

之后他们便商议究竟是用这间小公寓换一套两室一厅的大房，还是另买房进行投资。经过商议之后，丈夫说：“目前我们家庭收入稳定，而且目前两三年内不准备生孩子，我们可以先进行投资，等到孩子出生之后再考虑换大房子。”关小姐非常愉悦地同意了这一建议。

他们在小公寓临近小区看中了一套三年前建成的二手房，社区环境比较好、交通便利，且房屋的品质和未来发展趋势也很好。即便将来房价没有大幅度上扬，自己居住也是很好的选择。

几年后，关小姐的孩子到了升幼儿园的年纪，这时那套二手房的价格已经上涨了 20%。于是他们卖掉了小公寓和二手房，为一家人购买了一套环境优美、有良好教育资源的花园洋房。

目前，自住用房和房产投资已经成为社会广泛关注的焦点，随着房价居高不下，越来越多的人将目光投放在二手房上。

与新建小区相比，二手房的周边设施、交通情况等条件更齐全和完备，所以二手房交易也越来越火爆。那么，投资者在购买二手房时，应该注意哪些问题呢？

1. 考察房屋产权是否明晰

购房者在购买二手房时，首先要看房屋产权是否明晰。不管房产的地段多么好、环境多么优美、价格多么低廉，如果没有弄明白房屋的产权问题，都不应该急着做决定。

（1）搞清楚房屋是大产权还是小产权。我们知道，小产权的房屋是未经过国家任何相关部门和环节的审批，建设在租用土地或非法侵占的土地上的房屋。重要的是它在交易上有很多限制，不利于投资者的资金回收。同时，因为小产权房没有房产证，还将面临拆除的风险，并且一旦拆迁，业主也无法得到拆迁安置补偿。它还很难获得银行和贷款机构的抵押贷款。

（2）分清房屋的户主是谁。目前房屋的所有人可以是多人，或是夫妻共有，或是父子共有，或是继承人共有等。如果投资者想要购买这样的房子，就必须和全部共有人签订房屋买卖合同。如果部分共有人在其他人不知情或是不同意的情况下擅自处理共有财产，其买卖合同一般是无效的。

（3）弄清楚房屋有无债务纠纷。当投资者在购买二手房时，一定要弄清楚该房产是否已经被抵押、或是否有债务纠纷。投资者必须要求房主提供银行按揭合同、保险合同、抵押贷款合同、租约及贷款额、还款期限、已还贷额和租金金额等详细资料，避免以后出现经济纠纷。

2. 使用权并不等于产权

使用权房就是我们平时所说的公房，房屋的产权属于国家或集体，使用权人可以在一定的范围内通过一定的方式转让或交换房屋使用权。不过在一般情况下，使用权房是不能交易的。

对于购买二手房用作投资的买家来讲，使用权房因为投资资金低、租金收益丰厚等优势具有很大的诱惑力。目前，虽然市场上确是有一些交易使用权房的投机行为，但是其行为却是违法的，投资者千万不要为这些优惠政策所诱惑。

3. 调查清楚买卖房屋是否在租

目前我国房屋交易有一项不成文的规定“买卖不破租赁”，也就是说房屋买卖合同不能对抗先成立的租赁合同。很多二手房在转让时都忽略了这一点，在房屋还在租赁期时就急着卖出。如果投资者只注重房产证和过户手续，而忽略了是否存在租赁关系，就会给自己带来不必要的麻烦。

4. 选择信誉好的中介

据数据显示，目前我国 80% 的二手房交易都是经过中介成交的。所以选择信誉好、资质优良的中介对于投资二手房也十分重要。

投资者寻找中介来交易的最主要目的就是寻找信得过的第三方来维护双方的利益，一旦遇到了信誉不好的中介，将会遭到很大的损失。所以投资者应该考察中介公司是否有明确的公司名称、长期经营的地址，是否具有交易房产的资质，是否有良好的信誉，是否有合法的房地产经纪人等等。

5. 房龄应该是投资者主要考虑的问题

一样的房子，房龄不同，价格自然就有所不同。那么，二手房交易，房龄多少才算合适呢?

二手房的房龄虽然只是一个参考条件，但是它也决定了你投资的房产是否具有较高的升值空间。一般来说，3~5 年的房屋，无论在户型设计，还是园林设计上都没有太大的变化；如果超过了 5 年的话，尤其是 10 年以上的房子设计就会有落伍的感觉。

所以，投资者最好避免房龄 10 年以上的旧房子，它不仅很难卖上好价钱，在获得贷款方面也有一定的劣势。

6. 投资者应该考虑市政规划的情况

作为投资者应该了解房屋的市政规划情况，主要包括短期内是否面临拆迁、房屋附近是否要建高层住宅等情况。有些房主可能已经了解该房屋在 5~10 年左右面临拆迁，或是房屋附近要建高层住宅，可能影响采光、价格等情况才急于出售，所以投资者一定要通晓其中的利害关系。

7. 做好实地调查，明确房屋的具体情况

投资者在购买二手房时，一定要做好实地考察，明确房屋的具体情况，并且在合同中写清房屋的具体情况，包括地址、面积和楼层等等。如果发现实际面积与产权证上注明的面积不相符，就应该在合同中注明；同样，在合同中还要注明房屋中具体包括哪些设施，比如房屋的装修、家具、煤气；以及维修基金是否另外计费，只有这样才能保证自己的权益。

8. 谨防中介一房多卖

个别中介为了收取更高的中介费，通常会采用一房多卖的方式，谁出的中介费用最高就与谁成交。因为投资者与中介签订的协议本身没有实质性的法律依据，投资者的权益并没有保障。所以，投资者应该详细地了解房屋的具体情况，谨防一房多卖的情况出现。

房产投资是比较稳健的投资项目，二手房投资更是稳健投资中的首选对象。不过，并非投资二手房都是稳赚不赔的，投资者应该注意以上关键问题，避免自己投资的房产贬值。

◎ 低利息时代，投资者可以以房养房

房产市场从来都是一个充满了机遇和挑战的地方，投资者不仅要有敏锐的投资眼光和掌握投资技巧，更要懂得如何好好地经营，这样才能获得更多的收益。很多的年轻投资者选择以房养房的投资方式，这样不仅可以改善个人的居住条件，还可以积累更多的财富。

潘先生最近已到而立之年，最近忙得不亦乐乎，和相处两年的女朋友将要结婚，并且已经购买了属于自己的房子。这让很多同事和同学羡慕不已，年纪轻轻就购买了自己的房子。

其实，这是潘先生的第二套房子，他从大学刚刚毕业就开始投资房产，贷款购买了一套小公寓。由于这套小公寓临近商务中心，所以租金非常高，于是他便将房子租了出去，自己则住在公司的宿舍中。这样一来，他便可以用高额的租金来支付房贷了。

几年后，潘先生升职为部门经理，工资待遇提升了很多，于是便又购买了一套大房子作为自己的婚房。由于小公寓的租金比较高，潘先生足以支付两套房的贷款本息。

其实，潘先生这种投资方式就是典型的以房养房，也是现在年轻人比较喜欢的投资方式。

1. 以房养房主要有三种形式

（1）出租旧房，用所得租金支付银行贷款来购置新房。如果投资者想要购买大面积的房产，收入又不足以支付银行贷款本息，就可以出租自己所拥有的房屋。

（2）投资购房，出租还贷。投资者购买一套自住房之后，再买一套价格高、升值潜力大、地理位置好的大房子来出租，用每个月稳定的租金来偿还两套房子的贷款本息。这样不仅缓解了日常还款的压力，还可以获得两套房产，逐渐积累个人财富。

（3）旧房抵押给银行，再购买新房产。一些投资者已经购买了一套住房，但是由于距离工作地点较远，或对房屋结构不满意，便想要购买一套新房产。这时投资者就可以抵押原本的旧房子，用银行的抵押商业贷款来购买新房，这样不用花自己的钱就可以实现个人置业投资的目的。

2.“以房养房”应注意的问题

目前，“以房养房”已经成为众多投资者轻松买房的一条捷径。不过，人们似乎只看到了这种投资方式的优势，却忽视了其中的风险。殊不知，一旦出现了问题，购房者就将遭到严重的损失。所以，投资者在“以房养房”时一定要有风险意识，注意以下几个问题。

（1）“以租养房”需要考虑费用支出和租约断档等问题。“以租养房”并不是简单地将房子租出去，便坐等着收房租。投资者应该算好了其中的账目，投资者除了每月支付银行贷款本息之外，还要支付固定的物业管理费。另外，新房出租还有一定的“滞留期”，中间会有一段时间房子是空置的。即便是已经出租的房子也可能会中途“断档”，所以，投资者应该考虑如何度过这样的风险期。

（2）“以房养房”有房地产商空置房抛售和压价出租的风险。目前，市场上商品房的空置率比较高，房地产商手里通常会有很多空置房，这无疑给投资者增加了投资风险。

当某楼盘的短时间卖不出去时，房地产商就会在市场上抛售和压价出租，他们会一边将房子抵押给银行、一边将房子低价出租，这样一来小投资者所承受的风险就更大了。所以，投资者在投资前一定要谨慎小心，考察好楼盘的具体行情和出售情况，避免因盲目投资而遭受损失。

（3）初涉楼市应该量力而行。投资者在进行投资时一定要量力而行，充分考虑个人的资产状况、还贷能力以及房租的租金等问题。如果投资者经济实力较弱，而房租不足以支付银行本息，就会增加投资者的经济负担。尤其是工薪阶层，一旦工作出现了问题，就可能发生财务危机。

（4）贷款利率调整，还款额就会增加。央行每隔一段时间就会调整贷款和存款利率，如果贷款利率增加的话，投资者需要支付的贷款额度就会有所增加，同时增加其经济压力。所以投资者应该随时关注贷款利率的变化，避免让个人家庭财产入不敷出。

既然是投资就会有风险，“以房养房”也不例外。投资者在投资房产时一定要全面评估投资回报率，对“以房养房”的房产来说，应该对周边租金行情有充分的了解，更要考察承租人是否有稳定的经济来源等因素。只要投资者掌握其技巧，就可以一步步地积累更多的财富。

◎ 房产投资前要谨慎考察，谨防陷入“雷区”

房产投资同其他投资一样，具有不稳定性和未知性，没人能保证稳赚不赔。而且由于房产市场受到各种经济和政治等因素的影响，所以投资者在投资前一定要做好充分的考察，谨防陷入房地产投资的“雷区”。

那么，房地产投资究竟有哪些雷区和陷阱呢？

1. 小心房产泡沫

40岁的王先生在2007年开始投资房产，以13000元每平米的价格买下了一套80平米的公寓，最后加上各种税费总计103万元。他首付交纳了40%，首付41.2万元，贷款61.8万元。然而2008年楼市出现了泡沫，房价降到了9000元每平米，他的投资严重贬值，所以，他只能暂且将房屋出租出去，等到楼市好转之后再做打算。

如果投资者看到房产价格持续上涨，便盲目地进行投资，忽略房产泡沫的存在，等到房产价格下降时就会遭到巨大的损失。

2. 小心特价房的陷阱

目前，市场上有些楼盘为了吸引更多购房者的注意，通常会推出特价房，给予消费者一定的优惠。不过，有些楼盘却是提高价格之后再打折，比不打折的价格便宜不了多少；还有些楼盘确实为消费者打折了，但其价格却比周边楼盘高出很多；有些特价房的价格确实比较低，但是户型存在着缺陷，可能是边边角角的户型，或是朝向光照不好的户型。

所以，投资者事先一定要做好考察，比较周边楼盘的情况，计算打折的楼盘是不是便宜了，到底便宜了多少。选择特价房时，投资者一定要考察房子本身价格是否真的合算、产权是不是清晰及打折之后是否强制推销附加产品等等，千万不要被特价房和打折优惠等噱头冲昏了头脑。

3. 小心烂尾房的陷阱

什么是烂尾房呢？就是指那些由于开发商资金不足、盲目上马，导致大面积空置或是全盘停滞的积压楼盘。

一般来说，投资者在购买初期很难发现楼盘是否为烂尾楼，这种现象在一段时间内会一步步地显现出来，等到投资者发现时却又为时已晚。所以投资者应该谨慎小心，对市场需求情况做出准确分析和判断，以免买到“烂尾房”。

某楼盘于 2014 年 3 月开盘，开盘三个月来不少投资者购买了该楼盘，可是直到 2016 年 5 月开发商的承诺都没有兑现，60 多户业主等待两年多的时间都没能入住。原来开发商由于资金不足，资金链发生了断裂，后续工程难以实现。尽管业主们将开发商告上了法庭，并且官司胜诉了，但是因为开发商的账户没钱，房款仍然没有着落，这给业主们带来了巨大的损失。

4. 小心精装房陷阱

近年来，各大城市精装房所占的比例越来越多，“一步到位、拎包入住”，这受到了很多投资者和购房者的青睐。因为精装房不仅避免了选材料、盯现场等装修之苦，还避免了装修带来的噪音、垃圾等烦恼。可是，精装房却暗藏着诸多问题和陷阱，如开发商所选用劣质的装修材料、开发商在保修期上做手脚、样板房的面积和实际面积有出入等问题。

5. 小心旅游度假地产陷阱

赵先生将近退休，看到威海、海南、北海等旅游胜地房产兴盛，想着威海气候好，适合自己和老伴养老，于是便花费60万购买了威海附近的房产。可是，等到入住之后才发现这些地方的房产都是以外地人投资为主的，生活配套极其缺乏，居住起来非常不方便，想要卖出去却无人问津。

通常开发商为了宣传楼盘，常打出环境优美、临近海边、气候宜人和养老佳地的广告。可是很多地方的旅游度假房产都存在着陷阱，大多数处于偏远地方，交通极不便利，生活配套差。如果投资者没有详细实地考察，盲目地进行投资就会被套牢。

6. 小心海外置业陷阱

近几年，很多购房者为了实现移民梦或是投资梦，开始关注海外房产市场，随着移民热和留学热的兴起，海外置业也成为了一种新时尚。可是在投资的过程中，不少购房者遇到了黑中介、地下钱庄骗局、贷款误区、房源无保障等问题。由于投资者和中介的信息极不对称，很容易陷入这样的陷阱。

方女士将儿子送到美国留学，为了保障孩子的居住环境，便在美国购买了一套精装别墅，等到孩子留学时就可以拎包入住了。之后，方女士和中介公司签订了相关协议，可是等到他们拎包入住时，却发现这栋别墅根本是旧房翻新的，而且装修质量和品质也不好。等到方女士找到中介结构时，却发现该中介由于无力持续经营，目前已经处于歇业状态。

房产投资背后陷阱多多，投资者必须擦亮眼睛，只有掌握投资房产应该注意的要点，才能避免让自己的房产投资变成“鸡肋”，才能化解房地产投资的风险。

第十章

保险投资：既能增值又有保障的双利投资

保险是保障和赚钱两不耽误的一种投资方式，
年轻时未雨绸缪，为自己和家人买上一份保险，
未尝不是两全其美的选择。

◎ 保险投资，保险赚钱两不误

两度出任英国首相的丘吉尔对保险十分重视，他曾经说："如果我办得到，我一定把保险写在家家户户的门上。"

以前人们提到投资理财的时候，往往会想到炒股、基金、投资房产等等，却往往忽略保险投资这一最基本的组成部分。近年来，保险理财已经越来越被人们所认识和接受，可是很多人对于保险还有一些认识误区。有些人认为意外发生的概率太小，根本没有必要买保险；有些人认为买保险还不如银行储蓄更划算；有些人认为买保险还不如投资股票、基金等高收益的产品……

这些想法都是不可取的，保险在风险管理和家庭理财方面都具有重要的意义。一般来说，股票、基金可以不投资，但是保险一定要购买，因为保险花费的投资最少，却又是人生最有力的保障。

如果我们把投资理财看成是建造人生财富的过程，保险就是建造财富金字塔基石最关键的一步。如果没有坚实的保障作为后盾，一旦遇到了意

外事故或是重大疾病，我们的财富金字塔就会轰然倒塌。所以在年轻的时候未雨绸缪，为自己买上一份保单，保障自己和家人的健康、保障孩子的美好未来，未尝不是两全其美的选择。

在发达国家，每个家庭都会拿出家庭收入的三分之一来购买保险，将生病、教育和养老等问题统统交给保险公司来打理；三分之一的收入用来储蓄，以便用来应付不时之需；另外三分之一的收入则用来消费和投资股票、基金等。这种分配方式是最合理的，可以让每个家庭在享受生活乐趣的同时，免除后顾之忧。

30 岁的王强是公司的一位经理，妻子是销售公司的业务员，两人的家庭收入不错，并且攒下了 15 万块钱。王强想要利用这些资金来购买股票、基金等投资产品，而妻子则想要购买比较保守安全的产品。最后在理财专家的建议下，王强夫妻制定了一个家庭理财计划：将 15 万平均分为三份，一份购买了某公司的分红险；一份存入银行，等到明年有了孩子给孩子购买少儿险；最后一份完全由王强个人分配，进行股票、基金等投资。这样一来，王强夫妻既可以通过股票等高收益的投资进行获益，还可以通过保险的方式来保障自己的生活。

保险是保障、赚钱两不耽误的一种投资方式，在人生的不同阶段，由于经济状况、家庭结构、年龄特征的不同，每个人需要的保障需求也有所不同，因此需要购买的保险也截然不同。

对于一个人来说，投保意外保险和重大疾病保险可以给未知风险提供一种保障，当个人遭受意想不到的伤害时，本人和家庭可以得到经济上的补偿；投保养老保险，可以给自己 30 年后的老年生活一个保障，做到老有所养、老有所依；当然，保险也是一种投资理财的工具，购买分红险和万能险的投资者不仅可以获得保障，还可以得到现金分红或其他报酬。

很多人认为买保险是有钱人的事情，但经济状况越差的家庭越需要买保险，因为这样的家庭风险抵抗力弱，一旦遇到了意外事件就是毁灭性的打击。对于一个富裕家庭来说，几十万、几百万的医药费完全是一个小问题，但是对于贫困的家庭来说就是一个天文数字。医疗保险和重大疾病保险可以让投保人做到有病可医，还可以缓解家庭经济的负担。

如果投保人购买了保障型医疗保险，每年只需缴 300 多元保费，就可以每次报销 3000 元以下的住院费和 3000 元以下的手术费，同时，住院期间每天还可以领取 30 元的补贴。如果投资者意外发生车祸需要住院治疗，还可以领取 4000 元的意外医疗。一旦投保人意外身亡的话，家人可以一次性获得 6 万元的保险金。这样的保障对于一个普通家庭来说，无疑是雪中送炭。

其实，保险就是花今天的小钱来保障明天，通过保险的囤积将可能浪费的小钱积存起来，给自己一个有保障的明天。

不过，保险投资也应该注意以下几个问题，这样才能为自己的人生提供更好的保障。

首先，我们说投资理财是人生财富的构建过程，而人本身才是创造财富的主题，如果人的健康和生命没有了保障，再多的财富也是空谈。所以购买保险时一定要分清主次，购买了意外险、医疗险和重大疾病保险等产品之后，再考虑财产、教育和投资等保险产品。

其次，保险虽然可以获得投资收益，但是最终目的并不是获得更多的红利。如果一味追求保险的投资收益，而忽视了其保障安全性，那就是舍本求末了。所以投资者在购买投资型保险时，不能只关注其收益性，更应该注重其保障性、实用性。

最后，购买保险要趁早。投保人年龄越小，缴纳的保费就越少，获利也就越早。

比如你想买 50 万元保额的重大疾病险，期限是 20 年，如果 25 岁购买时，每年能只需缴纳 1 万左右保费；如果 30 岁购买，每年就需要缴纳 2 万元的保费。

◎ 我们需要买什么保险

2012年小李大学毕业后，到一家销售公司做业务员，公司按照规定给他上了“五险一金”。由于小李积极肯干、业绩突出，很快就赢得了更多的人脉和经验，在自己的领域打出了一片天地。于是3年之后，小李决定和朋友合伙创业，合开一个销售公司。由于创业初期资金比较困难，所以小李就没有继续缴纳社保。

不久，小李因为劳累过度身体非常虚弱，便拿着医保卡前去医院看病，可是等到他使用医保卡时，却发现因为没有补交保费而失效了，里面只有几百元的余额。

在整个人生中，我们不断地在积累财富，同时又在不断地进行消费。当我们的财富不能支付巨额消费，经受不住意外、疾病、破产时，我们就需要一份保险来为这些意外消费买单，以确保我们的身体健康、生活以及财富的安全。

对于保险，胡适先生非常有见地，他说："保险的意义，只是今日做明日的准备，生时做死时的准备，父母做儿女的准备，儿女幼小时做儿女长大时的准备，如此而已。今天预备明天，这是真稳健；生时预备死时，这是真豁达；父母预备儿女，这是真慈爱。做到这三步的人，才算是真正的现代人。"

现在，人们已经普遍意识到了保险的重要性，无论是明星巨匠还是平民百姓，无论是达官贵人还是工薪阶层都会为自己购买一份保险。其实保险不仅是对风险的保障，也是一种理财行为，保险不仅可以保证我们未来生活的安全，还可以给我们带来更多的收益。

目前，保险市场上产品纷繁复杂，涉及各个方面，只要我们掌握了保险的分类方法，了解每类保险的主要内容，在诸多保险产品中选择适合自己的产品就不再是难事了。

按照保障内容进行分类，保险可以分为：意外保险、健康保险、寿险、养老保险和子女教育保险；

按保障性质进行分类，保险可以分为：保障型保险（如人身保险、死亡保险、财产保险、养老金保险等）、理财型保险（如万能险、分红险、投连险等）和投资型保险（分红险、万能寿险、投资连结险）；

按照保障时间进行分类，保险可以分为：短期型、长期型和终身型。

那么，我们需要购买什么样的保险产品呢？

1. 社会保险

社会保险是最基本的保险，也是我们人生必不可少的保障。它主要包括我们熟知的养老保险、医疗保险、失业保险、工伤保险和生育保险。其中养老保险、医疗保险和失业保险是由企业和个人共同缴纳保费，而工伤保险和生育保险完全是由企业承担。

社会保险是社会保证制度一个重要的组成部分，是国家为了预防和分担年老、失业、疾病以及死亡等社会风险，强制社会多数成员参加的保险。

（1）养老保险是为了保障晚年之后的生活无忧，购买保险的人到法定退休年龄之后，就可以从政府和社会得到一定的经济补偿。没有缴纳养老保险的人在 30 岁之后一定要给自己购买一份，为老年生活未雨绸缪，这样才能使得生活有所保障。一般来说，个人购买养老保险缴费至少需要满 15 年才能领取养老金。

（2）医疗保险对居民也有重要作用，一般单位缴纳 8%，个人缴纳 2%。当个人出现因为疾病需要住院或是抢救、急救时，定点医疗机构或定点零售药店会按照比例报销医药费用，减轻居民的就医负担。

（3）工伤保险也称职业伤害保险，如果劳动者由于工作原因意外受到伤害，或是引起职业病，国家和社会会给予劳动者或是家属相应的补偿，这是对于职工身体健康的保障。

（4）失业保险和生育保险也是国家和社会对于劳动者提供的一种保障，失业险可以保障失业人员的基本生活；生育险则可以保障女性职工的生育权利，其中包括了生育津贴和生育医疗服务两项内容。

2. 人寿保险

人寿保险是人身保险的一种，简称寿险。寿险是保障型保险的重中之重，寿险不仅可以保障投保人的权益，也是整个家庭不可缺少的重要保障。

人生无常，谁也无法保证自己不出意外，无法保证自己不得重大疾病。事实上，每天都有无数意外事故发生，比如重大疾病、飞机事故、车祸意外、地震、海啸、恐怖袭击等等。一旦发生了意外或是患有重病，对于整个家庭来说就是毁灭性的打击，不仅在感情上受到严重伤害，经济上也会面临重大损失。如果选择人寿保险，就可以在经济上保障家人的生活，以应对生活的窘迫。

寿险可以分为终身寿险和定期寿险，定期寿险的期限有10年、15年、20年，或到50岁、60岁等约定年龄等多项选择。

寿险主要包括意外险和重大疾病保险两种。

意外保险是所有寿险中最简单的一种，当被保险人因为意外事件导致身体受到伤害、残疾及身故时，保险公司就会按照保障金额、根据医院伤残等级结论及公安机关出具的相关证明，支付给被保险人一定的赔偿。火灾、交通事故、地震海啸以及恐怖袭击等意外事故都在意外险承保的范围。

重大疾病险也是比较重要的保险，现代人患有各种各样的疾病，心脏病、癌症、脑部疾病等重大疾病的患病率越来越高，尤其是中老年人。被保险人只要投保重大疾病险就可以在患病期间报销相关医疗费用，包括手术费、住院期间治疗和医药费等。

有人说，我们已经上了“五险”了，还有必要购买人寿保险吗？其实，五险只是保障一些最基本的生活，无法保障意外事故和重大疾病的损失。

3. 少儿险

孩子是一个家庭的希望，所有家长都希望自己的孩子健康成长，受到良好的教育。不过很多工薪家庭无法为孩子提供更好的经济条件。少儿险就是专门为孩子设计的，它可以解决孩子成长过程中所需要的教育费用、婚嫁费用，以及应对孩子可能面临的疾病、伤残和死亡等风险。

少儿险主要包括少儿意外伤害险、少儿健康医疗险及少儿教育储蓄险。

少儿医疗险主要预防孩子因为疾病而产生的医疗费用，保证孩子得到优质、快速的医疗服务，让孩子健康快乐地成长。

少儿意外险主要是针对孩子由于意外事故而产生的伤害。我们知道，孩子天性好奇心重、活泼好动，并且缺乏规避危险的意识，所以，孩子比成年人更容易发生意外，或是发生碰撞，或是跌落等等。

少儿教育金是父母为孩子将来的教育而做的长期性计划，以确保孩子受到更好的教育。这种保险和储蓄投资比较类似，通过积少成多的方式来保障孩子将来拥有足够的教育费用。

小白和丈夫都是普通职员，有一个 3 岁的宝宝，他们希望宝宝将来可以受到更好的教育，最好是出国留学。于是打算给宝宝买一份教育险，为孩子准备充足的教育基金。这种保险每年缴纳 1.2 万元，期限是 15 年。如果按照每月进行缴费的方式，每月需要缴纳 1100 元，所以小白选择了后者。

这样一来，等到宝宝 18 岁时，每年可以领取 2000 元的分红，到了 25 岁时，宝宝可以一次性领取 5 万元的创业金或是婚嫁金。等到宝宝 60 岁时，账户还剩余 60 万元的余额。

4. 财产险

刘先生为自己的房子购买了财产险，保额为 6 万元。在投保期间，刘先生的房屋发生了火灾损失为 2 万元。在投保时房屋的价格是 15 万元，出险时房屋的价格是 23 万元。这样一来，刘先生就可以获得相应的赔偿，理赔数额是 60000×（2/23）=5217 元。

给自己的财产投保，可以减少一定的损失。财产险包括很多种类，其中包括家庭财产险、货物运输保险、运输工具保险、农业保险和工程保险等等。当你的财产因为意外事故发生损失时，保险公司就会按照一定比例进行赔偿，这相当于给我们的财富上了一道安全锁。

5. 投资理财型保险

目前保险不仅是一种保障，也是一种投资理财工具，投资保险可以让我们做到保险赚钱两不耽误。目前市场上投资理财型保险主要包括万能险、分红险和投连险三种。投资者可以从保险中获得分红、利息，尤其是投资连结险如同债券和股票一样，使得投资者以最低的成本获得最好的收益。

同样，投资连接保险也有一定的风险性，保险公司不承诺保本，投资的盈利和亏损完全由客户个人负责。

总之，社保和寿险是最基本的保险，是必不可少的。除了这两种保险，投资者还可以根据自己的实际需要为自己购买一份或是多份保单。正如胡适先生所说，保险的意义就是今日做明日的准备，我们只有防范于未然，才能为自己未来的生活上好“保险”。

◎ 人寿保险——保险赔偿金就是救命钱

天有不测风云，人有旦夕祸福。在人生的旅途中，死亡、年老和疾病等都是每个人无法回避的危险，突然发生的意外和疾病则随时威胁着我们和家人的生命安全，给我们的家庭带来了巨大的痛苦和难以预料的经济困难。

当我们和家人的人身遭遇危险的时候，人寿保险就是规避风险的最好武器。人寿保险兼有保险和储蓄的双重功能，解决了投保人养老、医疗和意外伤害等各类风险问题，既能让人们在年轻时为年老时做准备，也能为家人和孩子做准备。

具体来说，人寿保险是人身保险的一种，简称寿险，它是以投保人的寿命为保险标的，如果投保人死亡或是残疾，保险公司就会按照约定支付保险金额。如果保险期限届满之后，投保人无任何意外，保险合同自然终止，保险公司不再承担任何保险责任，并且不会退回保险费用。

与其他保险不同的是，人寿保险转嫁了投保人生存或者死亡的风险。

人寿保险可分为定期人寿、终身人寿、生存保险、生死两全、健康险和巨灾保障几种形式。

1. 定期人寿

定期人寿按照期限可以分为 10 年、15 年、20 年，或者到 50 岁、60 岁的约定年龄。如果投保人在保险期外仍生存，保险合同即终止，保险公司不再承担义务，也不需要返还保费。定期人寿同样对投保人因为意外事故而导致的伤害或残疾身故做出赔偿。

它的保费比较低，每年交一次保费，没有硬性长期缴费。比如某 30 岁投保人，寿险包是 10 万元，缴费期限和保障期限都是 20 年，投保人每年只需缴费 498 元。

通常，投保人常常选择 10 年、20 年 ~30 年这三档保障期限。不过专业人士表示，一次性选择 30 年保障期限，比分别投保三个 10 年更有利。因为分别购买的话，投保人要面对三次为期一年的不安全保障，也就是增加了投保人的风险性。

2. 终身人寿

终身人寿是为投保人提供终身死亡或全残保障的保险，一般到生命终极年龄的 100 岁为止。如果投保人在 100 岁之前死亡，保险公司就会给予受益人相应的保险金；如果投保人生存到 100 岁，保险公司则向本人给予保险金。

因为终身人寿的保险期比较长，所以缴纳保费的比率比定期人寿要高很多。

3. 生存保险

它是指投保人必须生存到保单规定的保险期满才能领取保险金的保险。如果投保人在保险期内死亡，保险公司就不必支付保险金，也不用返还保险费。

4. 生死两全

它结合了定期人寿保险与生存保险两者的优势和特点，如果投保人在保险期限内意外死亡，受益人就可以领取合同约定的身故保险；如果投保人在保险期限内继续生存，投保人就可以按照合同领取满额的保险金。

这类保险既有储蓄的功能，让投保人获得满额保险金，也保障了投保人家人的权益。这是目前市场上最常见的商业人寿保险。

5. 健康险

人寿险还包括了健康险，一是因为投保人疾病或意外事故而发生的医疗费用，一是因为投保人疾病或意外伤害事故而产生了其他损失。

其中最重要的就是重大疾病保险，当投保人患有特定重大疾病时，比如恶性肿瘤、心肌梗死和脑溢血等，保险公司会对投保人所花费的医疗费用给予适当的补偿。

医保确实可以为投保人报销一些医疗费用，但是它只可以报销国产药和常规药，很多针对重大疾病的新药、进口药都不在报销的范围内。重大疾病保险就解决了这方面的问题，并且还可以报销高昂的手术费、家属的陪护费和因病误工费等费用。

最重要的是，保险公司只要确认了投保人的疾病符合相关合同，就会一次性支付相关费用，不需要投保人垫付医疗费用，这无疑减轻了投保人的经济负担。

目前癌症、心血管疾病等重大疾病的患病率越来越高，医疗费用也是越来越高。对于一个普通家庭来说，一个患有重大疾病的患者就可能葬送整个家庭的幸福。

苹果前CEO乔布斯在2004年被确诊为胰腺癌，直至2011年去世，他整整与癌症抗衡了8年。其实，胰腺癌是癌症中最严重的，晚期胰腺癌的平均寿命只有9个月。乔布斯在这8年中，接受了最先进的细胞免疫疗法及最完善的癌症护理，每检测一次DNA就要花费110万美元的费用。

虽然我们平常人无法接受如此先进的治疗，但是像癌症等疾病的医药费也是非常高的，如果没有重大疾病保险的话，普通家庭根本无法承担。

6. 巨灾保障

目前，市场上很多寿险产品将巨大灾难也纳入了保障的范围之内，比如地震、海啸和泥石流等。一般来说，巨灾保障是以附加险的形式出现的，它可以让投保人在面临重大自然灾难时，获得双重的保障。

目前，人寿保险的品种越来越多，很多保险公司为了吸引更多的客户，将传统的寿险与分红险、万能险和投资连结保险结合起来，让投保人在获得人身保障的同时，也可以获得投资理财的收益，这样的保险也越来越受到了投保人的欢迎。

◎ 分红险——给自己的未来一个保障

分红险不仅是一种对人身的保障，也是一种投资理财方式。投资者可以参与保险公司每年的分红，为自己的未来提供一个保障。

简单来说，就是投保人每年按规定缴纳一定的保费，期限到期后投保人按照一定的比例、以现金红利或增值红利的方式，享受保险公司的可分配盈余。分红险主要包括分红寿险、分红养老险、分红两全险及其他有分红功能的险种。

张女士今年30岁，为了给自己将来一个保障，购买了一份保额是9万元的分红险，缴费期限是3年，每年缴纳保费64130元，并且选择了累计生息的方式。这样一来，当张女士60岁时，利息可累计到18万元，到70岁时可以累计到30万元。等到张女士老年时，就可以一次性领取几十万的红利。

同时，张女士也可以选择领取现金的红利方式，即每年保险公司分红时将红利以现金的方式划入张女士的银行账号。

分红险的红利分配有两种方式：现金红利和增额红利。目前，国内大多保险公司采取的是现金红利的方式。现金红利也可以分为现金、累计生息、抵交保费和购买减额交清保险几种方式。

那么，分红险具有哪些特点和优势呢？

1. 分红不是固定的，它和保险公司的经营状况有直接的关系，也与投保人投注的保额有直接关系。其红利是保单所有人从保险公司可分配盈余中分享到的金额。

2. 作为保险、赚钱两全的产品，分红险具有很多优势，首先它是最合算、最便宜的保险。保险公司在收取了投保人的保费之后，如果去掉需要赔付金额和公司运营成本之后，就会将盈余按照比例返还给投保人。如果保险公司利用这些保费进行投资，并获得 70% 以上的收益的话，也会通过红利的方式返还保费。这样一来，投保人在保证自己权益的同时付出的金钱也是最少的。

3. 虽然分红险的红利不确定，但是其来源是保险公司的盈余。保险公司盈利越多，分红就越多。所以，分红险是将客户的利益和保险公司的利益绑在了一起，盈利了，大家都赚钱，亏损了，大家就都亏钱，保险公司通常会为了自己的利润尽量增加经济效益，这样就保证了客户自己的保值增值。

既然分红险和保险公司的盈利能力有直接关系，其红利具有很大的不确定性，那么，投保人怎样判断自己购买的分红险是否靠谱呢？面对市场上品种繁杂的保险种类，投保人应该怎样选择呢？

1. 投保人应该考察保险公司是否具有盈利能力

分红险的可分配盈余主要来自以下三个方面。

死差益，就是实际保险身故人数比预定人数少时，保险公司产生的利润盈余；

利差益，就是实际投资收益比预定收益高时，保险公司产生的利润盈余；

费差益，就是保险公司的实际运营管理费用比预计费用少时所产生的盈余。

除了第一种死差益是很难控制的，后两者保险公司都可以通过提高经营管理水平、降低成本、选择收益高的投资项目来实现。所以，投保人在购买保险之前，一定要仔细分析保险公司的财报报表，选择财务状况良好和发展前景好的大公司。

2. 投保人应该考察同一家保险公司以派发红利的历史数据

除了要考察保险公司的盈利状况，还要查看其历年派发红利的情况。如果该保险公司历年的红利数额和预期红利相差无几，说明其信誉非常好，可以保障红利的发放。如果该保险公司历年的红利数额和预期红利相差很多，该公司就可能存在弄虚作假的情况。

中国保监会规定，保险公司每年至少将可分配盈余的70%分配给客户。有些公司或许会给客户分配更多的盈余。比如英国保诚保险公司就是一家信誉良好的公司，它承诺并且做到了将公司可分配盈余的90%分配给客户。

信诚保险公司就是英国保诚和中信集团合资成立的，它也秉持着诚信、分红利高的公司，每年给客户分配的实际分红非常可观，且与保单上的预期红利相差无几。

3. 根据个人情况选择保险，并不是所有家庭都适合分红险

分红险的投资金额比较多，投保成本比较高，并不适合所有家庭。如果该家庭收入不稳定，无法及时缴纳保费或是中途退保的话，就会给家庭带来一定的损失。另外分红保险很少涉及重大疾病、医疗等方面的保障，不适合老人和小孩购买。所以购买分红险不要盲目跟风，要考虑自身家庭的实际情况。

分红险是一种比较稳健的投资方式，虽然安全性比较高，但是收益性不高、流通性相对比较差。它的收益率只是比银行定期存款利率高一些，如果家庭的目的是为了长期储蓄的话，这种保险就是最好的选择；如果投资者想要赚钱的话，就不适合购买这种保险了。

另外，分红险每年都会派发红利，但是如果选择累计生息的话就可以获得更多的收益。投资者最好选择前期多存少取、后期少存多取的方式。分红险是一种长期的投资，投资者千万不要只顾眼前的红利，而忽视了背后的高风险。

◎ 财产险——为我们的财富上锁

对于家庭来说，财产保险具有非常重要的意义，为我们的房屋、家用电器、金银珠宝购买一份保险，就可以为我们的财富上一道安全锁。

投保人的房屋价值 100 万元，他为自己房屋投了 100 万的财产险。如果在意外火灾中，房屋损失严重，经过保险公司的鉴定实际损失为 60 万元，那么，投保人就可以获得 60 万元的赔偿。

如果投保人为家庭财产投了 10 万元的财产抢盗险，当他们外出旅行时，家中贵重财物被抢劫一空，其中包括电脑、手机、贵重手机等，总价值为 2.5 万元，其中还有部分电器、家具被损害，折合损失 8000 元。经过保险公司的确认后，投保人获得了 3.3 万元的赔偿。

所以说，一份家庭财产保险单，可以让家庭的经济损失降到最低。

当然，财产险不仅包括家庭保险，还包括企业财产保险。简单来说，企业财产保险就是对企业存在固定地点的财产和物资作为保险标的的一种保险。它的适用范围非常广泛，任何工商、建筑、交通、服务企业、国家机关、社会团体等单位都可以为其财产投保财产保险。

下面，我们就具体了解一下财产保险的主要内容以及特征。

1. 家庭财产保险

它是投保人以房屋以及屋内设备等有形财产为保险标的的保险，当家庭财产遭受意外损失时，保险公司就会及时给予相应的经济补偿。这不仅可以减少家庭经济损失，还可以保证居民生活的安定，保障社会的稳定。

目前，家庭财产保险主要有普通家庭财产险和家庭财产两全险。

（1）普通家庭财产险。普通家庭财产险又分为灾害损失险和盗窃险两种。

通常，灾害损失险的投保范围包括投保人自有财产、被投保人代为保管的财产以及被保险人与他人共有的财产。比如家具、用具、室内装修物；家用电器，文化、娱乐用品；日用品、床上用品等。农村家庭的农具、工具，以及已经收获的农副产品等。

家庭财产中的金银珠宝、首饰古玩和古书字画等也属于投保的范围，不过这些财产的价值很难确定，必须经过专业鉴定人员鉴定才能进行投保。

值得注意的是，并不是所有的家庭财产都可以进行投保，以下几种财产通常不在承保范围内。

★ 无法确定具有价值的财产，比如货币、票证、有价证券、邮票、文件、账册、图表和技术资料等；

★ 日常生活中所需要的消费品，比如食品、粮食、烟酒、药品和化妆品等；

★ 违反法律规定的个人收藏品或财产，比如枪支、弹药、爆炸物品和毒品等；

★ 处于危险状态的财产，比如危房等。

当家庭财遭遇自然灾害时，比如雷击、冰雹、洪水、海啸、地震、泥石流和暴风雨等；或是意外事故，比如火灾和爆炸等，保险公司应对财产损失进行赔偿。对于以下几种原因造成的损失不予赔偿。

★ 战争、军事行动或暴力行为；

★ 核辐射和污染；

★ 如果电机、电器设备因为使用过度、超电压、碰线和弧花等原因导致本身损毁时，保险公司不予承保；

★ 如果家庭财产因为投保人以及家庭成员、寄居人员故意损坏，或是故意纵容他人盗窃的时候，保险公司不予承保。

★ 因为投保人房门未锁、门窗未关等非正常安全状态下而导致失窃时，保险公司不予承保。

最后，普通家庭财产险的保险期限为1年，即从保单签发日零时起，到保险期满日 24 时止。

（2）家庭财产两全险。家庭财产两全险是一种比较特殊的险种，具有经济补偿和到期还付本金的特性。它与普通家庭财产保险唯一区别就是保险金额的确定方式有所不同。它采用的是按份数确定保险金额的方式，即城镇居民每份 1000 元，农村居民每份 2000 元。其投保的份数是由家庭财产的实际价值决定的。

投保人一次性交纳保险储金，并且将保险储金的利息作为保费。保险期满后，保险公司将如数退还给被保险人。

2. 企业财产保险

企业财产保险适用范围非常广泛，包括企业的房屋、建筑物、机器及设备和生产工具仪器等；企业的原材料、半成品、在产品、产成品或库存商品等；建造中的房屋、建筑物和建筑材料等等。

另外，一些金银珠宝、首饰古玩、艺术品等贵重财物，需要专家的鉴定才能投保。堤堰、水闸、铁路、涵洞、桥梁和码头等财产，需要提高保费和附加保险特约条款才能进行投保。

值得注意的是，土地、矿藏、森林、水产资源以及未经收割或收割后尚未入库的农作物不属于投保范围；违反法律规定的财产，如违章建筑、危险建筑、非法占用的财产不属于投保范围。

不管是家庭还是企业都难免遇到自然灾害或意外事故，而这些风险就是我们人生中“潜伏杀手”。只要我们能够树立科学的风险观念和理财观念，做好充分防御风险的准备，就能够给财富提供一个保障。

◎ 万能险并不是万能的

25 岁的方先生目前单身，年收入 6 万元左右，虽然现在生活自由自在、衣食无忧，但是结婚生子之后就会承受更大的压力，包括孩子的生活费、教育费和买车买房等。所以他决定趁早给自己买一份保险，给以后的生活一个良好的保障。在理财专员的推荐下他购买了一份万能险的终身寿险，保额共12万，每年缴纳保费6000元，缴费期限是20年。

这样一来，在签订合同的第4年，方先生每年都可以获得当期应交保费的2%来作为奖励，用来当作经济拮据时缓缴的保险费，也可以直接领取现金来缓解生活所需的费用。万能险的缴费方式比较自由，如果方先生经济宽裕，还可以适当地提高保额到15~20万，这样将来就可以领取更多的收益。

根据合同规定，方先生在60岁的时候，保单价值就可以达到50万元。如果他采用累积生息的方式，在60岁时保单价值就可以达到111万元。这足可以保证方先生未来的生活。

万能险是风险与保障并存，介于分红险与投连险之间的一种投资型产品。投资者所缴纳的保费可以分为两部分，一部分用来保险的，一部分是用来投资的。最重要的是，投资者可以自由地转换其缴费方式、缴费期间、保险金额等。

投资者可以按照合同每年领取一定数额的利息，作为子女的教育金、婚嫁金和创业金；也可以到期一次性领取本息，作为个人的医疗储备金及养老储备金。

作为一种新兴的保险产品，万能险在近十年内发展非常迅速，它受到了很多年轻人的欢迎和追捧。这是因为万能险不仅具有人寿保险的基本功能，还具有“风险准备金”存储的作用。

那么，万能险到底是不是万能的呢?

万能险并不是万能的，并不是所有人都适合万能险，更不是一个人一生就买一张保单就可以了。

其实，万能险就是含有人寿保障成分的分红险，它的万能主要体现在缴费方式灵活、保额可调整和保单价值领取方便这三个特征上。在现实生活中，很多人也是看中了这三个特点才选择购买万能险，但是投保了几年之后就因为没有领取到预期的保单价值，便产生了退保的想法。

如果投资者购买了某保险公司的万能险，一次性缴纳保费 1 万元，其中 7.5% 作为初始费用，剩余 9250 元进入个人账户。按照合同规定保底利率是 2.5%，那么 5 年后，个人账户价值是 10465 元。保险公司承诺以账户价值的 5% 作为特别奖励发放给客户，其奖励为 523 元，所以投资者个人账户总价值是 10988 元。也就说，投资者获得的收益就是 988 元。

如果投资者将 1 万元存入银行的话，那么 5 年后就会获得 2736 元的利息，所以，万能险并不适合短期投资，以及想要获得短期收益的投资者。

那么，万能险适合哪些人购买呢？

1. 适合没有明确投资理财计划的菜鸟

一些刚毕业的年轻人，没有明确的投资理财计划，且每月都花光工资的“月光族”。这样的投资者可以购买万能险，利用其强制储蓄的功能来攒钱，还可以在一定程度上抵御通货膨胀带来的负面影响。

2. 适合经商的人

万能险最大的好处就是缴费方式和提取方式灵活，可以满足商人对于现金流波动比较大的需求。当资金闲置时，投资者可以多缴纳一些保费；如果遇到了很好的投资机会，也可以提取现金来进行投资。

另外，万能险和其他分红险不同，前几年的保单价值比较高，可以用来作为资产质押进行贷款。利用保单贷款的利率比较低，降低了企业投资的成本。

所以，万能险并不是什么事都可以保，也不是什么人都可以购买。投资者只有了解万能险的主要特点，才能购买到适合自己的保单。

◎ 走出保险理财误区，让财富轻松增值

2015 年 7 月，李洋到某银行存储，在柜员的推荐下购买了收益比较高的长期人寿保险，每年保费 1200 元。但是今年以来，孩子的出生增加了家

庭负担，李洋不想再承担额外的保险费用便想要退保。可是银行理财专员却告知他只能按照保单的现金价值拿回不到400元的资金，这让李洋觉得太不合算了，他不知道如何减低自己的损失。

又如，白太太在保险公司的推荐下购买了某款寿险，类似于强制储蓄的分红险，每年缴纳3000元保费，期限为20年。等到白太太55岁后，每月可以领取一定的现金。后来，白太太生病住院，想要通过保险来获得理赔，可是却被告知这张保单没有医疗保障，只保障养老和意外身故。这时白太太才知道自己并没有弄明白这张保单的真正用途。

其实，在生活中很多人或是因为被销售人员误导了，或是因为不了解自己应该购买什么品种，而走进了保险理财的误区。他们不仅没有为自己的生活提供保障，还遭受了经济损失。所以，投资者想要轻松地为自己财富增值，就应该掌握买保险的技巧，走出保险理财的误区。

那么，投资者在购买保险时究竟有哪些误区呢？

1. 买保险不如储蓄和投资

很多人认为保险没有太大的意义，还不如年轻时拼命赚钱存钱，或是通过投资股票、基金来获得更多收益。其实，这是一种非常典型的错误认识。

保险最重要的是保障功能，对于经济不是很宽裕的人来说，可以解决重大的经济问题。那些意外险和定期寿险都具有“花小钱，办大事”的好处，每年花费几百元或上千元就可以换来几十万的保障额度。

那些储蓄型和分红型的保险，也可以让投保人获得与储蓄相差无几的利息。最重要的是现在很多储蓄型保险，一旦投保人因意外伤害事故身故或全残，可以不用继续缴纳保费，仍可以享受到保障。

比如少儿教育保险，如果担保的父母发生意外事故而无力缴纳保费，孩子仍可以享受保障。这是那些教育储蓄和基金投资无法做到的。

2. 保险收益低，还不如炒股票、投资房产

很多人认为保险收益率低，投资期限比较长，等到到期领取本息时，已经因为通货膨胀而贬值了，还不如那些钱去炒股票、投资房产。这也是

错误的想法。他们只看到股市的收益率高，却忽略了安全性。股市起起伏伏，无数人因为贪图其高收益而被套牢，甚至赔掉全部家产。所以人们在投资的过程中，千万不要陷入这个误区。

目前，我国居民的理财观念出现两个极端，要么将手中大量的存款存入银行，要么购买股票、期货等高收益的投资产品。其实，每个人都应该合理地分配个人资产，进行科学的理财投资，这样才能在获得收益的同时保障生活得更美好。

每一种理财产品都具有优势和劣势，股票、基金和炒房等投资收益高，但风险也高；保险和银行存款等投资收益不高，但稳健安全。我们不能将每一分钱都用在冒险性的理财上，而忽略其安全性。保险投资是人生财富构建过程中的基石，只有保障了安全可靠性，才能放心地进行长期投资和持续投资。

3.“我已经投了社保了，就不需要再购买商业保险了”

很多公司福利不错的白领都认为：“我已经投了‘五险一金’，生活已经有了保障，就不用再买商业保险了。”

其实，社保是居民生活最基本的保障，而商业保险就是对社保的一种补充。社保提供的保障比较低，范围也比较窄，比如医疗保险就无法保障重大疾病重大损失。商业保险中的重大疾病保险就弥补了社保中大病医疗保障方面保障力度不足的缺点。

另外，社保中的养老保险也具有局限性，职工只有在退休之时才可以每月领取一定数额的保险金。更何况随着我国老龄化趋势的加剧，社保基金缺口越来越大，养老保险领取在将来也存在着难题，而商业保险中的养老保险，投保人不仅可以定时领取现金，还可以在到期时一次性领取几十万的保障金。

最重要的是，商业保险比社保更广泛，除了个人基本生活保障，还包括了少儿教育险、意外死亡和财产险等。投保人可以根据个人家庭的具体收入情况、健康情况进行投保，是提供个性化、高水平的综合保障的最佳选择。所以，我们应该趁着自己年轻，及早规划个人人生保险计划。

4. 买的保单越多或是缴纳的保费越多，理赔的金额就越多

很多人认为买的保单越多，获得的理赔就越多。其实，这是一种认识的误区。

我们来看这面这个事例。

小李因为交通意外导致骨折，住院花费6000多元治疗费用。因为他之前曾经投保了三份住院医疗保险，额度都在8000元之内，所以小李认为自己这次事故肯定可以全部报销。可是等到他想要通过保险理赔报销医疗费用时，发现三份保险都需要出具医疗费用凭证原件。也就是说，他只要投保一份住院医疗保险就够了，其他两份只是在白白地浪费金钱。

医疗费用保险作为一种补偿型保险，保险公司是按照投保人实际支出的医疗费来支付保险金的。不管你在多少家保险公司投了多少份保险，最终都不能超过实际支出的医疗费用。

同时，家庭财产险也是如此。并不是缴纳的保费愈多就越好，保额越高就越好，因为在理赔的时候，保险公司只是按照财产实际价值和损失程度来进行理赔。

5. 富人不需要保险？“我有那么多财产根本没有必要买保险”

很多人认为富人不需要买保险，庞大的企业和足够的财富足可以保障自己和家庭的未来生活，根本没有必要买保险。

这是一种认识的误区。李嘉诚先生就为自己和家人购买了高额的人寿保险，他说：“别人都说我富有，拥有很多财富，其实真正属于我个人的财富，是给自己和亲人买了充足的人寿保险。”

对于事业有成的富人来说，虽然不需要保险来缓解经济压力，但是保险是一种投资理财方式，也是规避风险和管理风险的有效手段。随着市场竞争越来越激烈，企业内部管理越来越复杂，企业随时出现财务危机的时刻，或许一个错误决策就可以让一个企业由鼎盛迅速走向破产。

如果企业家为个人财产和企业资产购买了相应的财产险，就可以在企

业和家庭之间建立防火墙，有效地隔离企业资产和家庭财富，帮助自己和企业渡过难关。

买保险就是买保障，投资者一定要掌握购买保险的技巧，千万不要盲目地选择保险品种，不要心血来潮地盲目购买保险，更不要被推销保险的业务员所忽悠。只有根据个人实际情况来购买，研究好想要购买险种的保险责任和理赔原则，才能为自己的未来生活买来可靠的保障。

◎ 真是“投保容易理赔难”吗

目前买保险已经成为一种趋势，越来越多的人意识到应该给自己的未来加一份保障。但是，很多客户都反映投保容易理赔难，理赔程序复杂、效率低和拒赔等问题成为了很多客户抗拒购买保险的重要因素。那么，真的是投保容易理赔难吗?

我们先看下面两个事例。

小李是一位上班族，他新买了一辆白色轿车并给爱车购买了车险。每天小李都会把爱车停到小区门口，一天早上，他发现爱车被划了一道长长的划痕。小李立即要求保险公司进行理赔，却被告知保单中没有“划痕险”这一项，保险公司拒绝理赔。最后小李只能自费支付了1000多元的修理费。

王先生外出旅游，路上发生了重大车祸，除了全身多处骨折之外，右腿也受到严重的伤害，而且有残疾的危险。由于王先生为自己购买了人寿保险和重大疾病险，并且旅行团也给游客上了意外伤害险。

王先生立即向保险公司报案，并准备了相关理赔资料，如保单、事故鉴定、身份证件和医院证明等等。保险公司启动了相关重大事件理赔处理程序，很快为他支付了20万元理赔款和相关医疗保险金。

其实，目前保险业发展越来越健全，保险公司之间竞争也越来越激烈，为了吸引更多的客户，保险公司的理赔也越来越高效。除了少数业务员做出不负责任的承诺外，保险公司很少出现故意拒赔的情况。很多理赔难的事件都是因为投保人没有了解相关保险知识，或是存在着认识误区。

如果投保人及时报案，弄清楚保险合同的理赔条款，按照相关合同要求准备好理赔需要的资料，就可以实现快速理赔，理赔就不再是难事了。

对于理赔来说，投保人究竟怎样做，才能快速理赔呢?

1. 投保人在出现意外之后，应该立即向保险公司报案，提出理赔申请。在进行索赔时，投保人应该提供相关资料，比如保险单或保险凭证的正本、已缴纳保险费的凭证、有关能证明保险标的或当事人身份的原始文本、索赔清单、出险检验证明以及其他根据保险合同规定应当提供的文件等等。

2. 如果是意外事故的话，投保人应该提供意外事故证明、伤残证明、死亡证明和销户证明等；住院治疗的话，投保人应该提供诊断证明、手术证明及处方、病理血液检验报告、医疗费用收据及清单等。

3. 保险公司在进行理赔时，应该掌握以下相关理赔要素。

（1）了解保险的理赔种类。投保人购买保险时，保险公司通常会在合同中规定保险的范围和金额，如果出现了意外，保险公司只能按照保单的约定来支付相应的保险金。

所以投保人在购买保险时，一定要注意其投保范围，按照个人的需要来购买相应的保险。比如在事例 1 中，小李就是因为没有弄清楚自己的投保范围才导致无法理赔的。

（2）弄清保险公司的理赔程序。保险公司在进行理赔时，必须要按照合同和理赔程序来办事，所以投保人应该了解其程序。

通常保险公司按照以下程序来办理：立案检验、审查单证、审核责任、核算损失、损余处理和支付赔款。如果遇到了重大意外事件，保险公司也会简化理赔程序，尽快实现理赔。

（3）投保人必须在索赔时效期内提出索赔。每种保险都有特定的索赔时效，不同的保险时效也不同。如果超过了理赔时效，投保人没有向保险公司提出索赔，或是没有提供相关证明，或是没有领取保险金，就视为放弃了索赔的权利。

通常，人寿保险的索赔时效为 5 年，其他保险的索赔时效为 2 年。索赔时效应该从投保人或受益人知晓事故发生之日算起，投保人或受益人应该立即报案，并且提出索赔请求。一般情况下，投保人应在保险事故发生 10 日内通知保险公司，但是每个险种的时效不同，所以应该尽量立即报案。

4. 在什么情况下保险公司有权拒绝理赔呢？

（1）保险公司只对投保人确实因为责任范围的风险引起的损害进行赔账。如果投保人自身犯罪，或是故意行为而导致损失或伤害，保险公司就不予理赔。

（2）如果投保人故意隐瞒病史，保险公司查明情况之后不予理赔。如果投保人如实告知病史，保险公司也同意以亚健康体的标准投保，那么就必须给予赔偿。

（3）如果投保人中途退保，那么保险公司只退还少量的费用，但是不予理赔。

（4）除了没有法定行为能力的人，如未成年人，投保人和受益人必须要亲笔签名，不能亲人代签，否则不给予赔偿。

按照《保险法》规定，以死亡为给付保险金条件的保险合同，未经被保险人书面同意并认可保险金额的，合同无效。所以，投保人和受益人一定要确定亲自签名。

（5）在车险理赔时，保险公司和投保人如果存在定损分歧，投保人可以通过调解委员会重新查勘定损，来保障自己的权益。

（6）如果投保人没有在规定日期缴费，保险公司通常会给予 60 天的宽限期。如果在宽限期内出现意外事故，保险公司就应给予理赔；如果在宽限期内仍不缴费，保险公司会根据保单的现金价值进行垫付。如果垫付费用不足，保单则自动终止，当投保人发生事故时，保险公司就不予理赔。

所以，投保人在购买保险时，一定要按照保险合同进行理赔，仔细对待相关小细节，那么，保险理赔就会快速实现，理赔就没有那么难了。

第三篇　投资理财风险篇

Disanpian

高风险才会有高收益

正所谓“高风险，高收益；低风险，低收益”。

投资者想要获得更高的收益，就必须要有承担风险的准备。

所以，投资者千万不可以盲目投资，忽略投资风险。

第十一章

股票投资：玩转股市大行情

股市行情变幻莫测，每一个波动都牵动着投资者的神经，
投资者不仅要懂得炒股的技巧，更要树立良好的心态。

◎ 轻轻松松了解什么是股票

股票拥有让人着魔的魔力，因为它可以让一个普通人在一夜之间成为百万富翁，也可以让一个拥有百万家产的富豪在一夜之间变得一无所有。

2005 年 8 月 5 日，百度在纳斯达克上市，原始股涨幅达到了 353.85%，每股以 122.54 美元收盘。百度公司拥有原始股的管理层和员工赚取了巨额财富，一夜之间就产生了 9 位亿万富翁、30 位千万富翁和 400 位百万富翁。

到了 2015 年，我国内地有 75% 的家庭都在炒股，并且在股市行情持续好转的情况，大部分人都赚取了相应的利润，30 岁以下的年轻人占据了很大的比例。不过近几年内，股市行情一直处于熊市，越来越多的股民开始赔钱。据数据显示，2015 年 6 月 12 日，上证综指达到了最高点 5178.19 点，不过随后就迎来了一次大暴跌，两周内沪深两市市值蒸发了 21 万亿元。

股票确实可以给人带来巨大的收益，但是却同时存在着巨大的风险。对于刚开始投资理财的新手来说，股票是让人又爱又恨的东西。股票到底是什么呢？它又是怎样操作的呢？

股票就是股份公司发行的所有权凭证，是指股份公司为了筹集资金而发行的，股东持有的作为持股凭证并借以取得股息和红利的一种有价证券。

持有股票的股东享有参加股东大会、企业经营决策的权利，以及享受企业分红的权利。股东可以转让、买卖股票，但是不能要求公司返还其出资。

那么，股市主要分为哪些种类呢？

1. 按照投资主体进行分类

按照投资主体的不同，股票可以分为法人股、国有股和社会公众股三种。

（1）法人股。它是指企业法人或具有法人资格的事业单位或社会团体以其依法可经营的资产向公司非上市流通股权部分投资所形成的股份。

一般来说，在我国上市公司中，法人股平均占 20% 左右。

（2）国有股。它是有权代表国家投资的部门或机构以国有资产向公司投资形成的股份，它在公司股权中占有较大比重。

（3）社会公众股。它是个人和机构，以合法财产向公司可上市流通股权部分投资形成的股份，一般不超过该公司股权的千分之五。

2. 按照股票上市的地面和所面对的投资者进行分类

按照股票上市的地面和所面对的投资者进行划分，我国上市公司的股票有 A 股、B 股、H 股、N 股和 S 股等。

（1）A股。它的正式名称叫作人民币普通股票，由我国境内的公司发行，境内的个人和组织（不含港澳台投资者）可以用人民币进行购买和交易。

（2）B 股。它的正式名称是人民币特种股票，以人民币标明面值，以外币认购和买卖，交易场所是上海证券交易所和深圳证券交易所。

上海交易所按美元单位计价；深圳交易所按港元单位计价。

（3）H 股、N 股和 S 股。H 股就是国企股，就是内地国有企业在香港上市的股票。

N 股是内地注册的企业在纽约上市的股票。

S 股是内地注册的企业在新加坡上市的股票。

3. 按照业绩水平进行分类

每个企业的业绩不同，其股票的发展潜力也有所不同。按照发行企业的业绩水平，可以分为绩优股和垃圾股。

公司业绩和经营状况良好的企业发行，每股收益平均在 0.5 元以上的股票，称为绩优股。

公司业绩不好，或是经营亏损、违规企业发行股票，称为垃圾股。

另外，按照股票交易的价格高低，股票还可以分为一线股、二线股和三线股。

一线股的价格一般比较高，股票业绩优良或具有良好的发展前景，比如一些高科技行业的股票等。

二线股是价格中等的股票，也是市场上数量最多的股票，它们具有一定的发展潜力，但是其收益率普遍不是很高。

三线股就是比较便宜的股票，这些公司业绩不好，没有很好的前景，甚至已经到了亏损的境地。还有一些公司业绩比较不错，但是属于夕阳行业，发展前景不是太好，其股票也属于三线股。

4. 按照股东的权利进行分类

按照股东的权利可分为普通股和优先股。

（1）普通股。它的价格随着企业利润的变化而变化，是企业资本结构中最基本的组成部分。投资者获得的收益是由公司盈利高低来决定的，公司经济效益好，股票价格就高，收益率就越高；相反股票价格就会下降，收益率就越低。

我国上交所与深交所上市的股票都是普通股。

（2）优先股。它是相对于普通股来说的，在利润分红上和剩余财产分配的权利上都优先于普通股。

优先股股息率是事先预定的，也是固定的，一般不会参与企业的分红，但是可以先于普通股获得股息。优先股的股东一般没有选举权和被选举权，对于企业的重大经营没有投票权。

◎ 选好股票才是王道

华尔街的风云人物、美国最富有远见的投资家吉姆·罗杰斯曾经说:“我一向不关心大盘的涨跌，我只关心股市中有没有符合我的投资标准的股票。”

选好股票对投资者来说异常重要，如果选择正确，就可以在短期内赚取大钱；如果选股不慎，即便大盘每天都节节攀升，自己的股票也会狂跌不止，导致所有的投资都血本无归。

股神巴菲特当初以100美元起家，凭借着独特的投资才华和理念，成为了目前最著名的投资家、拥有数百亿美元财富的世界级大富豪。

巴菲特秉持着老师格雷厄姆反对投机、主张通过分析企业的赢利情况、资产情况及未来前景等因素来评价股票的投资理念，在40多年的股坛生涯选择了22只，投资61亿美元，共获得了318亿美元，平均每只股票的投资收益率高达5.2倍以上。这让他创造了历史上最惊人的股坛神话。其实，他成功的秘诀就是选择好股票，然后长期持有。

比如，在1980年巴菲特用1.2亿美元、以每股10.96美元的价格，购买了可口可乐7%的股份，并且长期持有。1985年，可口可乐改变经营策略，开始投资饮料生产，其股票在5年内涨了5倍左右，涨至51.5美元。这让巴菲特获得了惊人的收益。

对于投资者来说，选择哪一只股票，买进或卖出多少数量，是必须在短时间内做出的抉择。而这个抉择则是投资者是否可以盈利的关键。

选股并不是一件简单的事情，面对证券市场上令人眼花缭乱的众多股票，购买哪只股票能够赚到钱呢？如何才能选择一只好股呢？

1. 选择优秀的企业，有发展前景的企业

我们买股票就是买上市公司的未来，如果发行企业发展前景不好，管理者的管理水平低下，那么，企业肯定没有良好的发展前景，其股票肯定没有任何价值。所以投资者在购买股票之前，应该详细地了解企业的管理状况、发展前景、财务状况等相关信息。只有具体地了解这些相关信息，才能判断一股票是否值得持有。

巴菲特曾说过："优秀企业的标准就是业务清晰易懂，业绩持续优异，管理者能力非凡且为股东着想的大公司。"而看一个企业是否有发展前景，就应该看它是否有资源优势、是否具有核心竞争力、是否具有品牌优势、是否有垄断优势、是否有政策优势。只要满足了上面一个或几个条件，其股票就是一只好股。

比如国内的云南白药是国家重点保护的中药品种，它具有品牌优势、政策优势和核心竞争力，所以股票价格相对稳定，投资者可以长期持有。

2. 关注行业发展情况，关注其产品周期和新产品推出情况

每个行业和产品都有一定的发展周期，新推出的产品或新研发的产品其发展周期比较长，且竞争力比较具有优势；而那些已经进入发展周期后期的产品，很快就会被新产品所代替，生产这些产品的企业和行业也很快就被淘汰。

所以投资者在选择股票时，应该选择新兴产品或是不断推出新产品、新技术的企业，这样的股票才具有发展潜力。

3. 购买自己熟悉的股票

投资者应该购买自己熟悉的股票，这样就可以轻易了解企业情况，适时地获得企业的相关信息，利用这些信息来抢先一步买入或卖出。

如果购买不熟悉的股票，你又没有时间分析股市行情、了解企业的相关信息，就只有在运气好的时候才能赚钱。

4. 资产重组或产业转换的企业，股票的升值空间较大

一些竞争力较差的企业，如果通过资产重组或是产业转化的方式来改变企业结构，或是引入优良资产，企业的业绩就会大幅度提升。这时股票就有升值空间，投资者可以考察其实际情况，看其是否值得持有。

5. 买股票不在多，应选择“精品股”

“精品股”是指那些发展潜力大，利润回报率高的股票。比如那些在某行业具有垄断地位、拥有雄厚的资本以及先进技术的企业发行的股票，其发展潜力都比较大，其利润回报率也高，具有较强的抵御风险能力。如果投资者选择这样的股票长期持有，就会获得较高的收益。

6. 选择潜力较好的“黑马”

“黑马股”顾名思义就是那些不著名的，但潜力非常好的上市公司发行的股票。这些股票涨幅不是很大，但是一旦经营规模上来了，其发展就会一日千里。

投资者如果具有专业分析能力，具有挑选黑马的技巧，从大多数人都不看好的个股中选出强势股，就会在短期内获得丰厚利润。不过，黑马股是可遇而不可求的，投资者不应该刻意地寻找黑马，而错失了其他投资机会。

7. 选择成交量大的股票

成交量是一种供需关系的体现，当供不应求时，众人纷纷买进，成交量就会放大；当供过于求时，市场交易就会冷清，买入的人数稀少，成交量就会萎缩。成交量是投资大众购买股票欲望强弱的直接体现，当成交量持续放大时，股票价格就会随之上升。所以，它是股价的重要的影响因素，且比股价先行。

如果某只股票成交量放大，且有大手成交的情况，这只股票就很可能会成为股市的黑马。这时投资者应该及时买入，并且密切关注成交量的变化，一旦出现下跌的情况就应该果断卖出，这样便可以在获得收益的同时规避投资风险。

8. 识别题材信息，选择有潜力的题材股

题材股就是有炒作题材的股票，通常某些股票会因为一些突发事件、重大事件的炒作而上升。当市场炒作这些题材时，涉及相关内容的行业的股票就成为了题材股。比如当能源紧张时，太阳能电池生产企业、酒精生产企业就会成为炒作题材，这些股票就被称为新能源概念股。

这些题材的炒作会刺激相关行业的股票热起来，投资者如果选择这只

股票的话就会获得相应的收益。不过，投资者也应该仔细识别题材信息的真实性和准确性，不要听风就是雨，使投资增加风险。

选好股票是股市投资的关键，如果投资者能掌握其技巧，就会大大降低投资风险，所以投资者不仅应该了解专业知识，更应该掌握其选股的方法，为自己选择真正有价值的绩优股。

◎ 把握时机，找准最佳买入点

有人说，股市就那么简单，低买高卖就可以盈利。但是哪个点才是最低点，哪个点才是最佳买入点呢？

小航是一个刚刚进入股市的新手，在分析了几天的大盘之后，决定入市来尝试一番。

他准备购买一只价格适中的股票，这只股票的价格波动不是很大，此时呈下跌趋势。

小航心想如果能够在最低点购买然后在价高时卖出，自己就会获得一部分收益。可是小航始终犹豫着要不要买入，价格下跌时他担心自己买入之后会持续下跌；价格上涨时，他又担心自己买的价格贵了，无法获得预期收益。

就这样，小航犹豫了两天，始终没有下定决心购买。

股票投资的盈利原则是低价买入、高价卖出，但是很多投资者像小航一样，时常因为犹豫不决而错过买入机会。为了避免这种情形，投资者应该掌握购买股票的技巧，分析股票的走势和行情，找准最佳的买入点。

那么，投资者应该如何把握买入股票的时间点呢？

1. 在股价上升成交量稳步放大时买入

当股价稳步盘升且成交量稳步放大时，主力会配合大势继续稍加拉抬股价，投资者可以大胆买入，等到股价突破一段飙涨期后再选择卖出。

2. 当股票持续下跌，且成交量稳步萎缩时，投资者应该适时抄底

在熊市到来时，很多股民纷纷卖出手中的股票，持空仓观望的态度。其实，熊市也并不是意味着肯定赔钱，如果股价比较稳定，且成交量也持续缩小，投资者就可以选择抄底。因为股价在大底部时，短期内可能会出现上升的趋势。

3. 强势新股在发行日换手率达到 70% 以上，投资者可以买入

一些新股在发行初期都有很好的行情，投资者可以选择成长性好的强势新股，即在上市日换手率达到 70% 以上的股票。当股票价格创新高时选择买入，但是盈利达到 5%~10% 就应该立即卖出，以规避投资风险。

4. 当行业前景好、业绩良好的股票出现暴跌时，是抄底的好机会

行业前景好、业绩有保证的股票可能由于某些原因出现暴跌的情况，不过，其未来很可能有持续上涨的趋势。这时就是投资者抄底的好机会，比如国家一直支持新能源的发展，这类股票发展前景良好，即便有动荡也不会成为垃圾股。

5. 当个股成交量持续超过 5% 时，投资者可以短线交易

当个股成交量持续超过 5% 时，说明主力交易比较活跃，股价也会表现出很好的弹性。投资者可以在股价下跌时买入，但是千万不要长期持有。

6. 当大市处于上升趋势初期出现利好消息时，应该掌握短线买入时机

当大市处于上升趋势初期出现利好消息时，投资者应该及早买入低价股票。大市上升必定引起个股价格上升，及早买入就可以及早获利。

7. 题材股炒作初期，适时买入题材股

股市有时会出现一些题材股，使股票在短时间内迅速上涨。当某题材刚开始炒作时，投资者可以购买相关行业的股票，并短期持有。

8. 当 K 线底部连续出现小十字星，选择时机买入

当 K 线底部连续出现小十字星时，说明股价已经不会再持续下跌，可能有主力介入。如果这时底部有较长的下影线，说明股票价格由有上扬趋势，是买入的较好时机，投资者应该立即买入。

人们常说好的开始是成功的一半。选择买入和卖出的时机对于投资者来说至关重要。在最佳点买入股票，投资者便可以轻松地获得收益；如果买入的时间不对，就可能遭遇很大的损失，甚至会被套牢。所以，投资者应该分析大盘的行情以及个股的走势，把握好时机，在最佳时间点买入。

◎ 该出手时就出手，该卖时要毫不犹豫

股市中没有只涨不跌的股票，也没有永远的赢家。无论是新手还是老手，几乎所有人都难免遇到购进股票却被套牢的情况。而赢家和输家之间最关键的区别就在于被套牢之后的表现，赢家真正的高明之处就是调整好自己的心态，该出手的时候就出手，该卖出的时候要毫不犹豫，迅速地为自己解套，将危机转换为商机。

可是在现实生活中，很多投资者一心想着赚钱，当股票被套牢的时候仍不甘心，或是抱怨自己运气不好，或是抱着侥幸心理等着股票的回升，这样一来，反而让自己的损失越来越多。

赵青是经验丰富的股民，在股市翻腾了十几年，对各种 K 线了如指掌，也赚了不少钱。

一天他看中了一只潜力股，可能有大资本注入，停牌后价格可能大幅上涨，于是他不惜将手中的股票全部清仓，还抵押了房屋贷款了 20 万元。

随后的股市行情却让赵青始料未及，第一天该股票跌停，接下来持续三天都出现了跌停的情况。

这时赵青心中惊恐万分，如果再这样跌下去自己可能赔掉全部家当，甚至连房屋都会失去。于是他只能咬牙斩仓，虽然损失率超过了 10%，却避免了遭受更大的损失。

和赵青一起购买这只股票的同事就没这么好运了，赵青抛出时也提醒

他赶紧抛出，但是他却没有听从赵青的劝告，期望股票能够奇迹般回升。

最后，他投入的30万资金在短短的一周之内缩水50%，被死死地套牢了。

这一次经历给赵青一个沉痛的教训，从此之后，他再也不会孤注一掷了，更不会以举债来投资，他给自己设定了一个止损和止盈的标准。止损率和止盈率都不能超过10%，一旦超过了这个限度，他就会立即抛出，绝不贪心。

所有的股民都怀有这样的希望，那就是用最低的价钱买进日后必涨的股票，然后在最高点卖掉。可是这只不过是股民们的痴心妄想而已，股市行情瞬息万变，刚刚还是长势喜人的股票，在下一刻就可能持续暴跌。只有在关键的时刻果断抛出，才能避免损失继续扩大。

就像股神巴菲特说的那样：“要想在股市里赚钱，首先就要保住本金。而保住本金就要学会抄底逃顶。”

其实，股民被套牢的原因无非两种，一种是在股票上涨时忍不住追高，希望能捞上一只涨停板，这往往成为涨势末端被套牢的白老鼠；另一种是在股票下跌时，怀有侥幸的心理，希望可以等到上涨机会，最后只能在跌势末端认赔出场。

那么，股民应该什么时候卖出股票，才能避免被套牢呢？如何找到卖出股票的最佳时机呢？

1. 大盘行情形成大头部时，股民应该立即全部清仓

所谓大头部就是股价达到了历史最高点，大底部就是股价达到历史最低点。

很多股民只看个股的行情趋势，认为自己选择的股票持续上涨就可以赚钱，从而忽视了分析大盘的行情。其实，这种认识是错误的，只关注个股走势很容易形成一叶障目，只见树木、不见森林的情况。

根据历史数据显示：当大盘形成大头部时，有90%~95%以上的个股会下跌；当大盘形成大底部时，有80%~90%以上的个股会上升。个股和大盘的联系非常密切，很少出现大盘持续下跌而个股却逆市上扬的情况，除非是个股在主力介入操控下。所以，当大盘一旦形成大头部区时，是投资者果断卖出股票的时刻。

2. 当股价大幅度上升、成交量大幅放大的时候，股民应该立即卖出股票

当股价上扬时，是股民纷纷买入获利之时，这时成交量会随之放大。但是当成交量大幅度放大时，一些主力和大户就会纷纷抛售，因为没有主力愿意继续持有高价区的股票，因为这样会增加投资的风险。

所以当股价大幅度上升、成交量大幅度放大时，就是卖出的强烈信号，股民应该果断卖出，不应该长期持有该股。

3. 当股价大幅上扬后，股民应该抓住除权日前后这段关键时机，果断卖出股票

股权登记日后的第一天就是除权日或除息日，这一天或之后购入该公司股票的股东不再享有此次分红配股的权利。这样一来，股票的价格就会有所下降。在除权日之后，如果大多数人看好这只股票，股价就会有所上升；相反就会下降。

如果股价大幅上扬后，股民应该抓住除权日前后这段关键时机，果断卖出股票，以免主力大范围出货，导致股票价格迅速下降。

4. 上升较大空间后，日 K 线出现十字星或长上影线的倒锤形阳线或阴线时，股民应该及时卖出股票

当股票上升一段时间后，日 K 线出现十字星的情况时，说明卖出和买入的力量相当，局面已经出现了大幅卖出的情况。这是股市发生转折的关键时刻，股民应该果断抛出。

当股价大幅上升，并出现带长上影线的倒锤形阴线时，说明当日的成交量大幅放大，也是股价见顶的信号，股民应该立即抛出。当股票形成高位十字星或倒锤形长上影阴线时，很有可能形成大头部，股民应该果断卖出。

其实，高手也有被套牢的时候，投资者不能简单地回避，只有果断地割肉才能减少损失。只要投资者能保住自己的本金，就还有翻本的机会。因为股市中同样没有永远的输家，赚钱的机会永远都在，今天没有赚到的话，还有明天。

投资者应该保持良好的心态，不要贪心，更不要冒险，只有学会见好就收，才能掌握卖出股票的时机，才能在保证安全性的同时获得更多收益。

◎ 怎样看股票投资中最重要的指标——市盈率

交易股票为什么会盈利呢？为什么有些股票比较值钱，而有一些股票却只能是垃圾股呢？股票之所以有价值，是因为发行股票的上市公司每年都可以获得更多的利润，可以分配给股东更多的剩余价值。

股民希望自己购买的股票每股利润越多越好，但是因为每家企业的股价不同，所以股民没办法比较多种股票的每股利润。

比如李华购买了两只股票，一只股票的价钱是每股 35 元，获利 10 元；另一只股票的价值是每股 10 元，获利 5 元。那么这两只股票的每股利润到底谁高谁低呢？它们到底谁值钱呢？

这时，我们就应该用市盈率来衡量每只股票的每股利润，来衡量某只股票是否值钱。

什么是市盈率呢？

市盈率就是市价盈利比率，是指某种股票每股市价与每股盈利的比率。它是常用来评估股票价格是否合理的指标之一，也是衡量这只股票是否能够盈利的重要指标。

市盈率的计算公式：

市盈率 = 股价 / 每股利润

简单来说，市盈率就是股民需要花费多少钱才能购买 1 元的每股利润。如果某只股票的市盈率是 15，那么，就是股民需要花费 15 元才能获得 1 元的每股利润。

那么，市盈率到底是不是越高越好？

一般来说，如果该企业的市盈率小于零，就说明该公司盈利为负，股票价值就比较低了；如果市盈率水平在 0~13 之间，就说明该企业的股价被低估了；如果市盈率水平在 14~20 之间，说明该企业的股价属于正常水平；如果市盈率水平在 21~28 之间，就说明该企业的股价被高估了；如果市盈率水平超过了 28，就说明股市出现了投机性泡沫。

也就是说，市盈率高的股票，股票的价格和价值背离的程度就越高，投资的价值越低；市盈率越低，股票的价格被低估，就越具有投资价值。

同时，股价受到了市场需求的影响，也受到了企业业绩表现和未来发展前景、新推出的产品或服务、企业所处行业的发展前景等因素的影响。

市盈率将股票的价格和企业利润联系起来，投资者除了考虑市盈率之外，还要考虑股票业绩的增长情况。

比如，如果一只股票市盈率 10 倍，另一只股票市盈率 20 倍；但是第一只股票业绩下滑 50%，而第二只股票的业绩却增长 100%，就说明第二只股票的价值比第一只股票高了许多。

虽然市盈率是衡量股票是否有价值的重要指标，但是投资者在购买股票时也应该考虑其他影响因素。

◎ 炒股需要好心态

股票投资和减肥一样，决定最终结果的往往不是技巧而是心态。股市行情变幻莫测，每一个波动都牵动着投资者的神经，因为他们将自己的资金投入到一次次风险极高的博弈之中。如果投资者没有一个良好的心态，不管股价是上升还是下跌都紧张兮兮，就非得心脏病不可；如果投资者没有一个良好的心态，就会在交易中失去了理智，造成判断失误。

炒股不仅是勇敢者的游戏，更是智慧者的博弈，不仅仅需要专业的投资知识、敏锐的市场洞察力以及高超的炒股技巧，更需要良好的心态。只有保持平和的心态和理智的头脑，投资者才能掌握股市盈利的奥秘。

在炒股的过程中，投资者最忌讳什么样的心态呢？

1. 赌徒心态

股市犹如战场，需要人们利用金钱和风险进行博弈，但是股市并不是赌场，炒股也不是赌博，赌博的人每天都想着一夜暴富，甚至为了赚大钱而四处借债，或是卖掉车子、抵押房子。这样的赌徒根本不知道什么是风险意识，更不知道适合而止，最后只能输得倾家荡产。

2. 缺少平常心，情绪化严重

很多投资者的情绪容易随着股市的起伏涨跌变化，自控能力特别弱。一旦股市上扬了，他就会欣喜若狂，一旦股市下跌了就怨天尤人。这样情绪极不稳定的状态下，如何冷静地做出决定，如何分析股票的行情？更何谈盈利赚钱呢？

3. 急于求成，没有耐心

很多投资者一进入股市就想着尽快赚钱，这是一种错误的心态。其实在股市中能赚到钱的人，通常都是有耐心和自制力的人。就如同美国股票投资家彼得・林奇所说的："股票投资决定最终结果的不是头脑而是耐心。"如果你总是频繁地买入卖出，却不肯耐心地持有潜力股，只能获得少许利润而已。

4. 太贪心，不懂得节制

很多人梦想着一夜就变成富翁，殊不知，这只有在梦里才能实现。有的投资者赚了 10% 的收益，心中想着再赚 20% 的收益，等到赚到 20% 的收益时又想着赚取 50% 的收益。有的投资者总共才有 10 万元资金，却拿出 9 万元来做投资，妄想一年能翻番赚大钱。这样贪心的人不仅无法赚大钱，恐怕还可能输掉自己的全部家当。

5. 过度依赖各种信息和股市预测

股价每天都频繁波动，多多少少会受到一些相关信息的影响。但是股市是一个变化莫测的地方，各种信息和预测满天飞，真正确定的信息却少之又少。如果投资者每天都关注这些信息，或是过分依赖这些信息，就会被这些信息和预测搞得团团转。

美国投资大师巴菲特曾经说过："我从来没有见过能够预测市场走势的人。"可是在实际生活中，很多投资者过度地信任和依赖这些信息和股市预测，以至于被信息所误导，遭受重大的损失。

6. 盲目跟风的心态

很多投资者没有自己的判断，或是缺乏自信，或是根本不愿意自己分析判断，通常是盲目地跟着别人脚步亦步亦趋，听到什么小道消息就立刻行动。这种心态的投资者根本不适合炒股，因为他们缺乏自信、犹豫不决，很容易因为盲目跟风而陷入投资陷阱。

7. 喜欢跟随庄家的心态

我们知道，一只股票开始上涨，内因可能是企业业绩良好，而外因可能是主力资金的介入。因为庄家具有资金雄厚、信息灵通和专业性强等优势，所以比散户更能掌握市场行情，甚至可以拉高股价。

如果散户可以跟随庄家的步伐，就可以从中获得收益，如果散户过分依赖庄家，完全跟随庄家，很可能就会被庄家的花招所迷惑。所以投资者不能一味地跟随庄家，不仅要懂得如何分析大势，更要懂得分辨庄家洗盘的手段，否则落入陷阱都不自知。

8. 亏损就是失败的心态

在任何生意中，有盈利就有亏损，这是很正常的现象，可是很多投资者却认为亏损就是投资的失败，认为自己的投资策略和方式完全错误，从而对股市产生一种恐惧的心态，甚至对自己失去信心。

亏损并不可怕，只要你吸取经验，仔细地分析行情，就有赢回来的机会；如果失去了信心，始终处于战战兢兢、犹豫不决，恐怕就永远也不会赢了。

“宠辱不惊、得失淡然”，这是成功者面对人生成败的良好心态，同样适用于炒股。所以，如果没有良好的心态，即便你经验再丰富、分析能力再强，也不可能成为股市的赢家。

◎ 妥善控制股市风险

巴菲特有一句最著名的名言："成功的秘诀有三条：第一条尽量避免风险，保住本金；第二，尽量避免风险，保住本金；第三，坚决牢记前两条。"为了保证投资的安全，巴菲特总是在市场最亢奋的时候时刻保持清醒的头脑，以控制股票投资的风险。

高风险是股市最主要的特征，专业投资者盈利的关键不是每单都获得高收益率，而是确保投资的安全性，妥善地控制股市的风险。如果投资者没有风险意识，即便在短期内取得暴利，迟早也会变得亏损，甚至赔掉自己的全部家当。

方力是股票投资的新手，刚开始进入股市时，他时刻记住"股市有风险"这一名言，谨慎小心地进行投资，每次只拿出几千元资金购买行情不错的股票。

有一次，他投入5000元购买了某只股票，短短几天内就翻了一番，获得5000元的利润。

这下他有了赚大钱的念头，于是将全部10万元的家当都购买了股票，他想即便不能再次翻番，就是获得50%的利润也赚大发了。

最初几天，这只股票长势喜人，短短一周内他就赚了2万多元的利润。

这让方力更加坚定了加大投资的想法，希望可以赚取更多的金钱。可是他的好运并没有继续，股票价格急转直下，连续4天都持续下跌，累计暴跌50%，导致他亏损了5万多元。

方力由于没有风险意识，一味想着获得更多收益，结果被深深地套牢，损失了过半家当。

股市是一把双刃剑，既可以给投资者带来巨大收益，也可能给投资者造成巨大损失。

所以，“股市有风险，入市需谨慎”这句话并不是一句口号，而是无数投资者总结出来的经验教训。

无数惨痛的教训告诉我们，股市投资最重要的是控制风险，而获得收益则是第二位的。

面对巨大的投资风险，投资者应该如何进行风险管理呢？又如何把风险降低到最低呢？

1. 不要有侥幸的赌博心理

很多初入股市的股民都急于赚钱，并且存在着侥幸的赌博心理，在没有了解股市行情和股票走势的情况下，贸然进行投资。在卖出时总是担心股票还会继续上涨，买入时就担心股票可能会下跌。

同时，在选择股票的时候，按照个人心情或喜欢进行选择：或是看股评说哪只股票好就买哪只，或是为了吉利而选择企业名称好听，或是带有“6”和“8”等吉利数字的股票。

2. 炒股不是靠运气，应该掌握专业知识

炒股不是只靠运气就能赚大钱的，即便你因为运气好而误打误撞捞上一笔，也不可能永远都有好运气。所以投资者应该掌握专业理财知识，包括股票基础知识、股票交易策略，以及如何分期股票行情等，这样才能成为一位稳健专业的股票投资人，才能降低股票投资的风险。

3. 掌握买进卖出的时机

选择买卖时机比选择股票更重要。不论是熊市还是牛市，股票投资都有很大的风险，所以投资者在进行交易时一定要掌握好买进卖出的时机。很多投资者为了获得更多利益，总想着股票能涨到最高点，可即便是大盘持续上升时，每只股票也不能一直上涨。所以投资者不能太贪心，当盈利达到预期的赢利点时，应该果断地卖出；当股票下跌到你预期的亏损点时，也应该果断地割肉，否则就会遭受更多的损失。

4. 分散投资就是分散风险

任何投资都不能将全部资金放入到某一个项目之上，这样无疑增加了投资的风险性。如果分散进行投资的话，就可以分散投资的风险，将风险降到最低限度。

投资者在选择股票时应该选择不同行业的不同公司、不相关的企业才能有效地分散风险。

另外股票的价格也受到季节的影响，在股市的淡旺季会有很多的区别。投资者应该将投资或收回投资的时间拉长，不要急着注入投资或是收回投资，这样才能降低风险。

采用分散投资的方式，即便这只股票出现了下跌，另外的股票也可能赚钱，不至于全军覆没。

5. 选择适合自己的投资方式

不同的投资者对于股市的了解不同，经济情况也有所不同，所以应该根据自己的实际情况选择投资方式。

如果投资者是刚刚进入股市的新手，就应该谨慎小心，投入小额资金来练手，不要立即实盘操作；如果投资者有丰富的股票交易经验，应该选择中短线交易方式；如果投资者经验丰富、时间充裕、就应该选择日内交易来获得短期收益。

6. 控制资金投入比例，严禁重仓操作

在投资理财中，最忌讳的是重仓操作，一旦操作失误就会带来重大的损失。所谓重仓就是在投资股票时，投入的资金比例比较高，金融账户余额比例比较小。比如你拥有 10 元炒股资金，将 5 万元投入到某一种股票中，就是重仓了。一般来说，投资者应该投资 30% 的资金，最多不能超过 40%。

如果投资者的重仓被套牢的话，就应该放弃断线投资，将有限的剩余资金用于长远规划，这样才能规避风险。

7. 不要听信小道消息，盲目地进行投资

很多新手在没有弄明白股市行情时，喜欢听取小道消息或所谓的内部消息，以为这样便可以利用内部消息赚大钱。

其实，目前我国法律严禁炒作内部消息，那些连普通投资者都知道的“内部消息”肯定是假的，有的甚至是庄家放出来的烟雾弹。如果投资者盲目听信这些消息，就会提高投资的风险。

8. 查看股票所处的位置，不要购买高价股

购买股票最忌讳跟风和盲目，如果某只股票已经被炒到很高的位置，投资者就应该冷静地分析，不要贸然出手，等到股价回落到合理的位置再买入。

对于每一个投资者来说，股市既是获得丰厚收益的机遇，也是充满了陷阱和风险的挑战，所以投资者应该具有风险意识，不要梦想着凭借股市发财，也不要梦想着成为下一个巴菲特。只有多一些风险意识，少一些盲目冲动，才能积累更多的财富。

◎ 网上炒股注意事项

随着互联网和智能手机越来越普及和发达，网上炒股因为方便、快捷的优势，所以越来越受到广大投资者的青睐。据统计，在新开户的股民中至少有 70% 以上的股民是通过互联网和手机来炒股的。

作为一种新的理财方式，网上炒股给股民带来了更大的便利，股民可以通过互联网获悉众多有价值的信息，并且再也不用挤在嘈杂的股票大厅中等着看行情信息。可是网上炒股也存在着一些劣势，比如股民账户和密码被偷盗、账户和密码被黑客木马病毒攻陷，或是操作失误导致不必要的损失等情况。

所以投资者在享受网上炒股的便利条件的同时，应该确保炒股的正确操作和增强防范风险的意识。

那么，股民通过互联网和手机进行炒股时，应该注意哪些关键问题呢？

1. 增强风险意识，防止账户和密码被盗

一般来说，黑客可能通过植入木马病毒的方式来盗取股民的账户和密码。比如通过发送电子邮件的方式，利用虚假信息来引用户上当；假冒网上银行网站，骗取股民的账户、密码；利用木马技术黑入股民的电脑，盗取用户相关信息。

所以，股民在炒股的过程中，一定要确保账户和密码的安全，定期清理电脑垃圾，不要随便点击不明来历的邮件，不要随便点击不安全的网站等等。

2. 设置交易密码，保管好交易密码

除了防止账户和密码被黑客盗取，股民还应该设置好交易密码，确保交易密码的安全。如果证券交易密码泄露，别人很容易就可以登录你的账户，盗取你的资金。另外，密码设置也不要太简单，不要随便用出生年月、电话号码等容易被人获知的密码，或是9999、88888、12345等密码。

3. 不要忘记退出交易系统

股民利用家中电脑或是手机进行操作时，不要忘记退出交易系统。如果没有及时退出交易系统，很可能造成指令操作失误的情况，造成账户资金的损失。

4. 网络运行具有不稳定性，股民应该及时通过电话确认

网络运行具有不稳定性，有时因为系统繁忙或网络通讯故障，很可能出现不能正常登录，或是证券商服务器无法正常接收到委托指令的情况。所以股民在进行操作时，一定要立即进行交易查询，或是通过电话进行委托。这样一来，股民才不会操作失误，或是因为耽误时机而遭遇损失。

5. 持有股票种类不宜太多

网上炒股方便快捷，很多股民便利用这一优势一次性持有几种股票，以便获得更多的收益。但是这种做法并不恰当，如果持有的股票种类过多，可能在实际操作中顾此失彼，一旦股市行情大变，就难以保证及时抛出或买入全部股票，从而导致遭遇更大的损失。

所以，投资者持有股票种类不宜过多，这样就可以提高应变能力，从

而降低投资的风险。

6. 手机炒股时要防范手机病毒

相对于互联网来说，手机炒股比较安全。但是也存在着安全隐患，尤其是支持蓝牙功能的智能手机中病毒的机会更大。如果股民利用智能手机炒股，并且安装了蓝牙功能，就应该注意不要长时间开启蓝牙功能。

7. 不过分依赖系统数据和互联网相关信息

互联网信息错综复杂，如果没有一定的分析能力很难确定其信息到底是真是假，所以，股民不应该过分地依赖交易系统中的股票买入成本、股票市值等信息，应该运用科学的思维方式，去伪存真、去粗存精。这样一来，股民才能分析出相关信息的偏差，在股市中获胜。

第十二章

基金投资：找只好“基”，让专家为你打理

将钱交给理财专家来打理，既保证了投资的收益，
又分散了投资的风险，这对于个人投资者来说，
购买基金是不错的选择。

◎ 基金投资——网络时代的投资新宠

何先生是一位大学老师，很早就有投资理财的想法，但是他平时比较忙，又不懂股票、债券等专业知识，所以就一直没有付诸行动。后来一个朋友对他说：“你可以进行基金投资啊，不但节省了时间，还可以让理财专家为你打理，保证不会出现大亏损。”

他心想，为什么不投资基金？于是他立刻行动起来，购买了几只行情不错的基金，在短短三年的时间内就赚了不少钱，还购买了一辆心仪已久的车。

对于个人投资者来说，购买基金是不错的选择。因为它最大的特色就是让那些理财专家、基金经理来为我们管理财富，这无疑降低了投资者的投资风险。

另外，基金投资是一种简单的证券投资方式，基金管理公司通过发行基金单位，将众多中小投资者的闲置资金集中在一起，然后再交给基金托管人托管。这笔资金在基金管理人的统一管理下进行股票、债券、外汇等金融证券的投资，然后再将所获得的利润分给众多中小投资者。

也就是说，投资者将自己的小钱交给专家来统一投资，这样不仅获得了相应的利益，还与其他投资者分散了投资风险。比如你用 1 万元资金购买某只股票，一笔交易可能获利几百元，还可能会赔掉几百元。而基金管理公司则集中了一万倍、十万倍的资金，其投资规模也放大了一万倍、十万倍，并由投资高手来操作，这样一来，投资收益恐怕就是你个人的十万倍甚至是百万倍了。同时别的投资者还可以与你分享收益分担风险，因此，它才受到了众多中小投资者的欢迎，成为了网络时代投资的新宠。

市场上基金种类繁多，不同的产品风险和收益水平各有不同，其交易方式也有差别。投资者只有知道市场上有哪些基金，这些产品都有什么特点和优势，才能在众多产品中选择适合自己的基金。

由于市场上的基金种类比较多，我们只介绍一些最常见的种类。

1. 封闭式基金

封闭式基金是不可赎回的基金，事先确定发行总额，在封闭期内基金份额总数不变，基金上市后投资者可以通过证券市场进行转让和买卖。比如一只基金确定发行总额是 30 亿，封闭期是 15 年，在这段时间内购买的人再多也不会增发。在封闭期结束之后，才会转为开放式基金。

封闭式基金不可赎回，投资者可以通过分红和买卖来赚钱。它的交易和分红和股票交易非常相似。

2. 开放式基金

开放式基金与封闭式基金是相对的，是可赎回的基金，它的发行总额只要是看市场的需求。购买的人增加了，基金发行单位就会增发，并且在募集期内不规定限额。原则上它是可以永久发展的，只要基金公司仍在持续经营，这只基金就还可以永续地发展下去。

目前，投资者购买的基金基本上都是开放式基金，投资者可以按照基金的报价，根据基金契约等约定的内容和程序，在证券市场上进行申购或赎回。

另外，开放式基金的交易价格是由基金经理人依据基金单位资产净值而确定。封闭式基金的价格由市场竞价决定，其价格可能高于基金单位资产净值，也可能低于单位资产净值。

单位资产净值就是指基金拥有的所有资产与基金运作及融资时所形成的负债的差额，与当时发行在外的基金单位总量的比值。它是及时反映基金投资价值的重要指标，每天都要重新计算。

其计算公式为：

单位基金资产净值 =（总资产 − 总负债）/ 基金单位总数

3. 收益型基金

很多投资者的目的是赚取稳定性的收益，希望自己购买的资金今天收益 5%，明天收益 8%，后天收益 10%，并且其收益率成稳定的上涨趋势。这样的基金就是收益型基金。当然，收益型基金的收益比较高，风险也比较高。

4. 股票基金

如果某基金 60%以上的资产都投资于股票交易，那么，这种基金就是股票基金。它也属于收益型基金，投资者获得的收益比较高，风险也比较高。它的主要收益是来源于股票上涨而获得的资本利得，其收益率取决于股票价格的波动。

投资者在选购这种基金时，应该考虑基金的投资取向，即考虑股票基金的未来风险、收益程度等因素，选择适合自己的风险承受能力、收益偏好的产品。另外，投资者也应该考虑基金公司的品牌和素质，选择品牌良好和专业素质较高的公司。

5. 债券基金

如果某基金 80%以上的资产都投资于债券交易，这种基金就是债券基金。

按照基金投资股票的比例不同，债券型基金又可分为纯债券型基金与偏债券型基金。纯债券型基金的资金完全用来投资债券；而偏债券型基金是指大部分基金投资于债券，少部分资金投资于股票。

根据投资债券的种类不同，债券基金的投资风险也有所不同。国债信用最高，投资风险最小，政府企业建设债券次之，企业债券的风险最大。

利息收入是这种基金的主要收益来源，利率的变化和债券市场价格的波动是影响其收益率的关键因素。当市场利率下跌时，债券市场价格就会上扬，债券基金获利就会增加；相反收益就会减少。

6. 货币市场基金

它是以货币市场工具为投资对象的基金。比如银行定期存款、短期国债、商业汇票和银行承兑汇票等。

它的分红方式只有一种——红利转投资。就是说每份基金面值始终保持在 1 元，超过 1 元后的收益会定期转化为基金份额，投资者拥有多少基金份额就拥有多少资产。所以它的盈利主要体现在分红和收益率，只要你存一天的钱，货币基金会给你一天的利息。一般采用每天计息、每月分红的方式，也有的基金是每天分红，或是每年分红。

货币基金和银行存款有些相似，但是银行存款需要缴纳 5%的利息税，而货币基金则免利息税，且免收申购赎回费用，只是收取一些托管费、管理费和销售费用，所以它的收益率比银行存款高。

在股市遭遇熊市时，货币基金是不错的选择，它比银行的存款收益高，且风险比较小。不过它同样受到通货膨胀的影响，如果收益率低于通货膨胀率的话，投资者就会赔钱。

另外，基金按照投资策略可以分为积极成长型基金、成长型基金、价值型基金、平衡型基金和保本型基金等；按照募集方式可以分为公募基金和私募基金；按照股票和债券的比例分为偏股型基金、偏债型基金和股债平衡型基金。

基金的出现标志了金融业的成熟，由于它的自身优势成为了网络时代的新宠，所以让自己成为新时代的“基民”，便可以用小钱来为自己生财。

◎ 投资基金的优势

李女士在一家私企上班，手中有一些钱需要打理，在理财师的推荐下她购买了某基金，并且选择了定期定额投资的方式，即每月投入 500 元。

这种方式相当于银行存款的零存整取，虽然李女士并不十分了解基金，但是觉得这种方式比较适合自己的经济情况。

定期投入资金的方式不仅减少了长期投资的风险，真正发挥积少成多的优势，还减少了花费在投资上的时间和精力。

其实，基金投资与其他投资方式相比，是一种相对收益稳健、风险较低的投资方式，在赚钱的同时使风险均摊。因此，基金受到中小投资者的青睐。

那么，基金投资具有哪些突出的优势呢?

1. 集中理财，专业投资

基金将社会上众多分散的小额资金集中在一起，然后委托给基金管理人统一投资，有利于发挥资金的规模优势，降低投资成本，获得更大的收益。

另外，基金管理公司具有大量的专业投资研究人员和强大的信息网络，投资专家具有专业的投资理财知识和丰富的实践经验。他们可以更好地分析和跟踪证券市场的动态，以及股票、债券等金融产品的行情走势，市场操作由专业人员盯盘、下达指令和操盘，有效地增加投资收益并将风险降到最低。在同等条件下，基金投资的收益比个人投资高，其投资成本却比较低。

2. 组合投资，分散风险

根据数据显示，个人投资盈利的比例不超过 10%，90% 以上的散户投资都是亏损的。如果想要分散投资的风险就必须进行分散投资，投资不同的金融产品，投资不同行业、不同企业的金融产品。

投资者如果想要分散风险，必须持有 10 只以上股票，或是同时集中投资股票、债券等产品，而大多数中小投资者区却没有足够的资金和时间来进行分散投资。

我们知道，投资股票和债券都有一定的风险性，如果投资者将全部资金都投资某种产品，一旦该公司出现财务状况就会遭受重大的损失。

基金通过汇集众多中小投资者的资金形成雄厚的实力，同时分散投资股票、债券和现金等多种产品，分散了个人投资对个股集中投资的风险。

3. 稳定的投资回报

由于基金是由专业基金经理人专业打理的，投资回报也比较稳定。对于投资者来说，应该树立中长期投资的理念，这不仅可以带来复利效果，在一定程度上还可以分散股市投资的短期风险，以及可以减少各种投资的手续费。

股神巴菲特也十分重视基金的投资，在过去几十年中他管理的基金资产年平均增长率达到了 21.5%。对于很多投资者来说这个数字是一个让人难以置信的数字，或许某些投资高手在短期内可以达到，可是在长达 41 年的周期内持续这一收益率就非常难了。

4. 独立托管，保障投资者的利益

基金由专门基金管理人负责投资操作，但并不是由基金管理人亲自经手保管的。资金的保管则由独立于基金管理人的基金托管人负责，实现了交易和保管的独立性。两者形成了相互制约、相互监督的机制，保证了投资者资金的安全性，杜绝了舞弊的现象。

同时，中国证监会对基金业实行比较严格的监管，强制基金公司定期披露相关信息，使得基金的监管更加严格，信息更加透明，保证了投资者的利益。

5. 投资起点低，流动性强

投资基金的起点比较低，一般 1000 元就可以进行投资了，并且手续费用也比较低。一些小额投资者随时可以根据自己的经济条件来投资，且享受一定的税收优惠，不必缴纳利息税。

投资者可以在证券市场上自由地交易，除了封闭式基金外都可以自由地申购和赎回。大部分基金具有较强的变现能力，尤其是货币市场基金，投资者随时可以获得相应的现金。

6. 简单操作，省时省力

投资基金有两种方式，一种是一次性买入，一种是定期定额买入。

一次性买入就是选择适当低点买入基金，并在市场高点卖出获利。这种方式是单笔投资，与购买股票相似，需要花费时间和精力去打理。

定期定额买入就是我们所说的定投，如同李女士一样每月投资固定资金在某一基金上。

这两种投资方式不必关注市场价格的起伏，不必花时间打理，并且办理手续和操作方式都比较便利，是懒人投资的最佳方式。

基金是一种低风险高收益理财产品，投资者可以在投入时间、承受风

险、获得收益之间找到平衡，让专家为自己打理财富的同时，享受用小钱生财的乐趣。

◎ 恰当把握购买和赎回基金的时机

巴菲特曾经这样说过："市场对短期投资行为充满敌意，对长期滞留的人却很友好。世界上成功的投资大师，没有做短线交易的。"

基金是一种中长期的投资工具，投资者应该追求长期投资收益，这样才能获得稳定的收益。然而在现实生活中，很多投资者把基金当成股票来"炒"，在价低的时候买入、在价高的时候卖出，频繁地申购赎回。这样不仅浪费了时间和手续费，还因为没有找准申购和赎回的时间点而亏了不少钱。

基金根本不适合短期操作，如果盲目地进行追涨杀跌的波段操作只会降低自己的收益。对于投资者来说，断线操作并不能让自己获利，而基金收益率高低在一定程度上取决于正确的买卖时机，即准确把握基金购买和赎回的时机。

交易时机是基金投资最关键的因素，这个道理谁都懂得，但是这个时机也最难把握。据相关数据显示，在证券交易中只有 8% 选对了时机。如果投资者交易的节奏与股市的波动吻合，就可以获得最大的收益，但是我们很难把握未来市场的变化趋势，很难判断它在哪个点上涨，又在哪个点下跌。

那么，我们究竟应该如何把握申购和赎回基金的时机呢？

1. 在股票跌到低谷时申购基金

一般来说，当股票上涨时，基金都会出现热销的情况，因为这时基金公司会趁着股市火热、不断创出新高的时间来增发基金。对于投资者来说，这并不是申购基金的最好时机，因为这时发行的基金价格普遍比较高，投资者需要付出的成本就比较高。一旦股市发生了动荡，基金净值就会下跌，投资者就会遭受损失。

相反，当股票跌到低谷时，发行的基金比较少，购买者也比较少，基金公司为了扩大发行量必然会推出一系列优惠措施。这时投资者选择申购并长期持有，获利空间就会增大。

2. 市场处于低点时，申购新基金

当新基金发行时，投资者不仅要考虑基金的价格和发行量，更要考察其市场趋势。如果新基金发行时，市场处于高点，投资者应该谨慎购买。因为这时新基金不得不以高价购买股票债券等金融产品，如果新基金发行时，市场处于低点，投资者应该及时购入，因为这时投资的成本比较低，且上升的空间比较大。

3. 基金做营销活动时，投资者应该抓住时机购买

通常在一些基金需求旺季，基金公司为了扩大发行量会推出申购优惠活动，一些基金的优惠力度比较大，持续时间比较长，这时投资者可以抓住机会进行申购。

比如 2016 年 2 月众多基金推出了申购优惠活动，其中易方达黄金主题证券投资基金场内申购费率降为零，并且在销售平台使用部分银行卡的投资者可以享受申购费优惠的活动，这时投资者就应该抓住时机来申购。

4. 股市上升时，可以考虑卖掉手中基金

前面我们说过，股市价格波动对于基金投资有很大影响。如果股市处于上升阶段，投资者应该及时卖掉手中的债券基金与货币基金；如果股市处于下跌阶段，投资者应该及时卖掉股票基金。

5. 根据基金的费率来选择赎回基金的时机

基金公司为了吸引更多投资者，鼓励长期持有基金，通常会设置不同的赎回费率。如果投资者在持有半年或 1 年后，赎回费率全免或是只收 50%。所以投资者在选择赎回时应该考虑所持有的基金到底执行哪种费率，选择赎回费率低的时机赎回。

6. 基金业绩不佳时，及时将其赎回

基金的业绩决定了投资者的收益，当投资者发现手中的基金业绩不佳，且没有好转的迹象时，应该及时将其赎回，或是购买效益比较好的基金。

另外，投资者在赎回基金时还应该考虑其他因素，比如当基金快要到期时，应该提前准备赎回，不要等到到期才赎回；持有基金时，如果基金公司发生了问题，或是基金经理人发生变动应该及时赎回手中基金。

对于金融投资来说，时间点对了就会盈利；时间点错了就会亏损。事实上很少有人能够真正地把握购买和赎回基金的最佳时机，只要了解影响基金价格的因素，投资者便可以规避风险，获得更大的收益。

◎ 掌握投资方法，适合才是最好的

不同的基金价格不同，赚钱能力也不同。据2010年的数据显示，21家基金公司的248只基金中，由于受到股市反复震荡的影响，其赚钱能力相差悬殊。其中7家基金出现了严重亏损，累计亏损超过150亿元。最赚钱的基金只有5只。

在众多种类的基金中选择一款适合自己的，并且具有赚钱能力的，才是投资者最终的目标。那么，投资者如何选择一只适合自己并具有较强的赚钱能力的基金呢?

1. 关注其业绩表现的持续增长

如何判断一只基金的赚钱能力，最简单的办法且最直接的办法就是看其历史业绩，也就是过往净值增长率。其实，一只基金的业绩好坏很难在短时间内判断，只有经过了牛市、熊市的考验，长时间保持良好收益才是关键。一般来说，具有10年以上业绩证明的基金才最受投资者青睐。

2. 风险和收益的合理配比

投资者应该全面地了解基金所承受的风险，包括价格波动幅度、换手率等。另外，专业基金评级机构会每周提供业绩排行榜和风险评估，投资者也应该多多关注。

高风险的投资回报潜力也高，如果投资者对市场的短期波动比较敏感，应该选择风险比较小且价格比较稳定的基金；如果投资者想要取得较高的回报，并且对市场短期波动不敏感，应该选择风险高、收益高的基金。

3. 关注基金信息披露是否充分

基金信息应该充分地进行披露，包括基金的投资策略、投资管理和费用等问题，以及投资经理人是否坦诚地陈述与评价其投资定位和业绩表现等等。如果基金公司充分地披露这些关键信息，投资者就可以根据信息进行调整投资方案，选择适合自己的基金；相反，如果基金信息披露不充分，投资者就无法及时掌握基金的变动，一旦基金公司出现了问题，就会遭遇巨大的损失。

4. 根据个人需要来选择基金

个人需求不同，基金的投资目标、风险水平也有所不同。比如不同的年纪、不同的家庭收入和家庭状况，投资目标有所不同。一般来说，年轻人比较适合选择风险高、收益高的基金；中老年人比较适合选择风险低的长期基金投资。

5. 关注基金公司的信誉，看其是否值得信赖

一个基金公司是否具有良好的信誉、是否值得信赖，是投资者最应该考虑的问题。如果投资者将自己的资金交给信誉不好的公司，肯定会让金钱遭受巨大损失。

那么，如何判断基金公司是否值得信赖呢?

首先它要以为客户谋求最大利益为目标；其次管理体系要完善、内部监控机制良好；另外，基金经理人应该具有专业素质，人员不能频繁变动。

6. 关注基金的投资期限

投资者应该关注基金的投资期限，并且看它是否符合自己的要求。一般来说，基金的投资期限越长，其价格受到股市短期波动的影响就越小，投资者可以选择一些比较积极的基金产品，比如股票基金、货币基金等；相反，基金的投资期限越短，受到股市短期波动的影响就越大，为了降低投资的风险，投资者应该尽量考虑一些风险较低的基金。

7. 考察其运营费用的高低

基金的运营费用包括管理费、托管费、证券交易费和其他费用等。一

般来说，越是规模较小的基金，营运费率就越高；越是规模大、业绩好的基金，营运费率就越低。所以投资者应该将营运费用过高的基金排除在外，这样不仅节省了投资成本，还降低了投资风险。

总之，投资者在购买基金之前一定要仔细分析，掌握选择基金的方法，这样才能找到赚钱能力强的基金。如果头脑一发热就盲目投资，恐怕会影响自己的判断，从而导致投资失误。

◎ 优化基金组合，让财富雪球越滚越大

俗话说："不要将鸡蛋全部放在一个篮子里。"刚刚购买基金的小黄牢牢记住了这一分散投资的规则，在基金经理的推荐下购买了四五只基金。因为他手中的资金不多，所以每只基金的投入也不是很多，从几千元到上万元不等。

他心想："东方不亮西方亮，即便只有一两只基金赚钱，我也不至于赔钱了吧。"过了一段时间后，股价行情频频波动，于是小黄立即查看自己手中几只基金的情况，竟然发现所有基金都下跌了，每只都下跌 10% 以上。小黄这下慌了，急忙找到基金经理问道："分散投资不是可以分散风险吗？为什么我每只基金都下跌了呢？"

不错，分散投资确实可以分散风险，可是关键看你选择什么类型的基金。如果投资者购买了多只基金，却是类型相似的基金，那就根本起不到分散风险的作用。比如投资者仅有几万元资金，却投资了几只甚至十几只股票型基金，那么，就不仅无法分散风险，还增加了风险性。

其实，并不是说分散投资的理念是错误的，而是有些投资者陷入了一个投资误区，认为购买多只基金就是分散风险，或是"把不多的鸡蛋放在了太多的篮子里"。这样一来，投资者只能离自己的投资目标越来越远。

分散风险强调的是进行基金的优化组合，就是将不同风险偏好的基金组合在一起，比如将股票基金和债券基金组合在一起，将成长型基金和收

益性基金组合在一起。只有将不同风险的基金组合在一起，才能有效地分散投资风险。

如何优化基金组合是投资者应该重点关注的问题，尤其是在股市动荡的今天科学合理地进行投资才是最重要的。

那么，投资者应该如何选择资金组合呢?

1. 根据家庭收入和家庭构成进行组合

刘先生在一家公司担任部门经理，妻子担任文员，还有一个上幼儿园的女儿。这个家庭每月平均收入 10000 元，支出费用占收入 35% 左右，银行中有 10 万元存款。刘先生想做长期投资规划，对每月剩余收入进行打理，最终目标是实现子女教育、医疗养老等理财目标。

在基金经理的推荐下，他对基金进行了优化组合，首先拿出 5 万元存款购买了一只股票型基金，且长期持有，该基金的年收益是 10%，那么等到女儿上大学之后，便可以获得足够的教育基金；他将每月收入的 20%，即拿出 2000 元进行资金定投，用来作为养老资金。如果该基金的收益率是 10%，刘先生定投 20 年的话，退休时可以获得近百万的收益；除此之外，他还选择了一两只债券基金。

我们可以看到，刘先生选择的基金完全符合家庭情况，有风险高的股票基金，也有风险低的债券基金，还有保障养老的定投基金，实现了基金的优化组合。

2. 并不是基金组合越多越好

购买多只基金可以降低投资风险，但并不是购买的基金越多越好，因为任何事情都有一个限度。如果组合基金超过了 7 只，不仅不能达到分散风险的目的，还会产生负效果。

3. 不同时期需要不同的基金组合

投资基金需要进行优化组合，但是也不能盲目地组合，应该根据市场不同来确定组合方式。首先我们应该判断行情是熊市还是牛市。

熊市的时候，投资者应该保证本金的安全，持有货币和债券型基金是最好的选择。而偏股型基金、指数基金和股票基金方向比较大，投资者可以持有 10% 左右，以便进行抢反弹操作。

牛市的时候，投资者可以购买指数基金、股票基金或偏股型的基金、债券基金。其中指数基金收益高，比例可以在 40% 左右；股票基金和偏股型基金各占 20%~25%，债券基金投资比例在 10%~15%。这样配置可以说是很好的投资组合，即保证了投资者的收益，又规避了风险。

4. 适当的时机学会用基金转换

目前，很多基金公司都有基金转换的业务，投资者可以在股市行情不好时，将手中持有的股票基金等风险高的基金转换为货币基金等风险低的基金；同样可以在股市行情好转时，将收益低的基金转换为股票基金。

所以，投资者在购买资金时，应该考虑基金公司的产品是否齐全，是否可以进行转换。

在投资过程中，投资者只有有效地优化基金组合，才能节省时间和精力，才能在分散投资的前提下获得更多的收益。

◎ 基金也有风险，谨慎投资才不会白忙

投资风险和收益是成正比的，这个原则放在哪个领域都一样。基金投资也存在着风险，只是有些基金品种的风险比较大，有些基金品种的风险比较小而已。事实告诉我们，没有只涨不跌的股票市场，也没有只赚不赔的金融产品。

很多投资者认为基金和储蓄一样保险，只是比储蓄利率多一些而已，于是在投资的过程中抱着坐享其成的想法。王强就是这样认为的，半年前他购买了一只基金，之后再没有管理过，最近他发现这只股票竟然缩水了 20%。他心想："难道基金也会赔钱吗？"

其实，投资应该明白基金投资也有风险，如果不谨慎投资就会白忙一场，甚至会损失更多资金。

投资者应该认识到基金投资的风险，根据基金风险的大小以及投资者自身的风险承受能力，将基金的收益和风险有效地进行配比。

基金不仅存在风险，而且还具有自身的特点，投资者应该采用有效的方法来规避投资过程中的风险。

1. 关注基金净值，进行理性投资

基金净值代表了基金的真实价值，投资者应该关注基金净值的变化，掌握其变化规律，才能更高地进行基金投资。

一般来说，证券市场上的任何风吹草动都会体现在基金净值上，所以，关注证券市场的变化，就可以了解股票基金等高风险基金净值的变化规律。另外，投资者还可以通过基金经理人网站、交易行情系统以及媒介渠道来关注基金净值，做到理性投资，规避风险。

2. 投资问路，减少基金投资的盲目性和失误率

进行试探性投资是投资者降低投资风险的好办法。当投资者刚入市时，常常无法掌握最适当的交易时机，这时可以采取投石问路的方式，先少量地购买一些基金，等到具有丰富经验后再决定是否大量购买。

3. 进行分散投资，有效地进行组合投资

分散投资是降低投资风险的最有效办法，也是最常使用的方式。一般来说，我们可以选择选择分散投资时机和分散投资标的、建立投资组合的方式。

4. 根据自身风险偏好和风险承受能力来选择不同种类的基金

目前，我国市场存在着很多基金种类，投资者应该对各种基金的风险有明确的了解。如果投资者偏好风险比较低的基金，且自身风险承受能力比较低，应该选择保本类基金、债券基金等低风险的基金；如果投资者偏好收益性比较高的基金，且自身风险承受力比较强，应该选择股票基金、偏股票基金。

5. 全面了解基金信息，选择业绩良好的基金

基金公司会定期披露基金信息，投资者应该掌握基金信息，获得风险提示信息，进行谨慎投资。另外，投资者应该选择表现优秀的基金，如果

某只基金在以往半年或12个月的基金业绩比较好，收益性就比较稳定，风险性也比较小。

6. 长期持有是降低基金投资风险的有效手段

基金是长期理财投资的有效工具，持有的时间越长获得的收益就越高，所承受的风险就越低。有投资专家曾经对投资理财做出长期跟踪，发现持有时间越长，发生损失的概率就越小。持有一天，其下跌的可能性是45%，持有一年，其下降的可能性是34%，而持有5年，其下降的可能性是10%，持有10年以上，其下降的可能则可能性就会降低到1%。

7. 选择恰当的交易时机

前面我们说过，恰当地把握购买和卖出的时机，就可以获得更多的收益，将风险降低到最低限度。如果投资者准确地分析市场利率的变化以及股市价格的波动，就可以选准最佳购买时机，防止被套牢的风险。

8. 货比三家，节省交易费用

投资基金需要付出一笔不小的交易费用，所以，选择一只性价比比较高的基金，降低投资的成本，就可以有效地降低投资风险。

对于投资来说，货比三家才是“王道”。目前很多基金公司和银行都会推出基金申购费用的优惠，比如，投资者在网上购买基金可以享受4~6折的优惠。所以，投资者在确定基金业绩、价格的前提下，应该选择优惠率高的产品。

另外，投资者还可以采用基金定投、选择优秀基金管理人、调整基金份额等方式来降低投资风险。

总之，投资者应该树立风险意识，在购买之前应该仔细地分析其风险性，选择适合自己的基金品种；同时千万不要在购买基金之后就束之高阁，应该密切留心所选基金的任何变化。只有做到了防患于未然，才能避免投资风险，获得更大的收益。

◎ 要理性看待基金排名

很多投资者都不知道如何选择合适的基金，他们选择基金的标准也是五花八门。有人觉得价格低的基金比较好，有人觉得净值高的基金比较好，有人则认为规模大的基金比较好，更多的人则更关注基金的排名。

那么，基金的价值谁说了算呢？是不是基金排名高的基金，其价值就越高呢？

程先生是一位投资新手，想要购买几只基金，于是便仔细分析了市场上基金的排名情况，选择了前两位的基金。可是，令人出乎意外的是，这两只基金竟然有一只下跌了20%，另一只指上升了10%。程先生心中充满了疑惑，难道查看基金排名真的错了吗？

其实，基金行业为了吸引更多的投资者，每家基金公司都会公布基金的资产净值，而基金评价机构则以基金的净值增长率为核心进行评级排名。不过这种排名并不全面，它们往往忽略了投资风险的因素。

基金排名并不是决定基金是否优质，是否可以获得收益的唯一条件。投资者应该理性地看待基金排名，并且掌握根据基金排名选择好基金的技巧。

1. 投资者在考察基金排名时，应该考察基金的内在价值

在基金投资中，基金的规模、净值和手续费等因素都是影响基金收益的外在原因。基金的内在价值才是决定基金好坏的决定性因素，而它是由基金公司的管理能力和管理素质决定的。投资者应该选择那些真正有价值的基金，来更好地积累自己的财富。

2. 投资者在考察基金排名时，还应该考察其风险高低

好的基金排行榜总是会把收益和风险放在同样重要的地位。如果基金排名仅关注其收益率，却忽视风险性，那么，其排名的价值就会大大降低。所以投资者在查看其排名时，一定要考虑所持有基金的回报率在一年内的波动幅度，更要考虑其风险系数。

3. 仔细分析基金收益情况

基金的收益率是基金排名中最关键的因素，一些基金会用回报率来反映收益率。投资者应该查看基金总回报率是否领先于基金的历史分红记录。如果基金的总回报率领先历史分红记录，就说明基金经理人具有将账面利润转换为真金白银的能力，可以为投资者赚取更多的钱。

另外，投资者还应该关注基金最新的季度报告以及以往的净收益，以便分析基金的分红能力。

4. 不能只关注短期排名，更要关注以往几年的历史排名

基金投资是长期投资的有效工具，投资者不能只关注短期的排名、收益率，应该考察其过去三年的业绩记录和排名情况。这样就可以有效地规避风险，选择更有投资价值的基金。

基金排名是基金评价机构根据基金公司公布的资产净值来确定的，如果基金公司存在着故意隐瞒或舞弊的情况，其排名就没有太大价值了。所以，投资者应该理性地看待排名情况，不要盲目地根据排名来进行投资。

◎ 紧跟股市脚步——指数基金

2008 年，一位投资者问股神巴菲特："如果你现在只有 30 岁，没有什么经济来源，也没有专业的投资理财经验和技巧。这时你通过多年的积累，有一笔足够一年半载生活的积蓄，那么，你会购买什么种类的金融产品呢？"

巴菲特回答说："我会将所有积蓄都购买一只低成本的标普 500 指数的

指数基金，然后再继续努力地工作。”

为什么巴菲特会说指数基金是最佳的选择呢？指数基金究竟有哪些优势呢？

首先，我们先了解什么是指数基金。

简单来说，指数基金是以指数成分股为投资对象的基金。投资者可以按照证券价格指数来构建投资组合来进行证券投资，目的是使投资组合的变动趋势与该指数保持一致，并获得与股市大盘指数大致相同的收益率。通常指数基金与股市大盘指数的跟踪误差越小，投资者获得的收益就越多。

一般来说，市场上通用的指数包括沪深 300 指数、标普 500 指数、纳斯达克 100 指数和日经 225 指数等，这些都是投资和构建指数基金的方向。

指数基金被投资界称为“永远打不败的基金”，它具有以下几个特征。

1. 费用低廉，投资成本低

费用低廉是指数基金最突出的优势。因为指数基金采用长期持有的策略，费用远远低于其他基金，有时达到了 1%~3%。有人说这个金额可能是一个很小的数字，但是由于长期投资存在复利效应，对基金收益产生巨大影响。所以指数基金的办理费用越低，成本优势就越大，净收益也就越高。

2. 指数基金更利于分散和防范风险

指数基金广泛地进行分散投资，个股价格的波动不会对指数基金的整体表现产生很大的影响，从而分散投资的风险。另外，指数基金所跟踪的指数一般是长时间的指数，短期指数的变化对于指数基金的影响不大，投资者可以有效地预测指数基金的风险。

3. 指数基金的业绩透明度比较高

指数基金的业绩是透明的，投资者只要看到指数基金所跟踪的目标指数的涨跌情况，就可以判断出自己所持有指数基金净值的变动情况，从而降低投资的风险。如果投资者擅长判断大盘，而不擅长分析个股行情，就可以购买指数基金，避免赚了指数赔了钱的情况。

4. 指数基金受人为影响比较小

一般基金需要承担非系统风险以及基金管理人的道德风险，如果基金经理人不具备专业素质和职业素养，就很可能造成投资者的损失。指数基金的投资管理主要就是对目标指数进行被动跟踪，减少了频繁地主动性的投资，弱化了基金经理人的作用，从而减低了人为因素的影响。

5. 指数基金换手率低，可以延迟纳税

因为指数基金采取的是购买并长期持有的策略，换手率很低，只有在一只股票从指数中剔除，或是赎回投资的时候，投资者才会出售持有的股票。所以投资者所缴纳的资本利得税也比较少，再加上复利效应，纳税金额会长期累积，从而给投资者带来很大好处。

除此之外，指数基金也具有一些缺点，比如价格波动比较大，对于短线操作来说，需要承担较大的风险；在任何市场下，指数基金都是高仓位的，投资者面临着较高的股市风险。

指数基金是跟着股市跑的基金，投资者可以通过资产配置、分散投资的方式来平衡风险，所以对于个人投资者来说，投资价格低廉的指数基金是最佳的投资方式。

第十三章

期货投资：低成本赢取高利润

期货投资是冒险家的游戏，可以让你一夜暴富，
也可以让你一夜破产，所以，投资者必须树立风险意识。

◎ 常用期货投资术语

期货的英文为Futures，它是由“未来”这一词语演化而来的。它与现货是相对的，现货是交易市场上实实在在的商品，而期货并不是实在的商品，是以棉花、大豆和石油等大众产品，以及股票、债券等金融资产为标的物的交易合约。

简单来说，交易双方买卖的不是实物，而是和这些东西相关的合约，合约规定在未来的某一时候交收实货。合约规定了买卖双方的权利和义务，在交易过程中双方都应该遵守这个约定，任何人都不能随意违反。

期货交易是从现货交易中的远期合同交易发展而来的，它通常被一些风险承受能力强的冒险家所青睐，它就是这些冒险家用小钱来博取大利润的最佳手段。目前，期货已经成为投资者最常用的投资理财工具，不过投资者如果想要在期货市场走得更远，就必须了解一些专业术语。

1. 期货合约

期货交易必须遵循一定的合约，它是由期货交易所统一制订的，用来规范交易双方权利和义务，规定未来交易时间、地点、交割实物商品或金融商品数量和质量的标准化合约。

2. 期货市场

投资者买卖期货合约的市场就是期货市场。它由几个部分组成，即期货交易所、期货结算所、期货经纪公司和期货交易者。

其中，期货交易所是最重要的市场，世界上最著名的是芝加哥商品期货交易所和纽约期货交易所。我国共有三家期货交易所，即上海期货交易所、郑州商品交易所和大连商品交易所。

3. 保证金

保证金是指投资者在开仓和持仓时必须缴纳的一定标准比例的，用来结算和保证履约的资金。它是根据期货交易额和保证金比率来计算的。目前国内最低保证金比率为交易金额的 5%。

4. 开仓和平仓

投资者买入期货合约的交易行为是开仓。

平仓是投资者卖出手中期货合约的行为。

5. 爆仓

投资有收益就有损失，当投资者账户收益为负数时，就意味着赔光了所有的保证金，还倒欠了期货经纪公司钱。一般来说，期货交易施行强制平仓，所以通常不会出现爆仓的情况。

6. 结算价

结算价是期货合约当日成交价格按照交易量的加权平均价格计算，当日没有成交的按照上一交易日的结算价格计算。它是判断期货合约盈亏的依据，也是制定下一交易日涨跌停板额的依据。

7. 涨跌停板

期货合约在一个交易日内的交易价格不能高于或低于规定的涨跌幅度，如果超过了这个幅度就会被视为无效，投资者的交易不能成交。

8. 交割

交割是指期货合约到期时，交易双方根据期货交易所的规定和程序，按照该合约所载商品所有权进行转移，卖出到期未平仓合约的行为。

9. 空头和多头

投资者在交易过程中，看跌价格并卖出期货合约的行为，就是空头。

投资者在交易过程中，看好价格并买入期货合约的行为，就是多头。

10. 头寸

头寸就是投资者所持有期货合约的数量。期货合约的买方是处于多头部位；卖方处于空头部位。

11. 升水和贴水

根据交易所条例所允许的，对高于期货合约交割标准的商品所支付的额外费用就是升水；当某月价格高于另一月份价格时，高价格月份对较低价格月份是升水；当某商品的现货价格高于期货价格时，就是现货升水。

与以上的行为相反时，就是贴水。

12. 移仓

如果某一期货有到期日，如果投资者想要长期持有，就会需要通过买卖操作把所持有的头寸同方向转移到另一月份。

13. 期货投机

投资者利用期货价格波动来预测未来某一时间点买进或卖出某种商品期货，并且在当前从事这种商品期货买卖的行为。

它的目的是利用期货交易的差价来获得收益，增加了期货交易市场的成交量，且需要承担更大的风险。不过，它与利用政策和管理漏洞进行投机的行为还是有着严格区分的。

◎ 有闲钱，不妨以小博大

人们常说，期货投资就是以小博大，通过掌握一些投资技巧，来实现用小钱博取大利润的目的。

张某是一位白领职员，2015 年，在期货投资中以不到十万元的投资最终获得了近百万的收益，在当时引起了巨大的反响。

2010 年，张某拿出十余万元的资金购买了大豆期货，由于经验不足和不懂得分析行情，第一年损失了 20% 的资金。后来，他的投资策略有了很大转变，预测小麦期货可能会上扬，于是便加大了投资，果然某小麦主力合约一路上扬，价格上涨了 30% 以上，让他获得了很大收益。接下来，他乘胜追击，加大了对某小麦主力合约的投资，在该小麦期货持续上涨的情况下，几年内获得了 10 倍左右的利润。

其实，张某采用了全仓操作的方式，就是将全部资金都投入到小麦期货中，利用期货交易的浮动盈利来获得利润。这种投资方式的收益率很高，不过其风险性也非常大，投资者应该尽量避免采用这种高风险的投资方式。

随着现代经济与信息技术的发展，投资者可以通过期货交易参与到全球金融市场，其收益是显而易见的。不过，期货交易就像是一把锋利的双刃剑，具有独特的高风险和高收益特征，真是让投资者又爱又恨！

很多投资者看到了期货交易可以使自己的资金放大数十倍，甚至是上百倍，但是他们并没有了解期货交易的规则，甚至对自己选择的投资工具没有透彻的了解，最终导致投资失败。试想使用自己根本不熟悉的投资工具，又怎么能获得收益呢。所以，投资者首先应该了解期货的基本特点以及交易流程。

1. 期货交易的特点

股票的投资风险比较大，而期货的投资风险更大，我国对期货交易的开放非常谨慎。

（1）保证金交易，以小博大。期货投资最大地发挥了杠杆原理的作用，它采用的是保证金交易的方式，即投资者只需要缴纳成交额的 5% 至 10% 保证金，就可以进行 100% 的交易权利，使原本行情被放大了 10~20 倍。

比如投资者拥有 1 万元资金，就可以成交 10 万元的商品期货合约。如果该期货合约涨停，即涨幅是上一个交易日的 3%，那么资金的利润就可以达到 60% 到 300%。这就是期货交易以小博大的显著特点。

当然投资的收益放大了，其损失也同样会被放大，所以说，期货交易的风险也是十分大。

（2）双向交易，既能做空也能做多。期货交易采用了双向操作的方式，只要投资者判断准确，不论价格上升还是下跌都能赚钱。

就是说，投资者在价格上涨时可以选择低买高卖，在价格下跌时可以选择高卖低补。所以，不论是熊市还是牛市，投资者都可以通过双向交易来赚钱。

（3）信息公开，交易便利。期货必须按照事先制定的期货合约进行交易，任何人都不能随意更改，所以，投资者是在平等的条件下公平竞争。而合约中规定了商品数量和质量、交货地点和时间等关键信息，不仅信息公开透明，而且交易十分便利。

同时，期货是“T+0”的交易，就是投资者可以当天买入、当天卖出，随时进行交易，使资金得到充分利用。

（4）合约有保证，费用低廉。期货交易合约的履约有保证，交易达成后，投资者需要通过专门的结算部门进行结算、确认，不必担心合约的履行问题。

同时，期货交易的费用低，免收印花税等税费，投资者只需要缴纳交易手续费和经纪公司的附加费用，且不足交易额的 1‰。

（5）风险巨大。期货交易是以小博大的游戏，可以让你一夜暴富，如果决策失误的话，也可以让你一夜破产。所以它具有高报酬、高风险的特点，投资者应该谨慎投资，不要因为追求高收益，而忽略巨大的风险。

2．期货交易的流程

成功的期货交易必须熟悉交易流程，那么，期货交易具有哪些流程呢？

（1）选择适合自己的期货经纪公司。投资者购买期货之前必须选择好的期货经纪公司，这样才能保证自己资金的安全。一般来说，经纪公司应该具有以下几个条件：即资本雄厚、信誉良好、服务质量好、优质的经纪人、合理的履约保证金和佣金等等。

（2）开户。投资者选择期货经纪公司，就应该办理开户手续，与经纪公司正式确立代理关系，然后就可以买卖了。

其中，投资者应该向经纪公司提供有关文件、证明材料、相关委托文件，并在专门账户中存有足额保证金。

（3）开仓、持仓。开户之后投资者就可以买入或卖出一定数量的期货合约，并且保持持仓，等到合适的机会再选择平仓。

（4）平仓或实物交割。如果投资者看到期货价格上涨或下跌，就可以择机将手中的期货合约卖出，或是将卖出的合约买回。

如果投资者期货合约到最后交易日，就必须通过实物交割的方式来结算这笔期货交易。不过在实际操作中，实物交割的投资者还是少数，绝大部分人都会选择择机平仓，因为长期持有期货合约将面临更大的风险。

◎ 买什么品种的期货比较好

无论是什么投资，都应该先了解其种类和特点，因为并不是所有种类都适合你的投资需求和投资目标。目前市场上期货种类繁多，并不是所有的物品都可以成为期货交易的对象。

那么，期货交易究竟有哪些品种呢？

我们知道股票按照发行的地点和面对的投资者可以分为 A 股、B 股等种类；债券按照发行主体不同可以分为国债、金融债券、公司债券等。但是期货的分类标准却与股票、债券有很大不同，它一般都是根据合约所标注的标的物来分类的，比如大豆期货、棉花期货、汽油期货等。

一般来说，期货合约可以分为两大类，即商品期货和金融期货。

1. 商品期货

商品期货是以实实在在存在的商品货物作为标的物的期货。

商品期货品种非常丰富，一般来说，各种农副产品、金属产品和能源产品都可以作为标的物，但并不是所有的商品都可以作为期货的标的物。

具体来说，农副产品期货大约包括20多种，其中包括棉花、大豆、白糖、小麦、玉米、咖啡、菜籽油、棕榈油、羊毛和活牛等，其中大豆、玉米和小麦是最重要的，被称为三大农产品期货。

金属期货有9种，其中包括了黄金、白银、铜、铝、锡、锌、镍、铅和铂。

能源产品有5中，包括了原油、汽油、燃料油、天然橡胶和丙烷。

2. 金融期货

金融期货是指以股票指数、利率、汇率等金融工具作为标的物的期货合约。它主要包括了外汇期货、利率期货、股票指数期货三种。

（1）外汇期货是指协议双方约定在未来某一时期，根据约定的汇率买卖一定标准数量的某外汇的标准化合约。

它所包括的货币有美元、英镑、法郎和马克等。

（2）利率期货是指协议双方约定在未来某一时期，按照预定的价格买卖一定数量的某种长短期自用工具的标准化合约。

它包括了长期国库券、中期国债、短期国债、政府住宅抵押证券等。

（3）股票指数期货。股票指数期货是指协议双方约定在未来某一时期，按照一定价格买卖股票指数的标准化合约。最具有代表性的股票指数就是美国道·琼斯指数、标准普尔500种股票指数，香港恒生指数、日经指数等。

目前，国内的期货种类虽然繁多，但并不是全部的品种都可以在国内交易，国内主要以商品期货为主，并且不同的期货交易场所，交易的期货品种也不相同。上海期货交易所主要有铜、铝、锌、天然橡胶、燃油和黄金等期货；大连商品交易所主要有大豆、塑料、棕榈油和玉米等；郑州商品交易所主要有大麦、棉花、白糖、菜籽油和籼稻等。

目前，国内市场交易比较活跃的期货有大豆、棉花、铜、锌、螺纹钢和天然橡胶等。

投资者只有事先熟悉了期货的基本种类，以及每个期货交易所可以交易的产品，才能迈出期货交易的第一步，更好地进行投资。

◎ 明确影响期货价格的主要因素

期货投资具有高风险性，是因为期货价格波动频繁，其价格受到了多种因素的影响。比如期货市场供应情况、市场利率升降以及公司业绩的好坏都是影响期货价格的主要因素。只要我们把握住市场的脉搏，掌握决定期货价格的因素，就可以有效地控制风险。

某企业与农民签订了小麦收购合同，数量是1万吨，企业担心价格会受到其他因素的影响，便将小麦价格固定在3000元每吨，同时在期货市场以3000元每吨的价格卖出。

果然受到气候的影响，价格下降到2500元每吨，期货市场的价格也下降到2500元每吨。于是企业将这笔小麦卖给面粉厂的同时，买回了1000手期货。这样一来，企业有效地规避了投资风险。

那么，影响期货价格变动的因素主要有哪些呢？

1. 市场供求关系

在市场上，商品供给增加会导致价格下降，供给的减少会引起价格上扬。也就是说，当期货市场是供大于求时，期货价格就会下跌；当期货市场供不应求时，期货价格就会上扬。虽然期货价格受到很多因素的影响，但根本的因素还是供求关系。

2. 市场利率的升降

市场利率的变化直接影响了股票、债券等金融产品的价格，同样也会影响股指期货、外汇期货的价格。

3. 气候和天气的变化

与其他投资工具不同，由于期货产品是以农副产品等食物产品为基础，所以期货价格会受到气候和天气变化的影响。

气候和天气比较好时，农副产品的收成就会好，期货价格就会降低；当气候和天气不好时，农副产品的供应就会出现缺口，期货价格就会上升。

另外，种植面积、进出口数量等因素的变化也会很大程度地影响价格的波动。

4. 季节因素影响期货价格

农副产品的供求受到季节因素的影响，期货的价格波动也具有明显的季节性，随着季节的变化而波动。

5. 期货价格受到了国家政策的影响

期货价格受到了国家政策影响，当国家提高农副产品的收储率时，市场上的供应就会减少，其价格就会提高，相反就会降低；当国家对农业给予优惠政策或是鼓励政策时，比如给予种植补贴、提高指导收购价时，期货的价格就会有所提高。

6. 期货价格受到国际期货市场的影响

期货交易是国际性的交易，世界上主要期货市场价格也相互影响，所以投资者应该多关注国际期货价格的波动，减少其风险性。

7. 期货价格受到经济周期的影响

国内外经济景气程度是决定商品期货价格的重要因素之一。当经济景气时，国内外的经济贸易就会变得活跃起来，导致商品需求增加，从而推动期货价格的上扬；相反，当经济不景气时，国内外贸易就会萎缩，导致期货价格下跌。

除此之外，期货价格还受到了公司业绩好坏、通货膨胀率、突发事件、大商家的炒作以及运输成本增加等因素的影响。

◎ 期货交易的获利方式

对于投资者来说，投资期货的目的是为了投机和套利，让自己手中的财富实现升值。因为投资者的投资目的不同，所以关注的对象和交易策略也有所不同。投资者只有弄明白期货交易的获利方式才能赚取更多的钱，才能规避巨大的风险。

一般来说，期货投资主要包括套利保值、套期保值、期货投机和反向操作等获利方式。

1. 套利保值

因为期货市场是一个风险性很高的市场，很多稳健投资者为了规避风险而进行投资，采用套利的策略来进行投资。

套利可以分为跨市套利、跨月套利和跨品种套利等方式。

（1）跨市套利。它是指投资者在一个交易所购进某一种商品未来特定时期的期货合约，同时在另一个交易所卖出该商品同一时期的期货合约。

就是说，不同的产品在不同交易所，其价格可能存在较大差异，这样就可以利用低价买进、高价卖出的方式使期货获利。

（2）跨月套利。它是指投资者在同一交易所买入某一种商品，然后再另一月份卖出同一种商品的合约。

因为很多期货产品尤其是农副产品受到季节和气候等条件的影响，所以不同月份的价格相差悬殊，投资者可以在价格较低的时候买进，然后在价格较高的月份卖出，利用价差来盈利。

（3）跨品种套利。它是指投资者购买不同品种的但相互关联的商品期货合约，然后利用其价格差来获利。

比如，投资者可以买入价格比较低的大豆，然后卖出价格比较高的豆油，利用两者之间的差价来获利。

套利交易是期货交易最主要的获利方式，虽然交易难度比较大，但是风险性比较低，投资者可以获得较为稳健的利润。

2. 套期保值

套期保值也是期货获利的主要方式，投资者可以利用卖出期货合约，持有空头头寸，保护以后现货市场的多头头寸的方式来获利，这就是卖出套期保值；还可以采用买入期货合约，持有多头头寸，保障以后现货市场空头头寸的方式来获利，这就是买入套期保值。

比如，某玉米加工企业购入 1 万吨玉米，当时玉米的价格是 2300 元每吨。企业认为未来玉米的价格会上涨，于是买入 1000 手玉米期货合约，过了几个月之后，玉米价格果然上涨到 2600 元每吨。这样一来，企业就利用期货的收益弥补了现货市场购买的差价，降低投资风险。

这就是买入套利保值的投资策略，就是利用期货市场的盈利来对冲现货市场的亏损。这种投资方式适合对现货有需求却担心价格波动的投资者。

3. 期货投机

期货投机也是利用期货合约的价格波动来赚取利润，它和套利有相似的地方。不过套利采用的是相关市场或相关合约之间的差价来盈利；而期货投机只是利用单一期货合约的价格差异来盈利。

冬季来临之前，小章预测棉花的价格会持续上涨，于是便买入 10 张期货合约，每张合约价格是 5 吨，价格是 15300 元每吨。后来，棉花期货价格上涨到 15330 元每吨，于是小章便卖出合约，从而获利为（15330-15300）×5×10=1500 元

期货投机的风险非常大，因为单一期货价格变化幅度非常大，一旦决策失误就会遭遇巨大的损失。

4. 反向操作

期货投资一般会采取进场——加码操作——出场——进场的循环，投

资者可以采用反向操作的策略来获利。

在商品高价时，行情波动显著，投资者进场时就很难控制出场点和风险。但是如果以选择权来进行操作，就可以利用资金管理的方式来决定进场点，建立仓位。这种方式的好处就是不用关注行情变化，只要到期价格大跌时就可以获利。

这种投资方式比较复杂，风险比较大，所以，刚入市的投资者应该谨慎采用。

总之，期货投资具有高风险性，不管投资者采用哪种投资策略，都应该把眼光看得更远，不要只关注眼前的亏损。

◎ 如何规避期货投资的风险

在期货投资市场，成功的期货交易者只占了25%，这些人成为了期货投资者中的佼佼者，并且积累了大量的财富。75%的投资者却只能面对投资的失败，并不是因为他们没有丰富的经验，没有专业的投资知识，而是缺乏规避风险的意识。

某投资者刚进入期货交易市场，在一家经纪公司开了一个账户，当时天然橡胶的价格比较低，于是他便购买了100手。

随后，天然橡胶的价格开始暴涨，几天内他的资金就放大了5倍。

他觉得这是一个赚钱的机会，于是就开始加大了投入的资金，将全部的家当都投入其中。

当时，他同事提醒他注意投资风险，不能太过于关注眼前利益，可此时他已经被盈利冲昏了头脑，根本听不进去劝告。

几个月后，他就因为判断失误而被套牢，经过几次价格波动之后，损失掉了账户中的全部资金。

与现货市场相比，期货市场价格波动更大、更频繁，所以其交易具有更多的不确定性。同时，在交易的过程中，很多投资者有过度投机的心理，所以增大了期货交易的风险。

想要在期货投资中得到更多的盈利，投资者就应该认清期货投资的高风险性，做好与风险结伴的心理准备，并做好防范措施。

那么，期货投资都有哪些风险呢？在交易中又该如何控制风险呢？

一般来说，期货投资风险主要体现在以下几个方面。

1. 市场风险

在期货投资中，期货价格受到了现货商品价格的影响，比如市场供求关系、利率和气候等因素。所以，当投资者发现现货价格发生变动时，投资者一定要谨慎入市，仔细考察之后再采取行动。

2. 杠杆风险

期货投资主要是利用资金的杠杆作用来获利，不过资金放大的功能不仅增加了投资的高收益性，也使风险放大。比如说，如果资金放大了 10 倍，风险也就被放大了 10 倍。如果投资者无法准确地利用杠杆效益，就会使风险失控。

3. 预测性风险

期货盈利是建立在投资者对品种价格走势的判断和预测上，如果预测正确就可以获得更多的收益；如果预测失误，就会造成巨大的损失。期货盈利与否，与投资者分析和预测期货价格走势的能力有直接的关系，如果投资者经验不足，就会面临更大的风险。

4. 强行平仓和爆仓的风险

交易所和期货经纪公司每个交易日都要进行结算，当投资者账户内的保证金不足时，投资者就要面临平仓和爆仓的风险。

5. 操作风险

和股票交易一样，期货交易也面临着操作方面的风险，如果行情系统、下单系统出现了问题，导致投资者无法下单或是无法获得准确详细的信息，投资者就可能面临较大的损失。

如何规避期货交易风险?

虽然期货交易的风险性比较大，但是投资者可以通过有效的方式来规避风险。

1. 提高保证金成数

投资者缴纳的保证金金额占整个投资总金额的比率就是保证金成数。如果投资者提高保证金的金额，就相应地减低了投资的金额，可以有效地减少损失的数目。不过这种方法在降低风险的同时，获得的利润也相应降低。

2. 选择出色的经纪公司

期货投资时，选择出色的经纪公司非常重要，投资者应该选择诚实可靠、把客户放在第一位的经纪人。同时也要考察经纪公司的业绩是否优良。

3. 不要贪心，及时止盈止损

任何投资都不应该太贪心，及时止盈止损才是预防风险的最佳手段。很多投资者在交易过程中，常常可以找到合适的开仓价格，可是因为太贪心导致利润高位时没有变现，反而导致了亏损。

4. 良好的资金管理是决定投资者胜败的关键

投资者在学会投资初期，应该先保本然后再考虑赚钱。投资者可以建立完善的资金管理办法，才能规避投资风险，才能在期货市场走得更远。

5. 选择价格波动幅度小的商品

在期货市场上，有些商品的价格浮动比较大，有些商品的价格浮动比较小。价格浮动比较大的商品，适合短期投资，收益高但风险也大；价格浮动小的商品是比较稳定的投资，虽然赚钱比较少，但是损失也比较小。

如果投资者刚进入市场，就应该选择价格波动幅度比较小的商品，有效地降低风险。

投资者应该充分地认识期货投资所带来的潜在风险，只有充分地了解各种经济信息、培养敏锐的观察力，才能规避各种风险。

◎ 新手交易有哪些禁忌

黄英是一位期货投资者，她预测在新年和春节到来时，白糖的价格会持续上升，于是便购买了白糖期货。

可是她的预测却发生了失误，在前5天白糖价格确实上涨了10%，但是接下来，价格却出现了下跌。

几天内，她就亏损了30%，只好平仓。可是等到她平仓之后，白糖的价格就开始大幅度上涨，涨幅达到了60%。

事后，黄英非常后悔，后悔没有坚持自己的判断，否则就不会赔钱了。

其实，黄英赔钱的原因是没有良好的心态，盲目地进行买入和卖出。她开始的分析看似有道理却非常片面，根本没有仔细分析详细可靠的统计数据，也没有考察影响期货价格变动的其他因素，所以才踏入了投资的误区。

对于初入期货市场的投资新手来说，由于没有专业的投资知识和丰富的投资经验，可能会使自己迷失方向。只有掌握了投资的技巧和窍门，才能轻轻松松地在期货市场淘金。

不过，期货投资有窍门也有禁忌，投资者只有了解了期货投资的禁忌，才能避免踏入投资的误区。请记住，如果想要规避投资风险，就应该注意以下几个方面：

1. 切忌急躁，心急吃不了热豆腐

我们常说心急吃不了热豆腐，期货投资同样不能急躁。如果遇到价格上升或下跌，在市场行情不明的情况下就急着买入或卖出、往往会导致失误。

2. 切忌盲目跟风，跟着别人走

有些投资者并不了解期货交易，看到别人纷纷买入时，自己就急忙买入；看到别人纷纷卖出，自己就立即卖出。这种盲目跟风心理是投资者最应该杜绝的，这可能会造成较大的损失。

因为当人们纷纷跟风购买时，成交量就会放大，导致期货商品供大于求，期货价格大跌。这样一来，投资者就会被跟风大潮吞没。

3. 切忌过分贪心，追求更大的收益

新手投资最关键的是稳扎稳打，保证投资的安全性和规避风险。所以投资者应该从小额的交易起步，选择价格波动平稳的品种。如果一心想着赚大钱的话，一旦投资失误就会赔大钱。

4. 切忌赌博心态

期货是以小博大的投资，但并不是赌博游戏。那些将期货当成是赌博的人希望一夜暴富，这样往往会被胜利冲昏头脑，将全部家当都投入进去，以至于落得倾家荡产的下场。期货市场不是赌场，投资者必须树立风险意识才能获得长期的收益。

5. 切忌一错到底的心态

一些投资者自认为经验丰富，自己的市场分析绝不会出错，因此在做决策时忽略了其他信息。即便投资亏损也不悔改，一再扩大投资资金，最后只能被迫斩仓。

投资者心平气和地接受失败，提高自己的投资能力，才能获得最大的收益。

6. 切忌持有量过多，控制建仓数量

投资者建仓时，应该有效地控制建仓数量，当投入资金超过三分之一时，就应该减少持有量。最合适的方法是保证剩余资金是合约资金的三倍。只有控制了资金数量和持有量，才能有效地规避风险。

7. 切忌跟着感觉走

投资者在交易中应该沉着冷静、保持理性，不要以主观意识来判断市场形势。如果投资者总是跟着感觉走，忽视影响价格的客观因素，就会损失更多的资金。

8. 切忌随意改变交易计划

投资者在投资前，应该制定详细、准确的操作计划，那么，在期货价格剧烈波动时就可以避免风险的增加。如果看到一些不熟悉的品种价格上涨，也跟着追涨杀跌，随意改变交易计划，很可能错过比较大盈利的时机，造成不必要的亏损。

9. 切忌病急乱投医

很多投资者在投资失利后，便对自己失去了信心，于是便全权委托给操盘手，或是完全按照所谓专家的建议进行投资。这种病急乱投医的行为很可能会导致投资者血本无归。如果投资者真的不知道如何操作，就应该果断退出期货市场，这才是明智之举。

投资过程中，这些错误的心理和行为是最常见的，如果投资者能够吸取教训，注意以上这些禁忌，就可以规避投资的风险。

第十四章

外汇投资：金钱冒险家的理财新宠

被称为“外汇苏丹王”的比尔·利普舒茨说：“成功的外汇交易，关键在于持续累积有利的概率和胜算。你越能够稳定地累积这类的概率，就越可能获得长期的成功。”

◎ 初次炒外汇，这些知识必须懂

有24小时持续交易的市场吗？有一种可以在全球范围交易的产品吗？不同的货币可以参与交易吗？

答案是肯定的，那就是外汇。

投资者想要炒外汇就必须了解什么是外汇、外汇汇率以及炒外汇的几种交易方式等问题。

1. 什么是外汇

外汇是国际汇兑的简称，是外国货币或用外国货币表示的能用于国际结算的支付手段。它是国际贸易的必然产物，是国际间结算债权债务关系的重要工具。

一般来说，我们可以从两个方面来认识外汇，一是静态外汇，一是动态外汇。

静态意义上的外汇又可以分为广义外汇和狭义外汇。

广义外汇是指一切用外币表示的可以用来国际清债的支付手段和资

产。其中包括钞票与铸币等外国货币；票据、银行存款凭证与邮政储蓄凭证等外币支付凭证；政府债券、公司债券与股票等外币有价证券；以及特别提款权与欧洲货币单位等。

狭义的外汇是指银行汇票、支票、银行存款等外币资产。我们通常所说的外币就是这一概念。

动态外汇是货币在各国间的自由流动，从一个国家的货币兑换成另一国家的货币。

2. 外汇汇率

汇率又称汇价，就是外汇买卖的价格，它是用一国货币表示另一国货币的价格。

按照国际惯例，通常用三个英文字母来表示货币的名称，比如欧元汇率就是 EUR0.9705，英镑汇率是 GBP1.5237。

通常，汇率采用两种方式来进行标价，即直接标价法和间接标价法。报价一般是双向报价，报价方同时报出自己的买入价和卖出价，客户自行决定买卖的方向。买入价和卖出价的差价越小，投资者的成本就越小。

（1）直接标价法。它也叫作应付标价法，是以一定单位的外国货币为标准，计算出应付出多少单位本国货币。

在国际外汇市场上，日元、瑞士法郎、加元等外汇都采用直接标价法。比如 JPY119.05 表示 1 美元可以兑换 119.05 日元。

（2）间接标价法。它也称作应收标价法，是指用一定单位的本国货币为标准，计算应收若干单位的外国货币。在国际外汇市场上，欧元、英镑、澳元等都采用间接标价法。比如 EUR0.9705 说明 1 欧元可以兑换 0.9705 美元。

投资者可以研究以往的汇率走势，预测出汇率的未来走势，根据汇率的波动来最大限度地省钱。

3. 外汇交易的几种方式

外汇交易方式有很多种类，其中包括即期外汇交易、远期外汇交易、外汇期货交易和外汇期权交易。

（1）即期外汇交易。它又称为现货交易，是指外汇买卖成交后，交易双方在当天或两个交易日内办理交割手续的一种交易行为。

它是外汇市场上最常用的交易方式，占据了交易总额的 50% 以上。它不仅可以满足买卖双方临时性的外汇需求，还可以避免外汇汇率风险。

（2）远期外汇交易。它又称为期汇交易，是指交易双方后并不立即办理交割，而是在未来按照规定的日期进行交易的交易行为。通常，投资者在成交日三个营业日之后办理交割，而双方在事先规定了币种、金额和汇率等条件。

（3）外汇期货交易。它是指在期货交易所内，双方通过公开竞价的方式，在未来规定的日期、地点以约定的价格、数量来买进或卖出外汇的交易行为。

外汇期货价格与现货价格相关，随着现货价格变动而变动，其变动幅度也大致相同。随着期货交割日的到期，期货合约的汇率与该种货币汇率差异也日益缩小，直到交割日时两种汇率重合。

（4）外汇期权交易。外汇期权交易与期货交易比较相似，是指交易双方在规定的期间按照商品的条件和汇率，购买和出售某种外汇的选择权的交易行为。

它是一种有效的规避风险的工具，可以消除外汇贬值和汇率变化的风险，并且通过汇率变动来谋取利润。

外汇市场是 24 小时不间断的交易，它将国际贸易紧密地联系在一起，而外汇市场也是金融市场重要的组成部分，越来越受到投资者的青睐。

◎ 投资外汇其实很简单

小东最近开始对外汇投资感兴趣，当时欧元/美元的交易价是 1.2400/03，美元/日元的交易价是 107.20/23。小东买入了 10 万单位的欧元和 5 万单位的日元。几天后，欧元上涨到 1.2537，日元下降到 106.76。

于是小东便卖出了 10 万单位的欧元，每单位盈利 0.0134，总盈利 1340 元。

目前炒外汇越来越受到投资者的欢迎，不过外汇投资看似专业复杂，如果你掌握了相关知识和技巧，外汇投资就可以变得非常简单。

那么，国内的外汇如何交易呢?

目前各大商业银行都开办了外汇业务，只要个人投资者持有效身份证件，就可以开办外汇交易业务。

个人炒外汇的方式有很多，个人可以到银行柜台办理开户，也可以通过电话的方式来办理开户。

柜台交易只需要提供个人身份证件以及外汇现金、存折或存单就可以办理了。工行、建行的开户起点金额为 50 美元，而中行、交行没有金额的限制；而电话开户需要个人投资者带着身份证件到银行网点办理电话交易的开始手续。交行开户起点金额为 300 美元，工行开户起点金额为 100 美元。

因为外汇交易比较复杂，涉及两种币种，所以个人投资者在交易前应该了解交易的操作步骤，记住币种的代码，以免操作失误给自己带来损失。

1. 外汇投资方式

一般来说，外汇投资主要有两种方式，即外币存款与外汇买卖。

（1）外币存款分为活期与定期两种。对于个人投资者来说，定期存款比较合算，可以获得更多的利息；活期存款虽然存取自由，不过利息比较低。

目前定期存款存期可以分为 1 个月、3 个月、半年、1 年和 2 年。因为汇率变动频繁，所以个人投资适合选择 3 个月、半年这类存期较短的存期。

（2）外汇投资就是利用不同货币之间差价来获利。其本质就是在货币转换的过程中淘金。它是一种风险较高的投资方式，主要是根据汇率走势来买卖，如果把握好买卖时机、准确选择币种，就可以获得丰厚的收益。

2. 看清汇率的标价方式

除了英国、美国、澳大利亚和新西兰等国家之外，绝大部分国家都是采用直接标价法来表示外汇。一般是 1 单元或 100 单位的外币可以兑换多少本国货币，本国货币的汇率就是多少。比如人民币汇率是 6.6460，那就代表着 1 美元可以兑换 6.6460 元人民币。

本国货币越值钱，单位外币所能兑换的本国货币就越少，汇率就越小；相反地，本国货币越不值钱，单位外币所能兑换的本国货币就越多，汇率就越大。

汇率报价是随着市场的变化而变化，各银行一般都会随时向客户公布牌价。投资者可以根据汇率的变化情况来判断交易的方向，而想要通过炒外汇来盈利，投资者就必须随时关注汇率的变化。

一般来说，建行牌价变动最为频繁，几乎和国家外汇市场同步，大约每隔 40 秒就变动一次。工行汇率的变动也非常频繁，交行和中行变动频率相对小一些。

3. 最佳的外汇交易时间

外汇市场是一个 24 小时持续不间断的交易市场，但是汇率变动频率也有所不同，有些时段的变动比较频繁，有些时段的变动不是十分频繁，而汇率的活跃性也是直接影响投资者收益的关键因素。

由于外汇市场是国际性的金融交易市场，一个市场汇率的变动可能会影响到其他市场的变动，但是不同的外汇市场汇率变化的规律也有所不同。

纽约市场是美国股市最大的资本流动中心，也是全球最大的外汇交易市场。交易时间是北京时间 20:00 到次日 4:00，高度的活跃性意味着投资者盈利机会更高。

东京市场是亚洲最大的外汇交易市场，交易时间是北京时间 8:00~11:00 和 12:30—16:00。

对于国内个人投资者来说，外汇交易的最佳交易时间就是亚洲市场和欧洲市场重叠的时间，即北京时间的 15:00~16:00。我国各大银行上午的汇率变动比较少，下午 13:30~15:30 这段时间汇率活跃度最高。

另外，每周周二到周四的时间是一周交易较活跃的时期，比较适合交易。

所以投资者在炒外汇时，要关注国际汇率变动的活跃性，只有在高度活跃时段进行交易才能增加盈利的机会。

4. 炒汇之前要树立良好心态

炒外汇是钱生钱的投资，由于外汇汇率波动频繁，面临着很大风险，所以投资者应该树立良好的心态。

（1）投资一定要有耐心。人们常说“戒贪、戒躁、戒盲从”，这是投资理财的三大定律，面对充满风险的外汇市场，投资者应该保持良好稳定的心态，才能赢得盈利的机会。

（2）明确持有外汇的用途。人们持有外汇的目的有很多，或是为了储蓄，或是为了准备出国资金，或是为子女准备留学教育基金。只有明确持有外汇的目的，才能应对自如。

（3）考虑个人投资的盈亏比率。汇市有风险，投资者应该根据个人的实际情况来确定投资方案，考虑自己能亏多少、要赚取多少，只有做到了止盈止损，才是明智之举。

◎ 炒汇有风险，投资技巧要明了

比尔·利普舒茨是世界著名的外汇投资大师，他单笔交易金额通常都高达数十亿美元，获利通常也是以千万美元计算。他说：“成功的外汇交易，关键在于持续累积有利的概率和胜算。你越能够稳定地累积这类的概率，就越可能获得长期的成功。交易员能够控制的仅限于明智地分析与明智地下注。所谓明智，就是掌握胜算和提高有利结果的发生概率。”

外汇交易就是在货币中淘金，用钱来生钱。目前外汇市场已经成为世界上最大的金融交易市场，其规模已远远超过股票、期货等市场。不过，与股票市场相比，外汇市场更加复杂、风险性更高，投资者只有掌握相关知识和投资策略才能获得盈利空间；如果投资者盲目地进行投资，就会遭遇严重的损失。

下面是新手入汇的一些买卖技巧，希望新手投资者能够从中获益。

1. 投资有风险，用“闲钱”来投资

外汇投资有很高的风险性，如果投资者拿出全部积蓄或是家庭生活的必需费用来投资，一旦赔钱就会影响家庭生活。所以，投资者应该保持客观、冷静的态度，用那些没有急切用途的“闲钱”来投资。

2. 制定合理投资计划，不要轻易更改

投资者在投资前要分析影响交易的因素，然后制定合理的投资计划，并且严格按照计划来操作。千万不要看到汇率短期的涨落而轻易改变计划，盲目而临时的决定往往会增加投资的风险性。

3. 不要在等待中错过最好价位，坐失良机

很多投资者的做法与上面正好相反，他们开始会建立一个盈利目标，比如要赚到 200 美元再卖出，并一心等着这个目标的到来。之后盈利目标越来越接近，赚到了 195 美元，这是获利平仓的好机会，可是投资者却忽略汇率变动等因素，一味地等待这个目标，于是便错过了最好的时机。

4. 亏损时不妨适当停买停卖

当投资亏损时，投资者的信心和判断可能受到一些影响，如果继续加大投资的话可能遭遇更大的损失。这时投资者不妨短暂地离开，休息一段时间，重回外汇市场时就可以重新认识市场，看清未来投资的方向。

5. 量力而行，切不可孤注一掷

外汇市场走势难以预测，孤注一掷很可能导致投资者倾家荡产。任何投资都应该量力而行，根据个人实际财务状况投入少量资金，等到经验丰富、熟悉市场后再逐渐增加部分投资，只有这样循序渐进，才能保证长期收益。

6. 当机遇出现时要果断出击，不要犹犹豫豫

投资不仅需要谨慎小心，更需要果断和勇敢，面对投资的风险犹犹豫豫、不果断行动，即便掌握再多专业的知识都是纸上谈兵。当机遇出现时果断出击、勇于出手，才有赚钱获利的机会。

7. 顺势操作，低买高卖

与股票一样，投资者进行外汇买卖时应该采用顺势操作的方式，当外

汇价格低时及时买入，当价格升高时应该及时卖出。

8. 耐心也是关键因素

很多投资者赔钱的根本原因不是没有分析能力，也不是缺乏投资经验，而是缺乏忍性和耐力。他们经常看到价格上涨下跌就急忙交易，过早买入或者卖出，导致了不必要的损失。

对于投资者来说，外汇市场并不是轻松获利的地方，在频繁的汇率波动中，投资者可以获得很多赚钱机会，同样也面临着很大风险。所以投资者只有分析外汇投资的优劣，考虑各种影响因素，掌握投资的技巧和策略才能赚到该赚的钱。

◎ 如何选择优秀的外汇交易平台

与债券交易、基金交易一样，外汇交易也需要选择一家优质的交易平台，才能保证盈利。不过外汇交易面临的是全球市场，市场上提供的平台更是繁多复杂，令投资者眼花缭乱，很难选择出适合自己的交易平台。

目前我国外汇交易越来越普及，投资外汇交易的个人也越来越多，各大国有银行都开始办理外汇交易业务。同时国际上很多不错的交易平台纷纷进入中国市场，业绩不错的保证金公司目前大约有几百家。

那么，我们如何从众多平台中选择出一家优质的交易平台呢？一个优秀的平台应该具有哪些优势呢？一般来说，投资者可以从信誉度、杠杆比例、最少开户金等方面来考察一个交易平台是否优质。具体来说，投资者应该注意以下几点。

1. 交易平台信誉度要好

信誉度是衡量一个保证金公司是否优质的关键因素。投资者应该弄清佣金的收费标准、隔夜利息的计算方法等问题。如果保证金公司随意改变收费的标准和隔夜利息的计算方法，就代表信誉存在着一定问题，投资者应该谨慎选择。一般来说，交易平台最高是5颗星，拥有5颗星、4颗半星的保证金公司都可以信赖。

2. 杠杆比例

外汇交易也叫作外汇保证金交易，交易时投资者只需要付出1%到10%的保证金，就可以进行100%的交易。但是杠杆是双向的，一旦您的交易与行情相反，亏损是巨大的。用杠杆来进行外汇交易，可以增加外汇的流动性，如果没有杠杆作用，按照外汇的波动率几乎没有人会对外汇感兴趣。所以银行会给外汇公司交易杠杆，而根据交易公司的业绩和信誉，其杠杆比例也有所不同。

如果杠杆比例是10倍，那么就是我们投入100元保证金，可以获得1000元的交易。交易平台的杠杆比例越大，投资者获得的收益就越高，面临的风险就越高。所以杠杆可以让投资者一夜暴富，也可以让投资者一夜倾家荡产。

雷曼兄弟破产、高盛集团陷入财务危机，最主要的原因就是资金运用了过高的杠杆。所以投资者在选择交易平台时，千万不要为了追求高利润而选择过高的杠杆比例。

国内工行的杠杆比例是10，交行是15/20/30。国外的杠杆比例则比较高，easyforex易信是200、HYMARKETS则高达300。

3. 交易平台运转是否稳定

不同的保证金公司由于管理水平不同、综合能力不同，平台本身运转情况也有所差别。管理水平高、综合能力强的公司可以保持稳定的运转，即便国际市场发生重大波动，也可以维持正常交易。

那些管理水平低、综合能力差的公司，就可能会为了保证正常运转而提高佣金或点差，甚至导致无法正常交易。所以，投资者一定要考察交易平台以往的运转情况，选择稳定性好的保证金公司。

4. 最少开户金

一般来说，保证金公司都会规定最少开户金，中行、工行开户起点金额为500美元、交通银行的最少开户金是2000美元。国外著名的外汇经纪商 easyforex 易信的最少开户金是 25 美元、AVAFX 最少开户金是 100 美元。

投资者可以选择最少开户金较少的交易平台，这样可以降低投资的成本。

5. 监管制度要健全

外汇投资风险极大，风险控制能力较弱的公司很可能面临亏钱和破产的可能。况且目前国内市场上有很多国外的外汇保证金公司，甚至有些公司为了逃避监管，故意注册在监管不严格的国家或是某不知名的小岛。所以，投资者一定要选择拥有健全监管制度的国家的保证金公司，这样才能保证投资的安全。

6. 选择交易成本适当的平台

目前保证金平台的交易费用有高有低，有的高达 20 点，有的只有两三点。投资者应该选择交易成本小的平台，实现利润的最大化，但是没有成本未必就是好事，可能增加投资的风险。

一般来说，4 个点是保证金公司维持正常运行的保本点，6 个点就可以实现盈利。投资者应该选择 4~5 个点的交易平台，这样就可以获得很好的利润。如果高于 6 个点，就属于高收费了，低于 3 个点的话就可能存在更大风险。

总之，选择好的交易平台对投资者来说十分重要，明确各个平台的优势和劣势，然后根据自己的实际情况进行分析，这样才能找到更好的平台。

◎ 学会如何判别外汇走势

近几年以来，受到人民币加息和美联储降息等因素的影响，人民币兑美元汇率持续走高，人民币升值比较明显。在这种情况下，如何对外汇进行理财，就成为了投资外汇人士的关注热点。

方先生是一家外贸公司的经理，平时都会往银行存入一些美元，以备不时之需。最近人民币升值达到了 5%，相对而言美元贬值，而他存入银行的 5 万美元已经缩水了 2500 美元。所以面对人民币的持续升值，投资者应该考虑如何处理银行账户上的外币。

在外汇交易中，懂得如何判断外汇走势，是否顺应行情趋势的方向是非常重要的。投资者可以根据以下相关信息来判断汇率的走势。

1. 关注国家的货币政策

央行通常会利用货币政策来进行宏观调控，这些政策在影响经济的同时势必也影响到汇率的走势。当经济衰退时，国家会增加市场货币供应量，实行降息方式，汇率就会有所降低；当经济过热时，央行会减少货币供应量，或是采用加息的措施，这时汇率就会有所提升。

央行的最重要职能就是稳定货币汇率，根据国家的经济发展需要，央行会选择性地采用强势货币政策或弱势货币政策。美元就是最坚持使用强势货币政策的币种，以保证美元对外币的高汇率。

2. 突发金融事件影响汇率走势

国际上一些突发金融事件可能会导致某国国币出现大幅度贬值和升值，比如最近的东南亚金融危机，以索罗斯为首的西方基金在各大股市、外汇市场进行大规模交易，并利用保证金制度扩大交易规模，导致东南亚一些国家货币贬值超过 50%。

3. 各国经济增长速度影响外汇走势

经济增长速度是影响汇率的最基本因素，一个国家经济增长良好，国家的货币就会升值，相反货币就会贬值。比如 2014 年我国经济增长速度是 7.3%，2015 年的增长速度是 6.9%。所以 2014 年人民币兑美元的汇率是呈整体下跌趋势的。

4. 市场预期重大变动对汇率有较大影响

外汇市场是一个心理市场，一些非常重大的事件在没有结论前，市场人士心理的预期变化也会影响汇率的变化。比如国际形势、国家政策、军事行动和经济事件都会影响投资者的心理预期，影响外汇行情的走向。

5. 国家进出口贸易影响汇率的变化

国家进出口贸易的情况也会影响汇率的变化，如果一个国家的对外贸易顺差，就说明国际市场对该国家货币的需求增加，其汇率就会上升；如果一个国家的对外贸易逆差，那么，国际市场对该国家货币的需求就会减少，其汇率就会下降。

6. 利率和汇率是息息相关的

利率和汇率是息息相关的，如果一个国家利率过低，货币就会从一个低利率国家流向高利率的国家，投资者通过差价进行获利。所以，各个国家纷纷通过调整利率来控制汇率的走势，避免货币严重贬值。

比如 2004 年美联储多次加息，使得美元不断升值，美联储利率与美元汇率也是持续上升，美元成为国际市场的焦点。2007 年，美联储连续降息后，美元利率也达到最低水平，货币也连续地贬值。所以利率是影响汇率的重要因素，并左右汇率走势的方向。

7. 物价指数影响着汇率

物价上升会引起通货膨胀和货币贬值，而汇率也会随着降低；物价下降会引起通货紧缩，货币出现了升值汇率自然就会升高了。

对于投资者来说，应该准确地预测汇率走势，把握交易的最佳时机。如果投资者懂得如何判断市场的正确走势，并与其保持一致，利润就会滚滚而来；如果投资者判断失误并进行逆势交易，就很难实现投资目标。

◎ 不能不懂的外汇操盘原则

一位成功的投资者说："每当我感到精神状态和判断低于 90% 时，我就开始赔钱了；而当我的状态和判断高于 90%，我就开始赚钱了。"

外汇投资并不是简单的事情，投资者不仅需要树立风险意识，还需要保持良好的精神状态和准确的判断力，更需要懂得一些外汇操盘的原则。如果违背了其中的原则，就等于站在悬崖边上进行赌博。

王小姐工作后省吃俭用攒下一笔钱，她想做一些理财投资。听人说外汇交易可以在短期内赚钱，她便将全部资金都投入其中。刚开始汇率一再下降，收益微乎其微，她觉得是自己经验不足的原因，于是便每天研究汇率走势，希望可以挽回之前的损失。之后，她判断汇率会上升，便将全部年终奖拿来投资，谁知由于股市动荡，汇率价格也出现了波动。王小姐再一次吃到了被套牢的苦头。

投资不是赌博，外汇市场也不是赌场，投资者应该严格遵守以下操盘原则，避免让自己落入失败的深渊。

1. 严格进行资金管理，远离盈利的诱惑

投资者应该谨慎小心，不要小看外汇市场的风险性，更不要将全部资金都投入其中，否则一旦持续下跌就会损失惨重。投资者应该严格管理资金，保证入场资金不得超过账户资金 15%，这样不管是赢利还是亏损都不会有太大的风险。

2. 顺势交易是外汇市场制胜的秘诀

外汇市场价格波动频繁，缺乏经验的投资者在开盘买入或卖出某种货币时，一旦看到盈利就会立即平仓。这种做法是错误的，很可能会错失获利的时机。捕捉获利机会是一门学问，人们不能片面地跟着价格的浮动而买卖，而是应该注重汇率上升和下跌趋势。只有准确地判断汇率走势，顺势进行交易，才是获得长期收益的秘诀。

3. 不要过度交易，要适合投资

投资者在交易时应该保持决断适度，不能过量交易。如果你手中资金不足，却仍坚持加大投资不肯斩仓，一旦出现市场动荡就会损失很大。如果投资者精神状态和判断力已经严重下降，却仍勉强支撑不肯离开，就会让自己亏钱。

4. 每天只能发布一次命令

频繁地买进卖出，不仅会让投资者陷入情绪化的陷阱，还避免不了出现差错。投资者应该为自己制定规则，每天只发布一次命令，不管是正确还是错误。

5. 市场不明朗时绝不轻易进入

外汇交易需要稳扎稳打，看准市场的发展趋势来进行投资。成功的投资者懂得抓住机会和等待机会，绝不会贸然地进入外汇市场。尤其是在市场不明朗时，如果贸然地进入就可能放大亏损率。

6. 严密观察市场行情，随机应变

市场瞬息万变，投资者应该冷静理智地选择投资方式，充分地考虑和分析市场行情，预先定下当日入市的价位和计划，根据眼前价格的涨落再及时调整计划。

7. 自律是炒汇成功的保证

外汇市场风险非常大，投资者想要炒汇成功，就应该有效地控制风险，而增加自律就是最关键的保证。在面对巨大诱惑时，投资者能控制自己、监督自己，才能保证投资的成功。

第十五章

收藏投资：爱好赚钱两不误，挖掘收藏品中的金矿

“盛世做收藏，乱世做黄金”，
收藏不仅可以满足个人爱好，还可以用来升值赚钱。
只要投资者懂得收藏的策略和技巧，便可以挖掘出藏品中的金矿。

◎ 收藏不仅是爱好，也可以赚钱

俗话说：“盛世做收藏，乱世收黄金。”多年来，收藏一直受到人们的关注，不过以前人们收藏可能是为了艺术追求或是兴趣爱好，而如今收藏已经成为一种重要的投资方式。收藏投资不仅可以满足个人的爱好，更可以利用升值来赚钱，真是爱好、赚钱两不误。

收藏是指将富有保留价值的物品收集起来并加以保存。收藏投资的前提是收藏品必须具有升值价值，比如古董、钱币与字画等，如果所收藏的物品没有升值空间，投资就没有任何意义了。

目前常见的收藏品有瓷器、字画、古书、钱币、邮票与红酒等等，有些收藏者还热衷于电话卡、国库券与火柴盒等物品的收藏。

现在投资收藏的人越来越多，但是并不是所有人都可以获得成功。有人投资的收藏品持续升值，让其获得巨大的收益；有人投资的收藏品却是毫无升值价值，在内行人看来只是一屋子的破烂儿。

那么，面对眼花缭乱的物品，投资者应该如何找到最具价值的收藏品呢？

1. 投资收藏应注意的问题

（1）藏品必须具有一定的市场，且富有升值潜力。

（2）投资者要了解藏品的真正价值和特性。

以下因素决定着藏品的价值。

存世量，存世量越少的物品价值就越高；

年代因素，年代越久远的物品价值就越高；

艺术性，艺术性越高的物品价值就越高；

品相因素，品相越好的物品价值就越高。

（3）投资者要有足够的经济投资条件，才能涉足收藏品投资。

（4）投资者要了解国家法律法规，尤其是买卖珍贵古董时，千万不要涉及文物走私。

2. 真正值得收藏的物品通常具有以下几个条件

（1）真品。收藏品有真品，也有代笔、临摹、仿制以及故意伪造的赝品，只有真品才具有投资价值。制作再精良的赝品也没有投资价值，收藏品的真伪是决定投资与否的最主要条件。

（2）精品。收藏品精美还是粗俗，这是决定其是否有较高的艺术价值的关键，也是投资者是选择投资的关键。

有些艺术家创作虽多，但是称得上精品的作品却不多。同时我国各朝代审美观不同，所遗物品风格也有所不同，比如汉代的粗犷豪放、宋代的清新隽雅、清代的繁花似锦。投资者选择精品才能获得更多盈利空间。

（3）大作。大作是指艺术家投入精力多、影响大的作品，由于艺术家一生精力有限，所以每个艺术家的大作都有限。一般来说，大作的价值比普通作品价值更高，更具有收藏价值。

比如齐白石，他是我国近现代绘画大师，擅画花鸟、虫鱼、山水与人物，其中鱼虾虫蟹尤为妙趣横生，具有很高价值。《墨虾》是一生中的大作，比其他作品的价值要高。

（4）完整性。字画、古玩等艺术品具有不可再生性，且保存比较困难，容易受到损伤，所以保存越完好的藏品其价值就越高。比如青花瓷具有较高投资价值，即便口沿稍有脱釉，也会造成价格大幅度下跌。

近年来，我国收藏热持续升温，收藏的种类也是越来越多样化。不过收藏投资也是高风险的行为，且需要较多的资金投入，投资者应该谨慎小心，保持良好的心态。

◎ 如何规避收藏投资的风险

老黄是酷爱收藏古董花瓶的收藏爱好者，每天都想着淘到精品，获得更大的升值空间。

近年来，明清官窑瓷器的精品动辄拍出数千万的惊人价格，这让老黄蠢蠢欲动。他知道景德镇是明清时期专门为皇家烧制瓷器的官窑，所烧制的瓷器品质精良、价格不菲。

于是他便想方设法淘这一时期的瓷器。后来他花大价钱购买了一只景德镇精美花瓶，心想肯定可以赚到一大笔钱。

可是经过专家的鉴定，老黄才发现自己购买的花瓶虽然出自明清时期景德镇，但是由于存世量比较大，且制作比较粗糙，收藏价值并不高。

随着国际拍卖市场上一些艺术品频频拍出不菲的价格，如数千万元的字画、上亿元的古董、数百万的家具等等。收藏市场变得越来越火爆，更多的投资者都想参与进来分一杯羹。但是加入收藏投资并真正赚到钱并不是那么轻松容易的事，因为收藏需要专业的收藏鉴别知识，且需要极大的资金投入。

收藏市场具有很大的风险，收藏者稍有不慎，手中的藏品就变得一文不值。所以，投资者想要加入收藏行列，就一定要了解收藏行业的风险，有效地进行规避和控制。

投资者如何规避投资风险呢?

1.“漏儿”永远有，但不要执着于捡漏

收藏品圈子有个名词叫作捡漏儿，所谓漏儿就是某件艺术品价格严重背离实际价值，却没有被人发现。如果投资者能够捡漏儿，就可以赚取更大的收益。但是并不是所有的投资者都能识别漏儿，再加上有很多人故意弄虚作假，利用所谓的漏儿欺骗外行人。投资者如果执着于捡漏，却没有识别漏儿的能力，就可能面临更大的风险。

2. 注意收藏品的品相好坏，以规避品相风险

收藏品的品相好坏直接决定了其价值的高低，品相好的收藏品比较值钱，而品相差的收藏品价格就差些。所以投资者一定要注意收藏品的品相好坏，以规避品相风险。

3. 不要盲目跟风，更不要做短期投资

收藏品投资不适合短期投资，需要耐心地等待藏品价值的升值。长期投资可以尽可能地降低市场热点转移和价格波动带来的风险。另外，长期投资收藏品还不能盲目跟风，不能看到别人投资什么就投资什么。

4. 妥善保管藏品，规避保管风险

由于受到气候和人为因素的影响，各种收藏品都会面临保管风险，一旦藏品受到损坏就会使价值大幅下降。尤其是邮票、纸币、字画等，还要防止折损虫蛀和各种化学品的腐蚀；瓷器等藏品容易破碎、脱釉，也要注意保管。

5. 增强鉴别能力，规避赝品、劣品的风险

无论是拍卖市场还是收藏市场，赝品和劣品比比皆是，如果投资者没有较强的鉴别能力，就可能掉入陷阱之中。所以，投资者应该谨慎小心，不要买入自己看不准的藏品，购买前最好是请信得过的专家进行鉴别。

6. 要有超前意识，选择有潜力的藏品

具有超前意识是投资者成功投资的关键。目前投资者征集精品越来越难，投资者应该将目光投在有潜力的中青年艺术家和发展空间较大的作品，随着时间的积累，其作品也是会逐步升值。不过，投资者需要对未来市场有准确把握，且有超前的眼光和意识才能降低风险。

7. 收藏品流通性差，投资者应该规避买卖风险

收藏品流通性很差，不容易成交，或成交价不高。投资者如果急着用钱想要抛售自己的收藏品，就必须低价卖出，会遭遇很大的损失。尤其是收藏市场行情低迷时，就会造成藏品积压，所以，投资者应该懂得如何规避买卖风险。

8. 懂得收藏禁忌，不要买入忌讳的物品

在收藏界有很多忌讳，比如魂瓶、冥器、痰盂与夜壶等器物，不论制作多么精美，都很难有升值空间。因为这些物品被认为是不吉利的、晦气的物品，一旦投资者买入就很难脱手。

◎ 瓷器：十年涨十倍的原始股

瓷器凝聚着中华艺术的精华，其精美艺术感深受众多收藏者的追捧和青睐。令人爱不释手的瓷器真品往往是可遇而不可求的，收藏者必须善于把握时机，不仅要关注其增值空间，更要关注其艺术价值。

瓷器的价值主要体现在历史文化价值、稀罕程度与工艺水平等方面。一些高古瓷器虽然有数千年历史，但是因为保存质量较差、制作粗劣和缺乏艺术价值，其价值远远低于后世的一些精致稀有的珍品。

某富豪是古瓷器爱好者，平时遇到精美的瓷器就收入囊中。几年间收藏了十几件价格不菲的瓷器，其中包括珍贵的汝窑瓷器、青花瓷等。

一天，他在艺术品市场发现了一件精美的宋代瓷器，便花费7位数高价买下来。可是事后经过专家的鉴赏，才发现这件所谓的真品不过是清代高仿品。虽然这件高仿品十分精美，具有一定的艺术价值，但是与实际价值相差甚远。

虽然人人都知道瓷器收藏能够给投资者增添文化气息，还能给人们带来增值效应。不过面对数不胜数的古今瓷器物件，很少有人具有识别珍稀物品的火眼金睛。

通常来说，瓷器的艺术价值决定了价格的高低，不同年代、不同艺术价值的瓷器，其价格也相差甚远。

那么，投资者如何鉴别瓷器的艺术价值呢?

一般来说，年代越久的古旧瓷器，其价值就越高。而就年份已久的瓷器来说，各个朝代官窑瓷器的价值较高，尤其是“御窑”和名气特别响的器件价格最高。

比如我国宋代的瓷器非常具有收藏价值，其中钧窑、汝窑、官窑、定窑和哥窑被称作宋代五大名窑。当时它们都是宫廷御用瓷，即便在当时都十分罕见珍贵，具有极高的艺术和收藏价值。

除了官窑之外，各种带有堂名款的瓷器、工艺精湛的民间窑器的价值也较高。

瓷器的胎体、釉质、烧结和纹饰是判断瓷器价值高低的重要依据。一般来说，彩色釉、低温单色釉比青花的价值要高很多；官窑的灯、瓶、炉等杂件瓷器比一般碗、盆、碟等常用器件的价值要高得多；纹饰精美、精工细作的瓷器要比平常物件的价值要高很多。

物以稀为贵，越是存世量少的瓷器，其价值就越高。一些年代久远的瓷器，如果存世量较多的话也没有太大价值。比如北宋晚期传世至今的御用汝瓷极为稀少，总数不超过百件，并且大部分保存在故宫博物院、上海博物馆等博物馆中。所以收藏界有这样的说法 :“纵有家产万贯，不如汝瓷一件。”

瓷器是中华民族的瑰宝，土与火的融合淬炼出精美绝伦的艺术品。精美的造型、华美的雕饰、细致丰富的纹路以及鲜艳的色彩，描绘出湖光山色、云霞雾霭和变化无穷的图形色彩，使得中国瓷器美轮美奂、韵味奇妙。所以越是精美的瓷器，越是具有艺术神韵的瓷器，就越受到投资者的青睐。

比如元代青花和清代彩釉瓷器都是以精美而闻名。2011 年，一件永乐年间的青花如意垂肩折枝花果纹梅瓶在艺术品拍卖市场上，拍出了 1.68 亿港元的高价。

投资者不仅要注重瓷器的艺术价值，更要注重收藏市场需求。如果该瓷器市场需求量大、行情看涨，那么其价值和价格就会有所上升。

比如几年前，清代官窑瓷器在拍卖会上的成交价仅为几千、近万元。后来随着市场需求量的不断增大，目前价格已经达到了几十万。一些艺术价值高的物品价格高达几百万元。

随着收藏品市场越来越繁荣，明、清及以前的古旧瓷器件越来越少，其价值也越来越高。不过赝品也越来越多，投资者不能盲目地进行投资，只有练就专业的眼光和鉴赏能力，这样才能淘到精品。

◎ 钱币收藏，保护好你自己的“小金库”

钱币作为法定货币，具有一般等价物的基本功能，然而作为一种艺术品和文物，一些具有艺术价值的钱币还具有收藏价值。尤其是古钱币，因为年代久远、存世量少，更包含着极高的考古价值和收藏价值。

随着钱币市场行情一路攀升，钱币收藏爱好者如雨后春笋般出现，然而，面对众多历史悠久、种类繁杂的古今钱币，投资者如何下手呢？哪些钱币具有收藏价值呢？

1. 钱币的发行时间和发行数量

一般来说，钱币发行时间越久远、流通时间越短，其收藏价值就越大；发行数量越少，其价值也越高。

比如战国的刀币、秦代的外圆内方钱、唐代的通宝和清代的通宝，品种有数万至数十万种，所以收藏价值并不高。而齐、燕、赵的刀币，韩、魏、秦等布币年代久远，数量比较少，所以价格相对昂贵。

还有唐代叛军史思明占领洛阳后铸造的“得壹元宝”“顺天通宝”传世很少，尤其是“得壹元宝”尤其罕见，称得上是稀世珍品。

新中国发行的第一套人民币，因为具有特殊纪念意义、年代久远、发行量少，具有极高的收藏价值。八成新品相好的全套人民币价格高达百万元，全套全新的价格则高达数百万元。

2. 钱币涉及的题材

钱币涉及的题材多为历史人物、历史事件、文化艺术、体育、动物、植物和自然景物等。不同的收藏者所喜欢的题材也有所不同。

一些涉及特殊历史时期、历史事件的钱币更具有收藏价值。比如宋钦宗时期铸造的“靖康通宝”“靖康元宝”，它记载着靖康之变那段历史，且钱铸量很少所以极为罕见，属于国家一级文物。还有第二套人民币，发行时间比较长，却记载了新中国工农业生产恢复发展、三年大饥荒等重大事件，承载了当时人们的酸甜苦辣和国家复兴的历史，具有较高的收藏价值。

3. 文化价值高的钱币更具有收藏潜力

钱币不仅是一般等价物，更具有文化艺术价值，钱币的制作工艺、钱币上的字迹也是考察其是否具有收藏价值的重要因素。制作工艺精美、字迹隽永、纹路清晰的钱币更具升值空间。

比如北宋“元祐通宝”，篆文行草分别由当时著名文学家、书法家司马光和苏东坡所书，收藏价值极高。还有那些古钱背文丰富多彩、有月纹、星纹等记号的，往往比较具有收藏价值。投资者可以从钱币身上可以得到美的享受、艺术的熏陶。

4. 钱币的成色和品相影响其价值

与其他艺术品一样，钱币成色和品相越好的，其收藏价值就越高。一般来说，只要钱币有七八成新，投资者就可以收藏。如果是珍稀品种，其成分和品相可以差一些。但是全新的钱币肯定比七八成新的价值高很多。

用金、银、白铜等精制而成的宫廷钱币，其质量和成分都比较高，且铸量比较稀少，也是投资者喜欢收藏的对象。

5. 关注具有特殊号码币的人民币

目前人民币也成为了收藏界的宠儿，越来越多收藏者开始关注人民币的收藏，而特殊号码币则成为了钱币收藏爱好者追捧的对象。

比如香港人喜欢带 777 号码的钱币，内地人喜欢带 888 号码的钱币。另外，按照一定的号码规律进行排列的系列钱币、出现错码的错版钱币等都具有收藏价值。

6. 银元不仅具有收藏价值，还具有保值作用

银元流通的时间短，非常容易保存，况且其本身是贵金属，所以具有很高的收藏价值。目前银元的民间持有量比较多，不过随着国际市场的金银价格持续上升，其也具有升值潜力。

比如浙江省造光绪元宝、奉天癸卯光绪元宝一两、签字版的袁大头、中华民国纪念币小头银币等都具有较高收藏价值。

古今钱币种类极多，仅仅古钱币就有很多品种，所以投资者必须根据自己的财力和爱好，有选择地加以收藏，千万不要有投机心理。

真正的收藏者最好做到少而精、成系列收藏，不仅要注重其增值性，更要注重鉴赏和陶冶性情，这才是收藏投资的关键。

◎ 邮票，收藏美好的记忆

邮票是一个时代的记忆，随着网络时代和手机的迅猛发展，邮票逐渐退出了历史的舞台。不过它还承载了几代人的美好记忆，它维系了亲人之间的想念、情人之间的爱恋。

不仅如此，邮票还与一个国家的政治经济发展息息相关，被称为“一个国家的名片”。所以，小小的一张邮票不仅代表着美好的记忆，更包含着非常大的学问。

早在 20 世纪 40 年代，欧美国家就开始盛行收藏和投资邮票，之后我国也出现了无数集邮爱好者。当时人们收藏邮票更多的是为了爱好，而随着一些珍世邮票在拍卖市场拍出高价，越来越多的人将邮票视为投资理财的对象。

国内很多人对邮票投资感兴趣源于猴票，它是我国发行的第一张生肖邮票，票背景为红色，图案是由著名画家黄永玉先生绘制的金丝猴。全套邮票面值为 2.40 元。近十年来猴票价格一路飙升，尤其是首日封的价格更是十分惊人，2016 年，黄永玉所设计的 1980 版猴年生肖邮票大版票价格高达 150 万元。

2016 年是农历猴年，我国于 1 月 5 日再次发行猴票，图案也是由首轮猴票的设计者黄永玉绘制的，特种邮票一套两枚，图案内容分别为：灵猴献瑞、福寿双至，也具有收藏价值。

邮票是一种特殊的商品，时间越久、数量越少，价格也就越高。另外，邮票投资操作比较简单，且投资资金多少皆宜，所以受到了很多个人投资者的欢迎。

集邮的范围也非常广泛，除了邮票之外，很多投资者还喜欢收集与邮票相关的邮戳、首日封、明信片、集邮文献和邮政用品等。

市场上邮票林林总总、种类繁多。一般来说，投资者可以按照以下方法来判断邮票是否具有收藏价值。

1. 新票价格最高，盖销票次之，信销票最低

新票就是新发行未使用过的邮票，价格最高。不过，对于时间较久远的邮票，中档以上的新票、信销票的价格高低取决于收集难度的大小。那些收集难度较大的高面值的成套信销邮票，其价格可能会高于新票。

2. 成套票价格比散票高

一般来说，成套邮票价格高于散票，但是一些具有特别纪念意义的散票也具有一定的市场价值。投资者可以先广泛收集和购买散票，然后再凑成成套邮票，以提高邮票的价值。

3. 多枚套票和大套票比单枚套票的价格高

多枚套票是 2~6 枚 1 套的邮票，大套票是指 7 枚以上 1 套的邮票。由于多枚套票和大套票收集难度较大、面值较高，所以升值空间比较大，远期增值比单枚套票要快得多。

4. 纪念票和特种票具有收藏价值

一些以人物或事件为标志的邮票包含着特别的含义，所以具有较大收

藏价值。“J”字头纪念邮票设计精美、颜色鲜艳，且大部分使用金粉，所以价值比较高。特种邮票的价值要比纪念邮票高很多。

比如目前市场上比较畅销的邮票有五号票“熊猫盼盼”“J 孙中山”“奥运会”等，这些邮票都有收藏价值和升值空间。还有 1964 年 8 月 5 日发行的“五朵金花”之一的特 6《牡丹》邮票，原画作者是著名花鸟画家田世光，非常具有艺术价值和收藏价值。

另外，由于设计、印刷等错误造成错票、变体票也比较珍贵，通常具有较大的升值空间。

当然，邮票市场和其他投资市场一样，也具有很高的风险性。对于涉入邮票市场和普通投资者来说，掌握邮票投资的策略和技巧，才能规避风险并获得利润。

那么，投资者究竟应该如何投资邮票呢？

1. 不要有投机的心态

邮票是具有货币功能的特殊商品，其价值受到了题材、发行时间、发行量和存世量等因素的影响。投资者应该懂得鉴别其真实价值，不要有投机心态，否则就会遭遇巨大损失。

2. 投资邮票要量力而行

任何投资都应该量力而行，根据个人的经济条件来进行投，切忌为了收集珍贵邮票四处借债，让个人生活陷入困境。

3. 抓住重点，不要盲目收集

每套邮票的选题、设计、发行量和发行年代不同，其价值就会不同。投资者应该确定自己的收藏重点，不要盲目收集表现形式平平、发行量大且面值又高的邮票，同时还要避免选题重复。

4. 品相决定收藏价值，要注重邮票的品相

通常来说，一张珍贵的邮票，如果品相较好，今后的升值空间就有保证；如果邮票被严重污染或出现破损，即使再珍贵价格也要大打折扣。

所以投资者一定要保管好邮票，避免发生玷污、折裂、缺齿、粘胶及霉点。投资者在选择收藏品种时，最好选择周期在 1 年以内的邮票，以免

不确定性因素的变化带来投资风险。

5. 避免盲目从众的心理

很多投资者具有盲目从众的心理，在集邮热兴起时大量购进邮票，不考虑个人投资需要，或是看到别人购买哪种题材邮票就盲目购进。这样一来，投资者就会购买重复题材、不符合个人喜好的邮票，很可能就增加了投资的风险。

◎ 纪念币具有收藏和投资价值吗

纪念币就是国家为了纪念某个重大事件或重要历史人物而发行的具有纪念意义的钱币。这些纪念币不仅具有流通功能，还具有收藏和投资价值。

近年来，纪念币收藏越来越受到投资者关注，一些投资流通纪念币的投资者还获得了较为丰厚的利润。

一般来说，纪念币分为特殊纪念币和普通纪念币。

特殊纪念币都是由金银制成，具有较高的价值，但是它不方便收藏，不适合普通收藏者投资，而流通纪念币则是普通纪念币里最好收藏的，它的发行数量、品种不是很多，面值普遍不高，非常适合普通收藏者。

流通纪念币被称为是“平民投资和收藏”，它投入的成本比较低，收益相对较高，并且风险性也比较小。那么，投资者在收藏的过程中，应该注意哪些问题呢?

1. 买纪念币就是买题材

人们常说买纪念币就是买题材，具有重要纪念题材的钱币价值比较高，而那些不具有独特题材的纪念币，则很难具有升值空间。

比如 2015 年，我国发行的奥运纪念币、中国航天纪念币和世界反法西斯战争胜利 70 周年纪念币都具有升值空间，而每年农历新年发行的生肖纪念币，其收藏价值就相对比较低。

2. 物以稀为贵，收藏发行量少的钱币

收藏界亘古不变的真理就是物以稀为贵，发行量的多少决定着投资价值和升值空间。通常来说，纪念币的发行量与市场价格成反比，即量少价高，量多价低。

3. 坚持长期投资，才能获得稳定回报

流通纪念币的增值速度比较缓慢，价格有时还有些波动，不过，从总体趋势上来看，它是稳步攀升的。因此，投资者不能频繁地买卖，应该坚持长期投资，这样才能获得稳定的回报。

4. 不要追高买入，也不要购买涨幅过大的钱币

近年来，大多数纪念币一经发行就强势上涨，尤其是特殊题材的纪念币更是一路攀升。这时投资者一定要保持冷静，不要在行情疯涨时买进；另外，在收藏投资热时发行的钱币实际存世量已远远超过了市场需求，升值潜力也大打折扣。

5. 注意币品品相

纪念币收藏和古币收藏、邮票收藏一样，越是品相好的，其价值就越高。

6. 懂得如何鉴定纪念币真伪

投资者应该懂得如何鉴定纪念币的真伪，以免买到假币造成严重损失。投资者应该从正规销售网点购买，不要在临时性场所购买；还要懂得考察钱币的喷砂效果、浮雕造型、式样、鉴定证书等防伪标识。

7. 要注重金银钱币收藏的系列化

通常来说，同一系列的金银币要比普通散币的价值要高，比如“生肖”“中国古典文学名著”。投资者在收藏的过程中，要有计划地进行买卖，注重金银钱币收藏的系列化。

纪念币的收藏潜力比较大，且不需要投资太多的金钱和时间，保存起来也非常方便，适合个人投资者长期投资。投资者只要掌握其技巧，树立良好的心态就可以成功地保护好自己的小金库。

◎ 大师的书画，艺术市场硬通货

书画是一门高雅的艺术，历来是文人雅士所钟爱的收藏，中国传统字画历史渊源、博大精深，追求的是“妙在似与不似之间”的感觉；而西方画作则注重再现和写实，色彩的空间变化，具有极强的立体形象感。不过艺术是无国界的，每个艺术家的作品都可以给予人美的感受。

随着人们生活水平和文化素养的提高，字画收藏也成为了一种时尚。而名人字画不仅具有很大的艺术价值和升值空间，更可以让投资者细细品评，与另一个时代文人雅士产生思想的碰撞。

大师的书画就是艺术品市场的硬通货，从古至今都令收藏者和爱好者趋之若鹜。

齐白石是我国现代著名画家、书法家，其字画具有独特不群的风貌，书法刚劲沉着。一直以来齐白石的字画都深受收藏者的追捧，2011 年 5 月 22 日，齐白石的《松柏高立图·篆书四言联》在嘉德春季拍卖行拍出了 3.7 亿元惊人天价。之前，2009 年，其《可惜无声·花鸟工虫册》在北京保利拍卖行拍出 9520 万元的高价。

另外，近几年，法国著名印象派画作莫奈的名画多次拍出高价，2010 年其名作《睡莲》在佳士得拍场出现，估价为 3000 万英镑。2014 年 5 月，中国买家就以约 2700 万美元拍下这幅名作，一个月后，《睡莲》再次以 3172 万英镑（约合 3.4 亿人民币）的价格拍出。

名人书画与其他收藏不同，需要收藏者具有极高的鉴赏能力。同时艺术品市场价位极高，超出了普通收藏者的承受能力。不过，投资者应该懂得如何分辨书画的艺术性以及评估书画的价格，只有懂得如何评估书画的价格、鉴别其真伪，才能得到货真价实的真品。

一般来说，识别书画的价值必须注意以下几个重要因素。

1. 艺术水平决定了书画的价值

艺术水平越高的书画，其价值就越大；名气越高的大师作品，其价值就越高。

比如齐白石的艺术水平要比王雪涛高很多，其成熟时期的书画艺术水平极高，价值要比王雪涛的作品高数十倍甚至上百倍。不过王雪涛书画中的精品可能要比齐白石早期的艺术作品价格高。

2. 珍稀的书画其价值极高

存世越少的字画，其价值就越高。

比如明末清初画家八大山人是国画的一代宗师，其花鸟以水墨写意为主，存世作品并不是太多，其中较为著名的是《水木清华图》《荷花水鸟图》等，价值极高。

3. 书画保存较难，品相越高的价值就越高

书画是很难保存的艺术品，容易受到损坏。同等艺术水平的书画作品，品相越好的价值就越高；如果书画上出现了残、缺、破、脏、掉色、涂改、挖补等状况，就会影响其价值。

从投资角度来说，书画投资具有很大的风险。目前市场上赝品、仿造品越来越多，而一些名人字画的价格也被炒得很高。那么，投资者应该掌握哪些投资技巧呢?

1. 不要超越自身能力，量力而行

我们知道名人字画价值不菲，动辄数十万、上百万，甚至有高达数亿的大作。投资者应该量力而行、谨慎为宜，如果名家大作超出了自身能力范围，可以留意那些中等名家的作品。

2. 掌握字画鉴别方法

一般来说，古字画鉴别的难度非常大，再加上临摹者众多，有些临摹的作品连国家级的鉴别大师都不能保证每次都千真万确，所以投资者要掌

握些鉴别方法，除了关注其笔法、墨法、结构和画面外，还要注意人的名款、题记、印章和他人的观款、题跋、收藏印鉴等。

3. 不要购买有争议的作品

如果遇到了具有争议性的作品，投资者一定要谨慎小心，不要抱有侥幸的形态，否则就可能会以真货的钱价买了假货。

4. 关注中青年画家作品

目前，一些在世的中青年画家作品也有较大的升值空间，普通投资者可以多多关注这些画家的作品。不过风险比较大，回收期也较长。投资者必须有鉴别其艺术性的眼光才能找到具有潜力的画家。

5. 关注国际行情，把握好出让时机

投资的目的就是获利，投资者只有出让艺术品才能获取收益，投资者应该关注市场状况、行情趋势。另外，投资者应该关注国际公认的行情，并非在某个画展上。字画只有经过国际四大艺术公司拍卖认定才具有更高的价值，即苏富比、克里斯蒂、建德和巴黎 APT。

总之，书画收藏最重要的是其艺术性和历史价值，尤其是名人字画更具有极高的收藏价值。所以字画收藏并不是简单的投资，需要有一定的财力和鉴赏能力，更要有极高的文化修养，不能一味地追求赚钱，让艺术品染上了铜臭味。

◎ 红酒：现代而时尚的收藏新品种

美国著名作家威廉·杨格曾经说：“一串葡萄是美丽、静止与纯洁的，但它只是水果而已；一旦压榨后，它就变成了一种动物，因为它变成酒以后，就有了动物的生命。”

红酒具有悠久的历史，因其醇厚味美受到了众人的喜欢。红酒文化已经渗透到西方尤其是法国的政治、文化、艺术以及生活的各个层面，并影响着全世界人的生活方式和文化情趣。

目前，红酒已经走进了我们国人的生活，越来越多人开始懂得如何品味红酒。红酒行业在我国得到蓬勃发展，各个行业都开始经营红酒，红酒代理商、连锁酒庄也层出不穷。同时，红酒也已经成为一种现代而时尚的收藏新品种，艺术品拍卖市场中大规模出现红酒拍卖专场，“拉菲”“拉图”等顶级红酒都一度拍出了高价，并且一些普通收藏者也开始关注红酒收藏领域。据数据显示，2011 年香港拍卖市场的红酒成交总额达到 2 亿美元左右，而亚洲买家已成为红酒拍卖市场的“生力军”。

不过，红酒本质上只是一种饮品，只有顶级的红酒才是市场的硬通货，值得收藏红酒的不过只占 1% ~2% 而已。

“拉菲”是享誉世界的法国顶级红酒，出自世界顶级酒庄拉菲古堡，其中包括拉菲古堡干红葡萄酒（也叫大拉菲）和拉菲珍宝干红葡萄酒（也叫小拉菲）。它是罗斯柴尔德家族旗下的著名红酒品牌，据说 2009 年的拉菲是2000年之后最好的，近几年被炒得很厉害，每瓶从两万多元涨到四五万元。

目前红酒市场方兴未艾，不过由于这个市场刚刚兴起、处于无序状态，所以导致红酒收藏乱象频生。很多商家利用投资者急于进入市场的心理，乘机炒作非顶级红酒，或是将从外国买入的低价红酒贴上名酒的酒标；或把红酒的名字往“拉菲”身上靠，趁机大赚一把。

那么，投资者如何才能保证自己收藏的红酒具有真正价值呢?

一般来说，投资者应该考虑以下几个因素，即优良的质量、稀有性、陈年能力以及完美无瑕的来源。

1. 投资或收藏葡萄酒时，应关注其产地和酒庄

投资者只有选择最好的酒庄，才能保证其优良的品质。目前世界上顶级的酒庄有拉菲酒庄、玛歌酒庄、木桐堡酒庄、拉图酒庄和奥比昂酒庄等。

2. 挑选最好的年份

红酒的年份非常重要，同一酒庄的红酒年份不同，其价值也有很大差异。因为红酒的年份决定了光照、温度、降水量、湿度和风等等因素，也直接影响了葡萄本身的质量，进而影响了红酒的口感、色泽和醇厚度等。

3. 收藏红酒先学解读酒标

对于投资者来说，必须先学会解读红酒的酒标，这样才能识别其是否具有收藏价值。一般来说，投资者可以在葡萄酒瓶上看到原产国酒厂的酒标签，其内容包括葡萄酒名称、产区、等级、收成年份、酒厂名、装瓶者、产酒国、净含量和酒精度。

4. 真正识别顶级酒庄的顶级红酒

目前红酒市场乱象频生，很多不知名的红酒开始向世界级名酒上靠，一些著名酒庄也推出了子品牌。

比如拉菲酒庄旗下也有其他酒业品牌，这些酒款也只属于拉菲集团生产的系列红酒而不是拉菲葡萄酒。而只有拉菲古堡所酿制的大、小拉菲才是真正意义上的拉菲顶级红酒，才真正具有收藏价值。

5. 只有窖藏级别的葡萄酒才值得收藏

并不是存放年代越久的红酒就越具有价值，如果没有陈年存放的能力，红酒放久了也会坏掉，所以只有窖藏级别的葡萄酒才值得收藏，而窖藏级别的葡萄酒只占葡萄酒总量的 0.1%。

其实，只有世界八大名酒庄的产品才具有真正的收藏价值，比如法国波尔多 5 级以内的酒庄，但是并非所有八大名庄的红酒都值得收藏。

另外，红酒收藏和投资也具有风险性，收藏者应该明白并不是所有红酒都有收藏价值。因此，投资者应该谨慎小心，不要盲目地进行投资。